Saggi

CHRIS HAYES

Il canto delle sirene

Dentro il sistema che cattura, seduce e monetizza la nostra attenzione

Traduzione di
Luca Bernardi

SOLFERINO

SOLFERINO

www.solferinolibri.it

Published by arrangement with The Italian Literary Agency
and Aevitas Creative Management

Titolo originale:
The Sirens' Call

ISBN: 978-88-282-1747-3
Prima edizione: luglio 2025

Il canto delle sirene

Per Ryan, David e Anya:
avete la mia attenzione.

1
Il canto delle sirene

Partiamo da un episodio del viaggio di Ulisse. Nel dodicesimo libro dell'*Odissea*, l'eroe si accinge a lasciare l'isola della dea Circe, che proprio allora gli dà un consiglio essenziale su come superare i pericoli che incontrerà nel prosieguo del viaggio.

«Fa' attenzione» lo ammonisce severamente:

> Alle Sirene prima verrai, che gli uomini
> stregano tutti, chi le avvicina.
> Chi ignaro approda e ascolta la voce
> delle Sirene, mai più la sposa e i piccoli figli,
> tornato a casa, festosi l'attorniano,
> ma le Sirene col canto armonioso lo stregano,
> sedute sul prato: pullula in giro la riva di scheletri
> umani marcenti; sull'ossa le carni si disfano.[1]

Circe gli spiega cosa fare e Ulisse la ascolta: deve tappare con la cera le orecchie dei marinai, per impedire loro di sentire le sirene, e farsi legare all'albero della nave per superare incolume quel tratto di mare.

Ulisse segue pedissequamente il consiglio. Puntualmente, quando il canto delle sirene gli giunge all'orecchio, desideroso di sentirlo meglio, fa segno ai marinai di slegarlo. La ciurma però, avendo ricevuto l'ordine di ignorarlo, attende finché la nave si allontana.

Resta una delle immagini più potenti di tutto il canone occidentale: Ulisse che, inchiodato all'albero della nave, si divincola dalle corde a cui lui stesso, sapendo a che cosa andava incontro, si è fatto legare. Nel corso dei secoli questa scena ci è stata tramandata come un simbolo dai molti significati. Del peccato e della virtù. Delle tentazioni della carne e della volontà di resistervi. Del tossico che prima della crisi di astinenza butta le pillole nello sciacquone e poi implora per una dose. Quest'immagine illustra la lotta freudiana tra Io ed Es: tra ciò che vogliamo e ciò che sappiamo di non dover ottenere né desiderare.

In tutte le rappresentazioni visive in cui mi sono imbattuto, le sirene sono sempre, per dirlo chiaro e tondo, sexy. Seducenti. Nella letteratura, da Shakespeare fino a Ralph Ellison, incarnano il fascino erotico femminile.[2] Nell'*Ulisse* di James Joyce, il protagonista Bloom parla così dell'uomo che ha una relazione con sua moglie: «Si è lasciato irretire dalle sue grazie da sirena e ha scordato i legami familiari».[3]

Perciò ci suona bizzarro l'uso corrente del termine, che indica il suono penetrante del dispositivo posto in cima ad ambulanze e macchine della polizia. Tuttavia, tra questi due significati esiste un legame profondo, che costituisce l'intuizione fondamentale di questo libro ed è cruciale per comprendere il ventunesimo secolo.

Basta sostare per qualche minuto su un qualunque marciapiede del mondo e prima o poi si sentirà sfrecciare un veicolo di emergenza. Quando si è all'estero, questo suono, in quanto parte integrante del senso di estraneità creato dall'essere lontano da casa, diventa più evidente. Indipendentemente da dove ci si trovi, tale richiamo ci sembra al contempo familiare e alieno. Alieno perché in ogni Paese la sirena ha un suono leggermente diverso: più lungo, o con due note più cadenzate, o con un timbro più nitido. Ma anche se è la prima volta che lo sentiamo, capiamo subito a cosa serve. Tra una lingua che non parliamo e dei cibi che non abbiamo mai assaggiato, la sirena è universale. È concepita per attirare la nostra attenzione e ci riesce.

La sirena, per come la intendiamo noi oggi, venne inventata dal poliedrico John Robison,[4] uno di quegli illuministi esperti di tutto, dalla filosofia all'ingegneria. Inizialmente, Robison aveva concepito la sirena come uno strumento musicale, ma tale progetto fallì.[5] Solo verso la fine del diciannovesimo secolo la sirena trovò forma e uso definitivi. Negli anni Ottanta dell'Ottocento, un ingegnere e inventore francese che aveva ideato delle navi elettriche (quindi piuttosto silenziose) utilizzò delle sirene ad alimentazione elettrica per scongiurare gli incidenti navali.[6] (Una delle sue navi si chiamava proprio *La Sirène*.) Nel giro di alcuni anni, quest'innovazione venne applicata anche a veicoli di terra come i camion dei pompieri e rimpiazzò così le rumorose campane di cui prima si servivano per farsi sgombrare la strada.[7]

Tanto le sirene della tradizione quanto quelle urbane attirano la nostra attenzione contro la nostra volontà. Oggi questa percezione – sentire la mente catturata da un lamento invasivo – è diventata una condizione esistenziale permanente, quasi un destino collettivo. Il richiamo delle sirene non ci lascia mai in pace.

L'attenzione è la sostanza della vita. A ogni istante prestiamo attenzione a qualcosa, per scelta o perché qualcosa ci ha catturati. Alla fine, questi attimi di attenzione si sommano e diventano la nostra esistenza. «La mia esperienza» scrisse il filosofo e psicologo William James nel 1890 «è ciò di cui accetto di accorgermi.»[8] Di recente, abbiamo sempre più l'impressione che la nostra esperienza sfugga alla nostra approvazione e l'onnipresenza di questa percezione segna una sorta di rottura. Il dominio che esercitavamo sulla nostra mente è stato intaccato. Le nostre vite hanno subito una trasformazione senza precedenti. È accaduto in quasi tutto il mondo, in ogni cultura o quasi.

Al mattino passo un po' di tempo sul divano con la mia amata figlia minore di sei anni. Prima di andare a scuola, mi si siede accanto, mi sfiora la guancia con il suo respiro dolce e mi chiede di leggerle un libro. La sua attenzione è pura e incontaminata. Non c'è niente di meglio nella mia vita. Eppure ogni tanto avverto l'impulso quasi fisico di dare un'occhiata alla «scatoletta di attenzione» che ho in tasca. Facendo un piccolo sforzo, resisto. Ma quella sensazione continua a pulsarmi dentro, come l'anello di Gollum.

La mia capacità di ignorare questa reazione istintiva indica che sono ancora vivo e completamente umano. Nei momenti contrassegnati dalla vergogna in cui invece cedo, mi chiedo chi sono veramente o che cosa sono diventato. Continuo a rimuginare sull'espressione di James «ciò di cui accetto di accorgermi», perché il termine «accetto», in tale contesto, assume un peso enorme. Anche se lo stimolo intercettato dalla nostra attenzione proviene dall'esterno, James era convinto che in fondo siamo noi a decidere dove orientarla e che «accettando» di accorgerci di qualcosa abbiamo dato il nostro consenso. James era ossessionato dalla questione del libero arbitrio, dalla sua dubbia esistenza e dal suo funzionamento. Per lui, uno «sforzo di attenzione» – decidere dove dirigere i nostri pensieri – era «il fenomeno essenziale della volontà».[9] Cioè erano la stessa identica cosa. Ecco perché, quando la scatoletta di attenzione che tengo in tasca mi cattura contro la mia volontà, mi sento alienato da me stesso.

La sirena dell'ambulanza, che in una strada affollata e rumorosa ci infastidisce, perlomeno si impadronisce della nostra attenzione per uno scopo socialmente utile. Le sirene del mito greco catturavano la nostra attenzione per farci morire. Servendosi della cera e dell'albero della nave, Ulisse fa un tentativo concreto di orientare la propria attenzione. Ma per quanto intriso di pathos sia questo passo di Omero, per noi individui dell'era dell'attenzione suona quasi banale. Vivere nel mondo odierno, sia online sia nella vita reale, significa divincolarsi ininterrottamente dall'albero e lottare per il controllo della nostra essenza contro il richiamo incessante delle sirene delle persone, dei dispositivi, delle aziende e delle entità malintenzionate che cercano di intrappolarla.

Ecco, in breve, l'ambiente che abbiamo costruito per le nostre menti. Cioè, forse non siamo stati proprio «noi» a costruirlo. La nostra partecipazione attiva o passiva nell'avvento del sistema economico e delle istituzioni dell'era dell'attenzione è un tema molto dibattuto. Il connubio tra i nostri istinti biologici più profondi e il genio ripetitivo del capitalismo globale ci rende soggetti a un infinito processo di sperimentazione, in cui alcune delle più grandi aziende mai esistite spendono miliardi di dollari per scoprire quello che desideriamo e in quali dosi possono vendercelo. Dal punto di vista della nostra interiorità, l'attenzione è la nostra essenza più profonda, ma nella prospettiva delle entità a noi esterne l'attenzione assomiglia a una pepita d'oro in un ruscello o al petrolio sepolto nella roccia.

Il mio lavoro mi porta a riflettere con particolare assiduità su tali questioni, ma credo che, almeno fino a un certo punto, questi siano temi che sentiamo tutti, no? L'alienazione di sentirci divisi e distratti contro la nostra volontà, di essere *qui* ma non *presenti*. Scommetto che, anche se passassi interi giorni e nottate in qualunque città o piccolo centro abitato a fermare sconosciuti uno dopo l'altro, non troveresti una sola persona in grado di dirti di avere una curva dell'attenzione troppo ampia, di sentirsi troppo concentrata, di avvertire la mancanza di qualche distrazione in più o di rimpiangere di non trascorrere più tempo davanti agli schermi. Come il traffico, i nostri telefoni sono ormai diventati una fonte universale di lamentele, un pretesto per avviare una conversazione dal barbiere o in coda alle casse del supermercato. Le voci sommesse e marginali che un tempo ci mettevano in guardia dal patto faustiano offerto dai colossi digitali si sono ormai trasformate in un coro quasi unanime: la situazione è grave e la causa va ricercata nelle tecnologie che utilizziamo ogni giorno. Il trillo dei telefoni ci uccide.

Nel *Fedro* di Platone, Socrate si lancia in una lunga tirata – un po' persuasiva e un po' ironica – sui pericoli di una nuova tecnologia... La scrittura. «Se gli uomini imparano [a scrivere]» avverte Socrate, «nelle loro anime sorgerà l'oblio: cesseranno di esercitare la memoria, perché fidandosi solo dello scritto non richiameranno le cose alla mente dall'interno di se stessi, ma solo dall'esterno per mezzo di segni estranei. Ciò che avete scoperto non è una ricetta per la memoria, ma per richiamare alla mente.»[10]

Pare pacifico affermare a posteriori che, anche se uno dei più grandi pensatori della storia esprimeva a riguardo preoccupazioni simili a quelle ventilate oggi nei confronti dei videogiochi, la scrittura ha poi avuto una ricaduta puramente positiva sullo sviluppo dell'umanità. In effetti, si ha l'impressione che, nonostante la legittimità delle critiche rivolte ai social network e all'onnipresenza degli schermi e della connessione, le previsioni cupe siano ammantate da un'isteria nevrotica fin troppo familiare. Esiste ormai un intero sottogenere di manuali sulla genitorialità incentrati sul regolare lo *screen time* dei figli e sui pericoli letali dei dispositivi per lo sviluppo neurologico dei bambini; il dibattito culturale generalista ha assunto la ferocia sovradeterminata del panico morale. Nel 2009 il «Daily Mail» avvertì i lettori: *L'uso di Facebook può aumentare il rischio di cancro*.[11] Il «New York Post» ha definito gli schermi «eroina digitale» in grado di trasformare i giovani in «tossicodipendenti psicotici».[12] «Sui social network gli adolescenti passano dall'essere stupidi all'essere pericolosi» ha messo in guardia la Cbs.[13] L'«Atlantic» è una delle molte testate a essersi domandata se «gli smartphone hanno distrutto una generazione di giovani?».[14] Nel 2024 lo psicologo sociale Jonathan Haidt ha pubblicato il suo libro *La generazione ansiosa*, in cui sostiene che l'onnipresenza dell'accesso agli smartphone ha creato in un'intera generazione di adolescenti e bambini tassi senza precedenti di depressione, ansia e autolesionismo. Per quanto alcuni specialisti abbiano criticato Haidt per i toni troppo apocalittici, il suo libro è diventato un bestseller e negli Usa genitori e istituzioni scolastiche si sono coordinati per bandire i telefoni a scuola, come prescritto da Haidt.[15]

Alcune delle descrizioni più tetre e raccapriccianti delle conseguenze dell'era dell'attenzione sono state fatte da chi con il suo lavoro ha contribuito a causarne l'avvento. Per avvertirci delle insidie delle app che intaccano la nostra attenzione, il fortunato documentario Netflix *The Social Dilemma* si affida perlopiù a figure di ex informatici della Silicon Valley come Tristan Harris, un ex dipendente di Google poi diventato gola profonda. Sean Parker, il creatore di Napster e uno dei primi investitori di Facebook, si definisce un «obiettore di coscienza» per quanto riguarda i social network: «Solo Dio sa quello che stanno facendo al cervello dei nostri figli».[16] Non è affatto l'unico a pensarla così. In un articolo apparso nel 2018 sul «New York Times Magazine», si parla di un'allarmante presa di coscienza sugli effetti degli schermi sui bambini tra i lavoratori della Silicon Valley, inventori degli stessi prodotti che ora vietano ai propri figli. «Sono convinto» ha dichiarato nel 2018 al «New York Times» un ex dipendente di Facebook, che «il diavolo si annidi nei nostri telefoni e stia distruggendo i nostri figli.»[17]

Pur non pensandola in maniera molto diversa, non riesco a soffocare un certo disagio nei confronti della tipica aura di panico morale che costella questo dibattito. È stato il sociologo Stanley Cohen a coniare l'espressione «panico morale» nel suo libro *Demoni popolari e panico morale* del 1972, uno studio sull'isteria che circondò vari fenomeni della cultura giovanile, a partire dai Mods e dai Rockers nel Regno Unito negli anni Sessanta. «Ogni tanto le società paiono soggette a periodi di panico morale» scrive Cohen. Un gruppo o una tendenza culturale «emerge e poi viene considerata una minaccia ai valori e agli interessi della società; la sua natura è presentata in maniera semplicistica e stereotipata dai mass media; le barricate morali sono difese da direttori di giornali, vescovi, politici e altri elementi dell'area conservatrice; esperti socialmente accreditati snocciolano diagnosi e soluzioni».[18]

Tale schema appare riconoscibile anche nei casi in cui il bersaglio, invece che una tendenza culturale o un gruppo, è una nuova tecnologia: l'esaltazione e la meraviglia cedono presto al terrore e al panico. Quando alla fine dell'Ottocento la nuova tecnologia di stampa a basso costo portò alla nascita dell'editoria tascabile e del romanzo commerciale contemporaneo, un critico disse che un editore di tali romanzi «avvelena la società... Con le sue storie sudicie e i suoi esempi impuri... Costui è un'ulcera morale, una piaga, un lebbroso e andrebbe trattato come un tempo si trattavano i lebbrosi, che venivano banditi dalla società e obbligati a gridare "infetto" a mo' di avvertimento per salvaguardare gli altri dalla pestilenza».[19] Nel 1929, quando negli Usa la radio si avviava a diventare il mezzo di comunicazione dominante, il «New York Times» pubblicò un articolo intitolato *I rumori della radio causano malattie?* e informò i lettori dell'esistenza di «un generale consenso tra medici e scienziati su come l'avvento della radio abbia causato molte malattie, soprattutto di natura nervosa. L'apparato umano necessita di riposo e non può mantenersi sempre ai livelli di frenesia del jazz».[20]

Randall Munroe, brillante illustratore e creatore del fumetto online «xkcd», riassume bene questa temperie nella sua *timeline* intitolata *Il ritmo della vita moderna*, in cui rievoca le angosce espresse dai critici agli albori della modernità industriale, in particolare nei confronti della rapidità delle comunicazioni, della proliferazione delle informazioni altamente accessibili e dell'impatto di tutto ciò sulla mente umana. Si parte con il «Sunday Magazine», che nel 1871 lamenta «la rapida agonia dell'arte di scrivere lettere... Invece di sedersi e intavolare una bella chiacchierata con carta e penna, ci tempestiamo di una sfilza di messaggi brevi e rapidi».[21] Munroe cita un politico che nel 1894 deprecò il calo della curva dell'attenzione: invece di leggere, la gente si accontentava di «un riassunto del riassunto», «saltava... da un argomento all'altro, raccoglieva informazioni in... maniera superficiale» e perdeva così «l'abitudine a concentrarsi sulle grandi opere». E poi quella che considero una chicca: un corsivo uscito nel 1907 sul «Journal of Education» e che se la prende con «le serate moderne in famiglia, fatte di silenzio attorno al focolare, ognuno con la testa sprofondata nella propria rivista preferita».[22]

Simili ansie oggi paiono ridicole, ma questi costanti ammonimenti e rimpianti per ciò che la modernità ci ha tolto possono essere interpretati in due modi. Possiamo considerarli semplici ubbie: ci saranno sempre degli individui che, spaventati dagli effetti delle innovazioni nel campo della tecnologia o dei mezzi di comunicazione, con il passare del tempo scopriranno che non c'è nulla da temere e che, per esempio, le riviste non fanno marcire il cervello dei bambini né distruggono l'essenza della famiglia.

Io però non la penso così. Credo invece che queste lamentele e preoccupazioni in merito all'innovazione tecnologica e mediatica siano perlopiù corrette. Quando la scrittura era una novità, la sua ascesa mise davvero a repentaglio tutte le forme più antiche e amate di pensiero e comunicazione. Lo stesso discorso vale per la stampa e l'alfabetizzazione di massa e poi per la radio e la televisione. Ed è proprio quando una tecnologia ha appena cominciato a diffondersi, quando la novità è ancora incandescente, che i suoi effetti tendono a essere più abrasivi.

L'esperienza stessa di ciò che chiamiamo «modernità» comporta la nascita di un mondo in cui i ritmi vitali, la vastità delle informazioni e gli stimoli in grado di catturare la nostra attenzione continuano ad aumentare. A ogni punto di questa curva, l'ascesa ci dà le vertigini. Quando nell'estate del 1845 fuggì a Walden Pond, Henry David Thoreau cercava di sfuggire proprio a questa situazione, all'invasiva onnipresenza della modernità e ai suoi effetti ottenebranti sulle nostre facoltà mentali. Ecco cosa scrive Thoreau a proposito delle cosiddette migliorie moderne: «Sono portatrici di un'illusione; non sempre il progresso è positivo... Le nostre invenzioni sono concepite per essere dei bei giocattoli, che distraggono la nostra attenzione dalle cose serie».[23]

Per analizzare con lucidità che cosa significa essere umani nell'epoca attuale, bisogna chiedersi costantemente cosa c'è di nuovo e cosa c'è invece di antico, che cosa è il portato di qualche nuova tecnologia o invenzione e che cosa invece è presente in ogni società umana. Per esempio, non è una novità che molte persone credono in cose non vere. Non serviva la «disinformazione» su Facebook per i processi alle streghe e i pogrom, ma non c'è dubbio che una comunicazione globale scorrevole e istantanea faciliti tali dinamiche. Un altro elemento antico: il nostro desiderio di svago durante i tempi morti. Basta guardare qualche fotografia di pendolari in tram all'inizio del Novecento per vedere uomini in giacca e cravatta che leggono tutti, nessuno escluso, il giornale con il naso sepolto tra le pagine, proprio come i pendolari odierni sprofondati nei propri smartphone. Resta però altrettanto incontrovertibile che il rapporto che intratteniamo oggi con i nostri telefoni è fondamentalmente diverso dal rapporto dei pendolari in tram di cent'anni fa con i loro giornali.

Nel suo libro sull'economia dell'attenzione, *L'attenzione rubata*, Johann Hari muove alcune obiezioni a Nir Eyal, l'autore di *Creare prodotti e servizi per catturare i clienti (Hooked)*. Eyal sostiene che le ansie per i social network sono l'equivalente odierno del panico morale generato dai fumetti a metà del secolo scorso, che raggiunse un'intensità tale da portare a varie udienze al Senato Usa incentrate sulle ricadute dei *comics* sulla gioventù americana. Tutti i moniti apocalittici sui telefoni e sui social network sono, secondo lui, «la riproposizione assolutamente identica del dibattito degli anni Cinquanta sul fumetto», quando la gente «andava al Senato e diceva ai senatori che i fumetti avevano trasformato i bambini in [zombie] dipendenti e ipnotizzati... È esattamente la stessa cosa... Oggi consideriamo i fumetti assolutamente innocui».[24]

Ci siamo resi conto che i fumetti non meritavano simili preoccupazioni e dunque un tale panico a posteriori ci sembra sciocco. Ma aleggia un altro interrogativo, non vi pare? Oltre alla domanda sulla novità o meno di qualcosa, esiste la domanda, più profonda, su quello che è o non è dannoso. È facile fare confusione tra queste due domande. Quando il consumo di tabacco esplose in Europa, qualcuno si preoccupò di dare l'allarme. Già nel 1604, re Giacomo d'Inghilterra decretò che la nuova abitudine era «disgustosa a vedersi, perniciosa al naso, dannosa pel cervello, pericolosa pei polmoni, altresì per la cagione del suo fumo nero, veritiero ritratto dell'orrida nube stigia dell'abisso senza fondo».[25] Per quanto isteriche e bigotte possano essere sembrate all'epoca simili esternazioni, erano al cento per cento corrette. Recentemente ho visto *Let It Be*, stupendo documentario di Peter Jackson sui Beatles, e la quantità di sigarette fumate durante ogni sessione di registrazione mi ha turbato. Nel 1969, quando i Beatles incisero quello che poi sarebbe rimasto il loro ultimo album, esisteva già una solida mole di ricerche a dimostrare che le sigarette erano dannose.[26] Ci sarebbero voluti trent'anni prima che la società, la giurisprudenza e la legislazione prendessero misure serie contro il tabacco, il cui consumo cominciò infine a calare e a venire vietato quasi ovunque nei luoghi pubblici.[27]

A volte mi chiedo se tra cinquant'anni, guardando dei filmati della nostra epoca in cui tutti hanno sempre il pollice incollato allo schermo, la gente proverà la stessa sensazione che ho provato io a vedere Ringo Starr fumare ininterrottamente. Smettila! Quella roba ti ucciderà! In effetti, il responsabile della Salute pubblica degli Usa ha avanzato la richiesta che i social network vengano accompagnati da un avvertimento, analogo a quello presente sui pacchetti di sigarette, sui potenziali rischi per la salute mentale. Gli esperti in psicologia adolescenziale hanno ribattuto che non esistono ancora sufficienti evidenze sperimentali per autorizzare una decisione tanto drastica.[28] Il dibattito sulle nostre vite digitali, o almeno i suoi echi nel discorso pubblico, è riassumibile così: l'avvento di social network globali, onnipresenti e sempre connessi è più simile all'avvento dei fumetti o a quello delle sigarette?

Io ritengo che la trasformazione in atto sia qualcosa di ben più vasto e profondo di quanto credano persino le voci più radicali del dissenso. In altre parole, il problema essenziale delle attuali critiche all'economia dell'attenzione e alla piaga dei social network è che nessuno (salvo rare e significative eccezioni) va abbastanza a fondo. La retorica della condanna morale sminuisce l'enormità della trasformazione in atto. Per quanto si sia tentati di identificare il problema nei telefoni, questi sono un sintomo quanto una causa, l'esito naturale del processo attraverso cui un insieme di forze sta trasformando la grana delle nostre vite. L'economia dell'attenzione non è come una nuova droga pesante diffusa nella popolazione, un intossicante che crea dipendenza e nuoce gravemente alla salute, e non è nemmeno un nuovo mass media dalle grandi ricadute sociali. È qualcosa di più profondo e di completamente diverso. La mia tesi è che l'aspetto fondamentale della nostra epoca consiste nel fatto che la risorsa cruciale – la nostra attenzione – è *anche* l'essenza stessa della nostra umanità. A differenza della terra, del carbone o del capitale, che esistono al di fuori di noi, la risorsa primaria di quest'epoca è radicata nella nostra psiche. Per estrarla, bisogna scassinare le nostre menti.

Intuitivamente, comprendiamo tutti il valore dell'attenzione, almeno a livello interiore, dato che è proprio ciò a cui prestiamo attenzione a costituire la nostra vita interiore. Quando l'attenzione ci viene tolta, ne avvertiamo la perdita. Ma l'attenzione è inestimabile anche a livello esteriore, nel mondo esterno. È il fondamento di quasi tutto quello che facciamo, dalle relazioni che intrecciamo al modo in cui agiamo in quanto lavoratori, consumatori e cittadini.

Per illustrarlo farò un piccolo esempio. Poniamo che domani tu decida di candidarti alle elezioni locali. Dopo aver cercato su Google quale documentazione dovrai presentare, di quante firme avrai bisogno e quali sono le scadenze, ti occuperai di due questioni fondamentali: come raccogliere fondi e come farti conoscere dagli elettori. Quasi certamente per entrambi i compiti partirai dalla tua rete sociale: vicini, amici e parenti. Magari organizzerai degli eventi, farai dei banchetti in piazza, batterai i mercati rionali della tua zona, le piste da bowling o i binari della metropolitana per stringere mani e presentarti. Ti serviranno dei collaboratori, uno slogan, dei manifesti, delle posizioni su vari argomenti eccetera. Ma qualunque cosa tu decida di fare, non potrai fare a meno di conquistare l'attenzione delle altre persone. È questo il prerequisito necessario per avviare tutti gli altri processi che contraddistinguono una campagna elettorale riuscita.

Diciamo invece che vuoi fare l'imprenditore. Durante la pandemia hai sviluppato una ricetta speciale per dei biscotti al cioccolato al retrogusto piccante di peperoncino habanero e chiunque li assaggi impazzisce. Dovrai superare una serie di sfide logistiche che ti terranno molto impegnato: come scegliere e acquisire la strumentazione giusta e magari come accendere un mutuo. In fondo, però, ti ritrovi nella stessa situazione di chi prende parte a una campagna elettorale: come farai a comunicare alla gente che vendi biscotti? Come attirerai l'attenzione delle persone? La risposta a questa domanda è il fondamento di una porzione sorprendentemente ampia degli sforzi dell'umanità odierna: dal trovare un lavoro all'uscire con un potenziale partner.

L'attenzione è una specie di risorsa: ha valore, e chi riesce a catturarla si appropria di quel valore. Questa è una vecchia verità. Capi carismatici e demagoghi, uomini di spettacolo, predicatori, grandi venditori, esperti di marketing, consiglieri e santi e sante intenti ad arringare i propri discepoli si sono tutti serviti della forza dell'attenzione per accumulare potere e ricchezza. Ciò che è cambiato è l'importanza relativa dell'attenzione. Chi la estrae con successo conquista enormi fortune, vince le elezioni e rovescia i regimi. La battaglia per controllare ciò a cui prestiamo attenzione in ogni istante plasma tutto, a partire dalla nostra interiorità (chi e che cosa ascoltiamo, come e quando siamo presenti con i nostri cari) fino alle nostre vite pubbliche collettive (quali impellenti questioni sociali vengono dibattute e normate, quali vengono ignorate; quali morti vengono pianti da tutti, quali vengono dimenticati in silenzio). Ogni aspetto della vita umana, in qualunque contesto organizzativo, viene oggi riconfigurato dalla caccia all'attenzione.

Come è accaduto tutto ciò? Alla fine del ventesimo secolo, molte nazioni ricche sono passate da un'economia industriale manifatturiera a un'economia digitale. Nel 1961, sei su dieci delle maggiori imprese statunitensi erano compagnie petrolifere.[29] Le risorse controllate da queste aziende – combustibili fossili – erano i materiali in assoluto più preziosi nell'economia globale postbellica. Testa a testa con le compagnie petrolifere, c'erano case automobilistiche come Ford e colossi industriali come DuPont.

Oggi la lista di «Forbes» delle maggiori aziende Usa è dominata da banche e compagnie digitali: Microsoft, Apple, Alphabet (a cui fa capo Google), Meta, Amazon.[30] Il fulcro dell'attività economica si è spostato dalle aziende che manipolano atomi a quelle che manipolano bit. Di solito si tende a considerare l'ascesa di questa nuova forma di produzione economica come dipendente dall'informazione e dai dati. «I dati sono il nuovo petrolio» è diventato una sorta di mantra odierno; gli individui che controllano vasti bacini di informazione sono i veri potenti della nostra epoca.

Questa tesi non è sbagliata; l'informazione ha *davvero* un'importanza cruciale. Tuttavia, qui è racchiuso un errore sostanziale riguardo alla caratteristica in assoluto più distintiva e alienante dell'epoca in cui siamo entrati. L'informazione non è affatto una risorsa carente, anzi: l'informazione è ovunque e continua ad aumentare. È generativa. È riproducibile. Molteplici entità possono disporre delle stesse informazioni. Pensa per un attimo ai tuoi dati personali, alle informazioni sulla tua identità e sul tuo aspetto. Forse a esserne in possesso sono cinque o sei aziende, o forse un centinaio, o mille, e anche se questa situazione potrà avere una qualche ricaduta su di te, per esempio per quanto riguarda le pubblicità che ti vengono proposte, tu in realtà non lo sai e non si tratta di una questione per te rilevante a livello pratico. Ma se qualcuno ha la tua attenzione, lo sai. A differenza dell'informazione, la tua attenzione non può essere in più luoghi contemporaneamente.

Se metto in giardino un tavolo da picnic e il vicino mi ruba l'idea e sistema a sua volta in giardino un tavolo da picnic, la mia esperienza non cambia di molto. Se però il vicino *mi ruba il tavolo da picnic*, allora sì che mi ha peggiorato nettamente la vita. Lawrence Lessig, brillante studioso di diritto, per illustrare la differenza tra il furto di un bene intellettuale e il furto di un bene fisico, si serve proprio di quest'esempio, che mi sembra illuminante anche per spiegare la differenza tra informazione e attenzione.[31] L'informazione è l'idea del tavolo da picnic; l'attenzione è il tavolo da picnic.

Nel corso di questo libro mi occuperò a fondo del rapporto tra informazione e attenzione, ma qui in apertura vorrei ribadire quest'assioma: l'informazione è infinita e l'attenzione è limitata. Il valore deriva dalla scarsità ed è per questo che l'attenzione è tanto preziosa.

Quindi, per tornare alle maggiori imprese della nostra epoca, be', a essere precisi non si tratta di aziende di informazione ma di aziende della finanza e dell'*attenzione*. Apple è l'impresa che, con il lancio dell'iPhone nel 2007, da sola ha contribuito di più all'avvento dell'era dell'attenzione. Oltre al sistema operativo su cui centinaia di milioni di persone dilapidano la propria attenzione per intere giornate, Microsoft gestisce un altro magnete dell'attenzione, la console di gaming Xbox. Oltre a YouTube, Alphabet controlla la più importante rete di pubblicità di internet, che ricava profitti dalla nostra attenzione. Analogamente, Meta e Tencent, conglomerato cinese che opera nel campo dei social media (gestisce, per esempio, WeChat, il social network più usato in Cina) trasformano i nostri sguardi in banconote.

Sulla lista delle maggiori multinazionali c'è anche Amazon, la più grande azienda al mondo, fuori dalla Cina, di commercio online al dettaglio, ma definire Amazon «commercio al dettaglio» significa ignorare la fonte del suo potere di mercato. Amazon è un'azienda di logistica e di attenzione e i prodotti che vende sono secondari. Ce ne si accorge ogni volta che, cercando qualcosa su Amazon, vieni inondato da una pletora di versioni praticamente identiche della stessa cosa, tutte prodotte in luoghi sconosciuti da compagnie che spesso non hai mai sentito nominare e che perlopiù competono per la soglia attenzionale della prima posizione tra i risultati di ricerca, soglia attenzionale che è di proprietà di Amazon. In molti casi Amazon ha appurato quali prodotti dominano tale soglia e si è poi messa a produrli autonomamente, sbarazzandosi così dell'intermediario.

Amazon è anche l'esempio più estremo di come nell'era dell'attenzione persino la vendita di merci al dettaglio è più legata alla conquista dell'attenzione dei consumatori che alla produzione delle merci stesse. Il modello fondamentale della pubblicità di epoca industriale prevedeva che un marchio sviluppasse un prodotto o un servizio e poi cercasse di pubblicizzarlo e trovare un mercato, di catturare l'attenzione del pubblico per far conoscere l'offerta del marchio. Esiste però un altro modello, a sua volta risalente agli albori dell'era industriale, ossia quello del venditore di rimedi ed elisir. In questo caso l'aspetto cruciale dell'impresa sono l'attenzione e il marketing – catturare l'immaginazione dei consumatori – e il prodotto è secondario, spesso persino una vera e propria truffa.

Via via che il reddito globale cresce e la varietà delle scelte dei consumatori di conseguenza si espande, la competizione per l'attenzione diventa ancora più feroce. Assistiamo al rapido cambiamento dell'equilibrio tra i due suddetti modelli di marketing. In moltissimi contesti, l'abilità di accaparrarsi l'attenzione del consumatore è più importante del prodotto o del servizio effettivamente offerto.

All'inizio della nostra era globalizzata, della crescita economica post-Guerra fredda e della repentina riduzione dei tassi delle dogane, Naomi Klein pubblicò *No Logo*, che divenne subito un classico. Il libro spiegava che la nuova versione del capitalismo, che sempre più spesso esternalizzava la produzione in Cina e nel Sud del mondo, comportava una progressiva attenuazione del rapporto tra prodotto e marchio. Il marchio era diventato l'aspetto centrale del prodotto: non la scarpa in sé, ma lo *swoosh* cucito sopra. «Oggi molte delle aziende più rinomate hanno smesso di produrre merci e di pubblicizzarle e invece comprano prodotti e li "brandizzano". Perciò sono sempre in cerca di nuovi modi creativi per costruire e rafforzare l'immagine del proprio marchio... Ciò che hanno prodotto queste aziende, in fondo, non sono cose... quanto *immagini* del loro marchio. Il loro vero lavoro non riguarda la produzione, ma il marketing.»[32]

Tale assunto è talmente onnipresente nel capitalismo odierno che non ce ne rendiamo più conto e, nell'era dell'attenzione, è stato portato fino alle sue logiche conseguenze. Abbiamo le nostre abitudini, che sono sorprendentemente durature: il nostro detersivo per piatti preferito, la carta igienica che ci piace, il cibo per cani, il dentifricio e avanti così, fino ad arrivare al marchio di automobili che tendiamo ad acquistare. E diciamo a noi stessi, nella misura in cui si dice qualcosa a se stessi, che la nostra lealtà va al prodotto. Ogni tanto, però, un cataclisma o un disagio di qualche genere ci fanno ricordare quanto identici tra di loro sono i «prodotti» di brand diversi.

Nel 2007 Menu Foods, un'azienda canadese di cibo per animali, subì un richiamo dei suoi prodotti a causa della presenza di una sostanza chiamata melamina: i gatti e i cani che mangiavano il cibo contaminato stavano male e, in certi casi, morivano.[33] Un bel problema. Ma c'era un problema ancora più grave: nella sua fabbrica cinese contaminata Menu Foods era coinvolta nella produzione di cibo per animali per ogni marchio statunitense del settore. Quasi tutti i conglomerati noti del comparto, da Colgate-Palmolive a Procter & Gamble, utilizzavano Menu Foods, come peraltro quasi tutti i brand «generici» di cibo per animali acquistabili da Safeway, Kroger e in altri negozi.[34]

Insomma, qualunque cibo per animali si comprasse in Nordamerica, si acquistava sempre un prodotto quasi identico. «Nel complesso il richiamo di Menu Foods ha coinvolto prodotti interessati che erano stati venduti con centocinquanta diversi nomi» scrive Barry Lynn nel suo libro sui monopoli nel capitalismo contemporaneo. «Forse ancora più inquietante, soprattutto per i proprietari di animali domestici che sborsavano per acquistare un prodotto di qualità, era il fatto che il richiamo in questione ha rivelato che costosi marchi di lusso come Iams e Hill's Pet Nutrition Science Diet utilizzavano le stesse identiche linee di imballaggio Menu Foods delle scatolette che invece sulle etichette recavano nomi quali SuperValu e Price Chopper.»[35]

Che cos'è un marchio? Al livello più semplice, di percezione pura, è solo un insieme di marcatori – identificatori fisici come lo *swoosh* o le tre strisce – che il consumatore *nota*. Attira la tua attenzione. Tutto qui. Un marchio è una specie di sirena. Se nel rumore di fondo ne avverti il richiamo, se ne vedi lampeggiare i colori sullo scaffale del supermercato, allora ha compiuto la sua missione.

Anche se non si esprimeva in questi termini, Naomi Klein individuò il processo con cui l'economia dell'attenzione divora l'economia reale. Il grosso del valore d'impresa di Nike, per esempio, risiede nel condensatore centrale di attenzione – l'ultrariconoscibile *swoosh* – e *non* nella sapienza tecnica o in altri fattori legati alla produzione (filiera, fabbriche, manodopera) in cui le imprese industriali dell'epoca precedente riconoscevano la loro fonte centrale di valore.

Ma non è soltanto il commercio a essere controllato dall'estrazione dell'attenzione. Anche la socialità, il discorso pubblico e la politica subiscono sempre di più gli effetti di questo mutamento. Nel diciannovesimo e nel ventesimo secolo, il lavoro salariato e l'urbanizzazione trasformarono completamente il contesto dell'attenzione in politica. Mentre nell'Europa che si andava rapidamente industrializzando si diffondeva la democrazia, sorse un pubblico di massa con una fisionomia riconoscibile. L'opinione pubblica era più importante che mai e «ciò che pensava il pubblico» era in buona parte determinato da quali erano le questioni a cui la gente prestava attenzione a scapito di altre, da quali candidati venivano riconosciuti e quali invece rimanevano nell'anonimato. Inoltre, via via che la società aumentava esponenzialmente di complessità, la mole di questioni che reclamavano l'attenzione dei cittadini crebbe a sua volta. Nel 1925 il politologo Walter Lippmann osservò che i doveri ereditati dai cittadini del ventesimo secolo costituivano un fardello proibitivo anche per gli individui, come lui, più istruiti e informati. «A lui [al cittadino] va la mia pietà, perché ritengo che sia stato investito di un compito impossibile e che gli venga richiesto di incarnare un ideale irrealizzabile. Per quanto mi riguarda, è così che mi sento e anche se la politica è la mia passione primaria e le dedico quasi tutto il mio tempo, non riesco a trovare le ore per fare ciò che si aspetterebbe da me la teoria della democrazia; cioè per sapere che cosa succede e formarmi un'opinione che valga la pena di esprimere su qualunque questione con cui deve confrontarsi una comunità sovrana.»[36]

Proprio durante l'anno in cui Lippmann pubblicò *Il pubblico fantasma*, il libro da cui appena citato, l'Europa vide l'ascesa del carismatico dittatore Benito Mussolini, che per sgravare il pubblico italiano dall'onerosa fatica di cui era stato investito promosse il culto della propria personalità. «L'avvento... del fascismo segna la prima comparsa in Europa di un tipo d'uomo che non intende fornire motivazioni per convincere gli altri di avere ragione, ma si mostra semplicemente deciso a imporre le proprie opinioni» scrisse l'intellettuale spagnolo José Ortega y Gasset nella *Ribellione delle masse*. «Qui si scorge la manifestazione più palpabile della nuova mentalità delle masse, ascrivibile alla loro decisione di reggere la società senza essere però in grado di farlo.»[37]

Nel Novecento, l'esperienza dei demagoghi carismatici e della guerra mondiale genocida portò un'intera generazione di intellettuali a chiedersi quanto compatibili fossero i mass media con una democrazia di massa. Pur non ponendo necessariamente la questione in questi termini, si cercava di venire a patti con la capacità dei mass media – spesso, ma non sempre, in mano ai dittatori – di monopolizzare con successo l'attenzione e dunque di controllare una nazione: era stata proprio la presenza dei mass media a estinguere la coscienza individuale che rendeva possibile la dignità umana? «Non è un'esagerazione» scrisse papa Pio XII nel 1950 «sostenere che il futuro della società moderna e la stabilità della sua vita interiore dipendono in buona parte dal mantenimento di un equilibrio tra la potenza delle tecniche di comunicazione e la capacità di reazione individuale.»[38]

L'era della televisione ha generato predizioni drammatiche, da Marshall McLuhan a Neil Postman, secondo cui il forte effetto narcotico del nuovo mezzo di comunicazione rendeva il pubblico più stupido, più ottuso e meno capace di autogovernarsi. «Gli americani hanno smesso di parlarsi, si intrattengono a vicenda» scrisse Postman. «Non si scambiano idee; si scambiano immagini. Non discutono argomentando; discutono con il bell'aspetto, i personaggi famosi e le pubblicità.»[39]

Tutto ciò, però, era solo un prologo dell'età dell'attenzione. L'attenzione non è mai stata preziosa, corteggiata e importante come lo è ora.

A differenza, per esempio, del petrolio, che è un composto chimico sepolto sottoterra, l'attenzione non può essere separata da ciò che siamo e da ciò che significa essere vivi. In fondo, l'attenzione è il bisogno umano in assoluto più fondamentale. Il neonato della nostra specie è totalmente inerme. Sopravvive solo grazie all'attenzione: cioè facendo sì che un altro essere umano se ne prenda cura. Da sola l'attenzione non basta a nutrire un neonato, ma resta il prerequisito necessario per qualunque forma di cura. Se viene trascurato, un neonato morirà. L'attenzione ci crea e ci plasma; l'abbandono ci distrugge. Questo è il nostro destino, comune e ineludibile, di esseri umani. Oggi però le nostre strutture neurologiche più profonde, il nostro retaggio evoluzionistico e i nostri impulsi sociali si ritrovano in un ambiente concepito per saccheggiare, coltivare, distorcere o demolire ciò che, a un livello fondamentale, ci rende umani.

Quali vite proteggiamo – e il modo in cui lo facciamo – dipende, in fondo, dalle morti a cui prestiamo attenzione: se dieci aerei di linea domani si schiantassero, i voli di tutte le compagnie aeree verrebbero cancellati. Ma nel periodo del Covid qui negli Usa siamo arrivati a tollerare un analogo numero di morti durante un normale mercoledì d'inverno. Se Al-Qaeda mandasse dei commando nelle case di riposo a uccidere in diretta video degli anziani, mi pare legittimo affermare che la nostra reazione collettiva sarebbe ben più energica, accesa e concentrata della nostra reazione collettiva a un'analoga strage perpetrata da un virus invisibile a porte chiuse e lontano dalle telecamere.

In realtà, la più grande sfida di sempre che la civiltà umana si trova oggi ad affrontare, il riscaldamento del pianeta causato dalle nostre emissioni, si è dimostrata tanto ostica anche e soprattutto in quanto elude la nostra capacità di attenzione. «È un bel problema» dice Bill McKibben, mitico scrittore e ambientalista «che la cosa più pericolosa della Terra [la CO_2] è invisibile, inodore, insapore e, in sostanza, a noi come singole persone non fa assolutamente nulla.»[40]

So bene quanto può essere capricciosa l'attenzione pubblica. Da oltre dieci anni conduco un programma televisivo sulla Msnbc. Pur essendomi formato come giornalista della carta stampata, il ruolo da presentatore televisivo comporta innanzitutto la necessità di mantenere negli spettatori un livello di attenzione sufficiente alla sopravvivenza del programma. È questo il mio primo obbligo professionale, antecedente a qualunque altro ragionamento più sofisticato.

Questa posizione tanto incerta, e che sembra sempre sull'orlo del baratro, ti permette di sviluppare una percezione quasi sensoriale delle fluttuazioni attenzionali del pubblico, per certi versi paragonabile alla dimestichezza di un surfista con il ritmo oceanico: quando si forma l'onda, quando si rompe.

Tanto per fare un esempio recente, quando la Russia invase l'Ucraina, entrammo in modalità emergenziale e abolimmo le pubblicità. Dopo qualche giorno, reintroducemmo gli stacchi pubblicitari. Nel giro di alcune settimane, cominciammo ad alternare servizi su altri argomenti a quelli sul conflitto ucraino, che però restava il nostro tema principale. Dopo un mese, ogni tanto mettevamo in primo piano una notizia slegata dalla guerra. A un mese e mezzo dall'invasione, ci capitava di concludere una puntata senza parlare affatto di Ucraina. Dopo un anno, potevano trascorrere settimane o anche mesi senza che ci occupassimo della questione.

Questa dinamica non vale solo per la guerra in Ucraina. Descrive il ciclo naturale di ogni notizia. A seconda dell'evento mediatico, il ciclo può essere breve – una notizia che, dopo essere stata di primo piano per qualche ora, scompare – o durare mesi.

La logica che decide l'ampiezza di questi cicli, la loro durata, quali eventi li innescano è un argomento estremamente complesso, su cui tra poco mi soffermerò a lungo. Ma la lezione fondamentale che ho imparato in dieci anni di dirette televisive è che questi cicli sono sostanzialmente *guidati e controllati* dall'attenzione di massa.

Tale assunto forse vi sembrerà ovvio, ma in realtà non lo è affatto. Molte persone – ne incontro spesso di questo parere – ritengono che la relazione tra i cicli delle notizie e l'attenzione di massa sia essenzialmente pilotata dall'alto. L'emittente decide ciò a cui il pubblico dovrebbe prestare attenzione e poi – sfruttando i molteplici trucchi a propria disposizione per intrappolare l'attenzione dei telespettatori, come la scritta in sovrimpressione BREAKING NEWS – orienta l'attenzione collettiva su certe notizie.

Pur essendo una delle tesi più celebri del linguista e sociologo Noam Chomsky, tale critica non è appannaggio soltanto della galassia progressista. Non più, almeno. Chi negli Usa diffidava del governo ucraino e della Nato, o addirittura sosteneva apertamente l'invasione russa, considerava l'improvvisa attenzione mediatica tributata alla lotta disperata dell'Ucraina alla stregua di un oscuro complotto. Alcuni ospiti di Fox News definirono «uno stratagemma» l'avvertimento statunitense di un imminente attacco russo e ipotizzarono che fosse un tentativo di «distogliere l'attenzione di tutti noi dalle azioni di Hillary Clinton e dal fatto che l'indagine sulla presunta interferenza russa nelle elezioni del 2016 si è rivelata una bufala».[41] Tucker Carlson spiegò al pubblico: «La mattina che la Russia ha invaso l'Ucraina, voi forse stavate parlando di tante altre cose. Del Covid, della criminalità o del confine con il Messico. Ora non più, però. Con gran sollievo della Casa Bianca, tutti questi temi sono stati dimenticati, forse per sempre».[42]

Sulla base della mia esperienza conquistata duramente sul campo, posso dire che nel giornalismo, soprattutto per chi si occupa di notizie nell'ambito della tv generalista, si tratta molto di più di inseguire l'attenzione pubblica che di plasmarla. Noi che lavoriamo nell'industria dell'attenzione siamo quasi sempre terrorizzati all'idea che la gente smetta di prestarci attenzione, che i nostri trucchi falliscano, che il pubblico cominci a ignorarci. Tale paura innesca tutta una serie di conseguenze e di comportamenti negativi, uno dei quali – da non sottovalutare – è l'istinto del gregge. Ma la lezione cruciale, imparata a forza di tentativi ed errori, è che l'attenzione è difficile da dirigere, difficile da attrarre e difficile da controllare. Chi per non perdere il lavoro deve catturare l'attenzione altrui ha compreso questa verità forse meglio di qualunque altro concetto.

Quando cominciai a condurre un programma tutto mio, pensavo che sarebbe stato un po' come comprarmi la mia prima macchina. Avrei potuto andare dove volevo e, pur dovendo rispettare le leggi, mi sarebbe bastato scegliere una meta e premere l'acceleratore. Avrei potuto occuparmi di qualunque notizia ritenessi davvero importante, quando volevo, per tutto il tempo che mi sarebbe sembrato necessario.

Ma capii in fretta che non è così che funziona.

Un programma di attualità è tenuto vivo dall'attenzione. Non è dotato di un motore a scoppio che lo metta in moto. Sì, puoi occuparti ogni sera di un argomento a tua scelta ma, se nessuno ti guarda, il programma verrà cancellato. Stava quasi per succedere anche a me.

Oggi, dopo molti esperimenti ed errori, sono giunto a considerare l'attenzione del pubblico alla stregua del vento che muove una barca a vela. È un fenomeno reale, indipendente dalla barca e, se si è in grado di sfruttarlo, ci permette davvero di navigare. Non ci si mette ad andare controvento, ma non ci si lascia nemmeno dettare la rotta. Si decide dove si vuole andare (nel caso del mio programma, ciò che credo sia importante far sapere al pubblico), si prende atto della direzione del vento e poi, adoperando le proprie capacità e la strumentazione della barca, si bordeggia fino ad arrivare, sospinti dal vento, a destinazione.

Credo che quest'esperienza mi dia una certa consapevolezza riguardo alle dinamiche dell'attenzione. Ogni momento della mia vita professionale è dedicato a capire come suscitare curiosità e mantenere vivo l'interesse del pubblico. Ma ormai la ricerca costante dell'attenzione non è più solo appannaggio di chi lavora nel mio settore. È avvenuto un processo di democratizzazione che ha esteso questa prerogativa a qualunque adolescente dotato di telefono.

Cercherò di dimostrare che una tale riconfigurazione socioeconomica inerente alla ricerca dell'attenzione segna una trasformazione di profondità analoga all'avvento del capitalismo industriale e alla creazione del lavoro salariato quale forma primaria dello sforzo umano. L'attenzione oggi è un bene tanto quanto lo era la manodopera ai primordi del capitalismo industriale. Ciò che prima veniva considerato sforzo umano venne convertito in una merce di scambio dotata di prezzo. In un modo o nell'altro le persone avevano sempre «lavorato», ma a questo punto il lavoro veniva inserito in un complesso sistema che lo rendeva un bene di mercato. Questo passaggio dal «lavoro» alla «manodopera» fu, per molti, una trasformazione tanto feroce quanto bizzarra. Il lavoratore, osservò Karl Marx nei *Manoscritti economico-filosofici del 1844*, «non è contento ma infelice, non sviluppa liberamente la sua energia fisica e mentale, ma mortifica il corpo e si rovina la mente. Il lavoratore si sente esterno al proprio lavoro e sente il lavoro come qualcosa di esterno a se stesso».[43]

Ecco l'intuizione fondamentale della teoria marxiana della manodopera e dell'alienazione: era sorto un sistema sociale per estrarre con la forza dalle persone qualcosa che prima, a livello profondo, era una loro proprietà. Anche oggi queste parole sembrano attuali. Il senso di dislocazione di trovarsi tagliati fuori da se stessi. Il non sentirsi più in grado, nonostante l'apparente infinità delle scelte e delle opzioni – che cosa vuoi stasera, caro? –, di «sviluppare liberamente» la propria energia mentale. L'intrappolamento del lavoratore in un sistema creato da altri e da cui non può evadere.

Il passaggio epocale al capitalismo industriale comportò ciò che Marx definì la «mercificazione della manodopera». Assistere alla trasformazione del lavoro – ciò che facciamo con il corpo e la mente, il prodotto del nostro impegno e dei nostri sforzi – in un bene di mercato fu piuttosto alienante. La trasformazione di ciò che prima era «lavoro» o «cose che gli esseri umani facevano per scopi specifici» in «manodopera», cioè in una categoria dell'attività umana dotata di prezzo, ha richiesto un mutamento complessivo della struttura sociale e della quotidianità.

Infatti, per ricavare la manodopera da un individuo, bisogna compensarlo con un salario o costringerlo con la violenza – il frustino del sorvegliante – ed estrarla a forza. Entrambi i metodi sono stati usati. L'estrazione della nostra attenzione avviene però in un'altra maniera. Ci sono tanti modi oppressivi e crudeli per costringere le persone a lavorare, ma è impossibile farlo solo attraverso la manipolazione delle loro facoltà preconsce. Se qualcuno ti punta una pistola alla testa e ti ordina di scavare una buca, tu sai di subire una violenza. Se qualcuno spara in aria, anche prima che tu possa renderti conto di quello che succede, la tua attenzione si concentrerà subito sul rimbombo. L'attenzione può esserci sottratta su un piano puramente sensoriale, anticipando il giudizio della nostra volontà cosciente. È proprio così che funziona una sirena.

Se consideriamo l'attenzione come una risorsa e comprendiamo tanto il suo primato esistenziale quanto la sua dilagante supremazia sociale, politica ed economica, siamo perfettamente in grado di capire molte caratteristiche distinte della nostra esistenza nel ventunesimo secolo. L'attenzione precede qualunque aspetto verbale o comunicativo comunemente associato con il potere: la persuasione, la logica, l'informazione. Prima di persuadere, bisogna catturare l'attenzione: «Amici, Romani, patrioti, prestatemi orecchio!».[44] Prima di informare, insultare, sedurre o di fare qualunque altra cosa, devi assicurarti che la tua voce non finisca nel rumore di fondo silenziato che costituisce il 99,9 per cento di tutti i discorsi che ci vengono rivolti. Il dibattito pubblico è diventato una guerra per l'attenzione di tutti contro tutti. Il commercio è una guerra di attenzione. La vita sociale è una guerra di attenzione. Essere genitori è una guerra di attenzione. E a forza di combattere siamo tutti stanchi.

Questo libro è un tentativo di trovare pace.

2
La slot machine e Zio Sam

L'attenzione esiste per risolvere un problema, il problema dell'informazione. La mole di input percettivi costantemente esperiti da un essere umano è soverchiante. Potresti accorgerti di tutte le foglie dell'albero accanto a cui cammini, del battito del cuore, della sensazione di ogni dito e del suono del respiro nelle narici. Se ogni stimolo ricevuto in ogni momento avesse la stessa salienza, non riusciremmo a fare nulla.

In epoche più semplici, per sopravvivere avevamo bisogno di certe informazioni: l'ubicazione del cibo, il colore di una bacca per determinarne la commestibilità, il mormorio di un torrente per trovare l'acqua pulita. Allora come oggi, però, le informazioni vitali rischiano di venire eclissate da altre informazioni fluttuanti nella nostra sfera percettiva. Se non riusciamo a ignorare il fruscio delle foglie per concentrarci sul rombo del torrente, non troveremo l'acqua. Ben prima della comparsa degli smartphone, nel suo saggio del 1971 sull'economia dell'attenzione, che resta una delle più profonde meditazioni sull'argomento mai pubblicate, l'economista Herbert Simon osservò che «la ricchezza di informazioni comporta la carenza di qualcos'altro: la scarsità di ciò che l'informazione consuma. Ciò che l'informazione consuma è piuttosto evidente: consuma l'attenzione dei suoi riceventi».[1] L'informazione è abbondante; l'attenzione è carente. L'informazione è potenzialmente infinita, l'attenzione è limitata. Quindi l'informazione vale poco e l'attenzione vale molto.

Vagliare l'informazione – raggrupparla in forme coerenti processabili, sopprimendone la gran parte a ogni istante – è qualcosa di talmente connaturato al nostro stare nel mondo da rendere pressoché impossibile immaginare o descrivere l'esperienza fenomenologica della sua assenza. Uno psicologo con disturbo acuto da deficit di attenzione tratteggia una realtà priva di barriere mentali: «A pranzo, una conversazione al tavolo accanto mette a rischio la tua capacità di ascoltare i discorsi, peraltro interessanti, della persona seduta davanti a te; nel silenzio della biblioteca, il rumore creato da una sedia che si sposta può farti perdere il filo dei pensieri. Informazioni disorganizzate e indesiderate ti attraversano costantemente».[2]

«Tutti sanno che cos'è l'attenzione» scrisse nel 1890 William James nei *Principi di psicologia*.[3] Da un certo punto di vista, tale affermazione risultava vera allora come oggi. L'attenzione è qualcosa di tanto comune alla nostra esperienza da non meritare quasi di perdere del tempo a spiegare che cos'è. Se dici a qualcuno di fare attenzione, ti capisce. Se ti fanno una domanda, tu non sai rispondere e dici «Scusate, ero distratto», tutti ti capiscono. Ciononostante, James volle apportare la propria definizione, tuttora probabilmente insuperata: l'attenzione è «la presa di possesso da parte della mente, in forma vivida e chiara, di uno tra quelli che paiono essere molteplici oggetti o flussi di pensiero. La focalizzazione e la concentrazione della consapevolezza sono fondamentali per l'attenzione, che comporta il distogliersi da alcune cose per occuparsi in maniera efficace di altre».[4]

Ma la nostra dimestichezza con l'attenzione può mascherare la sua assoluta complessità. Non appena cerchiamo di definirla, l'attenzione muta, oscilla e cambia forma. Già nel 1886, mentre William James scriveva i *Principi di psicologia*, il suo collega filosofo Francis H. Bradley si chiedeva se l'attenzione fosse un concetto contraddistinto da una benché minima coerenza e pubblicò un articolo intitolato *Esiste una qualche attività specifica dell'attenzione?*[5] Qualche anno dopo, un gruppo eterogeneo di scienziati pubblicò un articolo collettivo intitolato *Nessuno sa che cosa sia l'attenzione*, in cui si sosteneva, sulla base di evidenze empiriche e di ricerche allora all'avanguardia sull'attenzione visiva, che il concetto stesso di attenzione fosse vago e inservibile sul piano teorico: «Uno dei termini più ambigui ed equivocati delle scienze cognitive».[6]

Forse è un'affermazione esagerata, ma è innegabile che più si riflette sull'essenza dell'attenzione e più ne emerge la complessità. Per i nostri scopi, approfondiamo un esempio concreto preso dalla letteratura scientifica sull'argomento. Immagina di andare a un cocktail party a cui sono presenti decine di invitati. Sei brillo e ti ritrovi a chiacchierare con un gruppetto di persone che sembrano incarnare lo stereotipo dei frequentatori di simili eventi mondani: non sono amici né sconosciuti. Conversare del più e del meno con loro è già faticoso, quindi sei piuttosto concentrato, ti chini in avanti per proteggerti dal frastuono che ti circonda e sentire bene i discorsi dei tuoi interlocutori.

In questo momento, stai prestando attenzione proprio nella maniera intuitiva illustrata da James. Spesso gli psicologi paragonano questo tipo di attenzione al cono di luce di un riflettore che si sposta sul palcoscenico e passa da una persona all'altra. Oppure, dato il contesto, potremmo associarlo al microfono che un inviato del telegiornale accosta ai volti dei testimoni di un evento, focalizzando così l'attenzione dello spettatore sui vari intervistati uno dopo l'altro.

In questa situazione, ciò che risulta evidente è l'elemento centrale identificato da James: la percezione di una scelta a somma zero. Concentriamo l'attenzione sulla conversazione che si svolge davanti a noi e non, per esempio, su quale sia il cameriere più prossimo ad avvicinarsi con un vassoio di involtini primavera al ripieno d'anatra. O segui la conversazione oppure ti distrai per qualche istante e cerchi con lo sguardo gli antipasti. Metti in atto «il distoglierti da certe cose per occuparti in maniera efficace di altre».[7]

Questa è la forma di attenzione descritta da James nel celebre passo citato e costituisce il primo dei tre aspetti fondamentali dell'attenzione. Tale aspetto è definito dagli psicologi «attenzione volontaria» ed entra in gioco quando ti siedi a leggere un romanzo, dai un esame, o intavoli una lunga chiacchierata notturna su temi profondi con il tuo partner. Ti concentri, ascolti, punti la tua torcia di pensieri su qualcosa o su qualcuno. Nell'esempio della serata mondana, quando ti chini per sentire i discorsi del tuo interlocutore, attivi l'attenzione volontaria.

Questa forma di attenzione lavora per esclusione e non per amplificazione, che è il processo contrario. Di fatto, ciò che accade nel nostro cervello è che stiamo *reprimendo* tutto ciò che non è l'oggetto su cui siamo concentrati. Quest'atto di «distogliersi», indicato da James, è necessario per attivare l'attenzione volontaria.

È anche una specie di superpotere. La nostra capacità di sopprimere stimoli irrilevanti e di concentrare la nostra attenzione è talmente spiccata che in disparati contesti sperimentali le persone effettivamente non vedono o non sentono stimoli anche estremamente bizzarri e spesso persino ridicoli situati proprio davanti a loro. L'esempio più celebre di questa propensione umana è il test del gorilla invisibile.[8] I soggetti sperimentali guardano un video di tre persone in maglietta bianca e di tre persone in maglietta nera che si passano una palla da basket. Quelli in maglietta bianca si passano la palla tra di loro girando tra quelli in maglietta nera, che a loro volta si passano una palla da basket. È una scena caotica. Ai soggetti viene chiesto di prestare particolare attenzione ai tre in maglietta bianca e di contare quanti passaggi effettuano. Per riuscirci, bisogna concentrarsi intensamente soltanto sulle persone in bianco e ignorare completamente tutto ciò che fanno quelle in nero.

Dopo trenta secondi di video, circa metà dei soggetti riesce a indicare il numero corretto di passaggi compiuti dalle magliette bianche. Ciò che però i soggetti non ricordano – perché non l'hanno proprio visto – è che a metà dell'esercizio un tizio in costume integrale da gorilla ha camminato in mezzo al gruppo sperimentale, si è battuto i pugni sul petto, ha gonfiato i bicipiti e se n'è andato. La conclusione fondamentale dell'esperimento, replicata in molti altri contesti, consiste nell'aver appurato che un maggior carico percettivo tende a creare negli esseri umani una sorta di visione a tunnel.[9] Il motivo per cui i soggetti sperimentali non vedono il gorilla sta nella difficoltà del compito loro affidato e nella quantità di stimoli visivi da processare. Gli esperti parlano di «cecità inattentiva».[10]

Ecco quindi l'attenzione volontaria, una capacità quasi soprannaturale di sopprimere gli stimoli che ci circondano e di concentrarci. Torniamo adesso all'esempio del cocktail party. Stai attivando l'attenzione volontaria per ascoltare la donna davanti a te, che ti racconta di essere sempre stata scettica nei confronti dei chiropratici ma di aver fatto da poco la prima seduta e di essersi finalmente liberata dal mal di schiena cronico. All'improvviso, senti il FRASTUONO di un grande vassoio che precipita sul pavimento e decine di bicchieri vanno in frantumi. Tu e tutti i presenti girate immediatamente la testa verso il rumore e vedete un cameriere che arrossendo si china a raccogliere il vassoio di calici di champagne che si è appena lasciato sfuggire.

Simile al suono di una sirena, questo è un esempio del secondo dei tre aspetti dell'attenzione, chiamato dagli psicologi «attenzione involontaria». Come nel caso dell'attenzione volontaria, le dinamiche fondamentali di questo secondo aspetto ci sono talmente familiari da far sembrare, a uno sguardo superficiale, che non valga la pena esplorarle ulteriormente. Ci accade di continuo: un rumore forte, una luce intensa o un altro segnale percettivo catturano la nostra attenzione e ci deconcentrano.

Ma è un altro piccolo miracolo. Ricordiamo che l'attenzione volontaria agisce attraverso la rimozione di tutti gli stimoli non pertinenti all'oggetto della concentrazione. È la nostra capacità di sopprimere gli stimoli irrilevanti a permetterci di contare i passaggi nell'esperimento cestistico e però a non farci accorgere del tizio travestito da gorilla.

Tuttavia, il profondo paradosso al cuore dell'attenzione è che, anche mentre creiamo questo tunnel di pensieri, la nostra mente sta al contempo processando molte altre cose scollegate dalla conversazione in cui siamo coinvolti. Ed è in grado di strappare l'attenzione conscia dall'oggetto della concentrazione intenzionale e di orientarlo su altri stimoli, come lo schianto di un vassoio e l'esplosione dei bicchieri.

La necessità di un simile accorgimento è ovvia. Non possiamo permetterci di concentrarci a un punto tale da non essere in grado di percepire un pericolo: da ritrovarci tanto rapiti dal racconto di caccia del cavernicolo da ignorare il ruggito del leone a pochi metri da noi. Per svolgere le nostre attività, dobbiamo essere in grado di sopprimere quasi tutti gli stimoli intercettati dalla nostra mente, ma bisogna anche monitorare questi stessi stimoli per accertarsi che non ce ne sia uno tanto cruciale da meritare la nostra piena attenzione. I nostri cervelli devono stabilire una soglia della concentrazione elevata ma non troppo, una sorta di zona di Goldilocks, una «via di mezzo» della concentrazione che di solito tiene ma può anche essere smantellata in un istante.

Come faccia di preciso il nostro cervello a compiere una simile magia è argomento di studio di molti esperti in scienze cognitive e psicologia, che spesso hanno dedicato la propria carriera a tentare di venire a capo di questo enigma, ma a essere sinceri la nostra attuale comprensione di tale meccanismo resta piuttosto lacunosa. Decenni di importanti ricerche sperimentali hanno illustrato il funzionamento della concentrazione e della distrazione e abbiamo appurato quali condizioni ci permettono di bloccare le distrazioni e quali percezioni possono venire rapidamente processate e riconosciute come rilevanti a fini specifici dai nostri apparati uditivi e visivi. Ma come fare poi combaciare tutte le tessere del mosaico resta fonte di dibattito, con vari modelli opposti che si dimostrano più o meno efficaci nel predire il tale o il talaltro insieme di evidenze sperimentali.

Ciò che conta ai fini del nostro discorso è la differenza tra questi due aspetti dell'attenzione: l'attenzione volontaria e quella involontaria. Nella prima modalità, siamo noi ad avere il controllo; la mente conscia sceglie su cosa concentrarsi e il cervello impiega la propria abilità di sopprimere stimoli irrilevanti. Nella seconda modalità, la mente conscia viene esautorata: la nostra attenzione è orientata indipendentemente dalla nostra volontà o dal nostro desiderio. Per quanto attivamente stiamo ascoltando i discorsi sui chiropratici dell'interlocutrice, non possiamo imporci di *non* sentire tutt'a un tratto lo schianto esplosivo del vassoio carico di calici di champagne.

Ecco, quindi, due su tre degli aspetti dell'attenzione di cui volevo parlare: l'attenzione volontaria e quella involontaria. Per addentrarci nel terzo aspetto, torniamo al cocktail party. Dopo che tutti si sono girati di scatto verso il cameriere mortificato intento a raccogliere il vassoio, qualcuno per rompere la tensione grida «*Et voilà!*» e la gente ride e applaude. La festa ricomincia e tu torni a concentrarti sulla conversazione che si svolge davanti a te. Adesso sta parlando un'altra donna, che racconta i suoi disperati tentativi, peraltro fallimentari, di limitare l'esposizione ai social network della figlia dodicenne.

Il tuo cervello sta sopprimendo di nuovo un quantitativo potenzialmente infinito di stimoli. Poi però senti, quasi contro la tua volontà, improvviso come lo scoppio di un petardo, il tuo nome che spunta in un'*altra* conversazione. La tua attenzione viene dirottata verso tale conversazione, di cui senti un'ultima battuta. «Quindi non so come stiano davvero le cose» dice l'uomo che credi abbia appena pronunciato il tuo nome.

Sei incuriosito e la tua concentrazione si sposta. Magari resti in silenzio a origliare talmente a lungo che a un certo punto la convertita ai chiropratici ti rivolge una domanda e accade di nuovo che una sorta di elaborazione secondaria della situazione esterna al focus della tua concentrazione, strattona la tua attenzione per dirti che c'è bisogno di te. Torni a concentrarti sulla conversazione davanti a te, chiedi scusa e le dici che non hai sentito. O magari cerchi di cavartela bluffando e cambi argomento.

Sospetto che quasi chiunque abbia vissuto, magari in forme diverse, un'esperienza simile. Se a te invece non è mai capitato e resti scettico sull'argomento, sappi che tale fenomeno ha persino un nome, molto diffuso nella letteratura sperimentale e in uso fin da metà Novecento: «effetto cocktail party».[11]

Si potrebbe pensare che quest'esempio indichi il secondo aspetto dell'attenzione, l'attenzione involontaria, e da un certo punto di vista è vero. Come il frantumarsi dei bicchieri un minuto prima, ciò che è accaduto è che qualcosa di esterno al fascio di luce della tua concentrazione ha attirato la tua attenzione senza una tua compartecipazione volontaria. Ma sentire il proprio nome in un'altra conversazione è un miracolo percettivo incomparabilmente più complesso e stupefacente e dunque, a mio avviso, per un simile fenomeno bisogna coniare una categoria supplementare.

Pensaci: come ha fatto il tuo cervello, se non stava seguendo tale conversazione, a sapere che veniva pronunciato il tuo nome? Il riconoscimento verbale richiede un alto livello di elaborazione cognitiva: i suoni entrano nell'orecchio, vengono poi vagliati e trasformati in parole, le quali sono infine raggruppate in frasi da cui estrarre il significato.

Per il vassoio rovesciato, si può immaginare un modello di attenzione in cui il cervello fissa una sorta di soglia di decibel al di sotto della quale sopprimere qualunque stimolo uditivo. Se però un rumore – come uno schianto – supera tale soglia, il cervello ci orienta la tua attenzione.

Tuttavia, quando senti il tuo nome in una conversazione parallela, si innesca una dinamica ben più complicata e sottile. Tale momento di riconoscimento implica che, anche mentre eri concentrato su una sola conversazione a scapito di tutte le altre, una certa componente del tuo cervello, quasi una sentinella, origliava tutti gli altri scambi a portata d'orecchio e trascriveva e processava le parole pronunciate in quei dialoghi alla ricerca di alcune parole chiave: a partire dal tuo nome.

Pazzesco! Pensa alla capacità di processamento necessaria per una simile impresa. Il tuo cervello conscio è impegnatissimo a fare conversazione e sullo sfondo la tua personale Agenzia della sicurezza nazionale del cocktail party ha disseminato tutte le altre conversazioni di cimici con una serie di parole chiave che innescheranno una sorta di allarme interno. Tutto ciò accade in tempo reale, nell'arco di centesimi o di millesimi di secondo.

Sembra quasi una magia. In una forma o nell'altra, questo fenomeno continua a emergere in vari studi sperimentali condotti nel corso degli anni.[12] Ecco la struttura fondamentale di questo tipo di esperimenti. I soggetti infilano degli auricolari che diffondono nelle orecchie due tracce audio diverse. Si chiede ai soggetti di concentrarsi su un orecchio solo e di compiere un'attività semplice, per esempio di ripetere ciò che sentono in tale orecchio e che di solito è un testo in prosa. Nel frattempo, una sequenza di parole viene trasmessa nell'orecchio *disattento* e alla fine i soggetti vengono interrogati sulle parole sentite con il secondo orecchio. Uno studio epocale del 1959 rivelò che «anche se il messaggio rifiutato consiste in un breve elenco di semplici parole ripetute svariate volte, un test di riconoscimento fallisce nel rilevare la minima traccia di suddetto elenco».[13] Utilizzando dei numeri, si ottenne lo stesso risultato. Insomma, l'ennesima prova dello sbalorditivo potere di soppressione che il cervello umano è in grado di esercitare sui travolgenti livelli di stimoli a cui è sottoposto.

Nello stesso studio, però, lo psicologo Neville Moray provò a testare quali stimoli specifici riuscissero a fare breccia nelle incredibili capacità di rimozione della nostra concentrazione. «L'unico stimolo finora riscontrato in grado di penetrare tale barriera è il nome stesso del soggetto.»[14] Moray definì tale sorprendente scoperta «il paradosso dell'identificazione». «Mentre apparentemente il contenuto verbale del messaggio rifiutato» – ovvero il messaggio nell'orecchio che i soggetti devono ignorare – «è bloccato al di sotto del livello della percezione conscia, ciononostante un soggetto è in grado di rispondere al proprio nome.»[15]

Questa scoperta costrinse Moray a ripensare daccapo la modalità di funzionamento dell'attenzione. Ipotizzò che, persino quando il cervello sopprimeva le parole che giungevano all'orecchio disattento, ci dovesse essere un qualche livello di processamento del linguaggio che, proprio mentre la soppressione era in atto, andava in cerca di «certi schemi considerati "importanti" per il soggetto» – come il suo nome – e li trasmetteva alle componenti sovradeterminate nella catena di elaborazione.[16]

Il test ebbe luogo nel 1959 e il campione di Moray si limitava a dodici soggetti. Da allora quest'esperimento è stato riprodotto in maniera affidabile; quasi nulla sembra avere lo stesso effetto del nome del soggetto.[17] Moray postulò che parole «importanti» per il soggetto potessero esercitare lo stesso influsso e le evidenze sperimentali hanno dimostrato che, per esempio, il nome del coniuge genera conseguenze analoghe nell'attività cerebrale.[18] I ricercatori hanno anche testato la possibilità che a innescare tale effetto sia la mera familiarità, come nel caso di nomi di persone famose, che però non hanno prodotto analoghi picchi di attività cerebrale.[19]

Perché il suono del nostro nome penetra nelle profondità del nostro processamento mentale e ci orienta verso la conversazione in cui è stato pronunciato? Qual è il meccanismo al livello profondo della nostra cognizione, nell'impianto della nostra percezione del mondo in tempo reale?

Eccoci dunque al terzo e ultimo aspetto, l'«attenzione sociale». Mentre l'attenzione volontaria e quella involontaria sono state ampiamente indagate dalla letteratura psicologica, l'attenzione sociale in quanto categoria richiede uno sguardo più filosofico. La possibilità di essere oggetto della concentrazione altrui è assente dalla chiara definizione di James. Non è peraltro una sorpresa che Sigmund Freud, data la sua visione complessiva del mondo, abbia incentrato su questo lato sociale dell'attenzione la sua comprensione della psiche. Nella disamina freudiana dello sviluppo psicosessuale umano è l'attenzione della madre (e, in misura minore, del padre) a plasmare la nostra psiche e, inevitabilmente, le nostre compulsioni e nevrosi. I particolari teorici – per esempio il complesso di Edipo o di Elettra – contano meno dell'assunto fondamentale, ossia «la lunga durata, nell'uomo, dell'impotenza e della dipendenza infantile».[20] Nella sua eccellente raccolta di saggi sull'attenzione, il rinomato psicanalista britannico Adam Phillips scrive che l'attenzione è in realtà il primo motore della socializzazione umana. «Cerchiamo attenzione senza ben comprendere cos'è e che cosa, in noi stessi, ha bisogno di ricevere attenzione. È a partire da questa complessità che le persone si incontrano, per scoprire ciò che è possibile (la socievolezza dipende dalla ricerca di attenzione).»[21]

Queste osservazioni, naturalmente, valgono per molte specie animali e per tutti i mammiferi, ma a mio avviso si tiene ancora poco conto del fatto che gli infanti umani sono nettamente *più* indifesi degli infanti di tante altre specie. Quasi tutti i mammiferi, dai puledri ai maialini da latte, per esempio, imparano a camminare ben prima degli infanti umani. Se hai mai visto dei maialini o dei cagnolini lottare per conquistarsi una poppata, ti sarai reso conto che le madri mammifere non sono esattamente intente a prendersi cura della cucciolata con la stessa delicatezza con cui una madre umana si accosta il neonato al seno.

Questa è la conseguenza di due cruciali tappe evoluzionistiche che, come è noto, contraddistinguono la nostra specie: la grandezza del cervello e il bipedismo. Per camminare eretti, i fianchi e il canale uterino delle donne si sono dovuti restringere e invece il cervello del feto ha assunto dimensioni sempre maggiori. Questa combinazione di fattori ha fatto sì che, come scrive Yuval Noah Harari in *Sapiens*, «per le femmine umane morire di parto è diventato un rischio sempre più grave. Le donne che partorivano prima, quando il cervello e il cranio dell'infante erano ancora relativamente piccoli e malleabili, se la cavavano meglio e avevano più figli. La selezione naturale ha quindi favorito le nascite premature».[22]

Dare alla luce delle creaturine totalmente indifese ha generato conseguenze immani per la nostra specie. Continua Harari:

> Poco dopo la nascita, un puledro è in grado di trottare; dopo qualche settimana di vita, un gattino lascia la madre per procacciarsi da solo il cibo. I neonati umani sono indifesi, per molti anni dipendono dagli individui più anziani, che forniscono loro nutrimento e protezione e li educano. Questo fatto ha contribuito enormemente sia alle straordinarie capacità sociali del genere umano sia all'unicità dei suoi problemi sociali. Era raro che, dovendo trascinarsi dietro dei bambini bisognosi di cure, le madri sole riuscissero a trovare cibo sufficiente per la prole e per se stesse. Crescere dei figli ha richiesto costante aiuto da parte di parenti o vicini. Per crescere un essere umano, ci vuole una tribù.[23]

Per sopravvivere non abbiamo bisogno solo di attenzione: abbiamo bisogno di *cure*. Ma l'attenzione è prerequisito necessario per ogni cura. Dunque, siamo creature che non possono sopravvivere senza attenzione. Moriamo di abbandono. Questo retaggio ineludibile ci porterà sempre a fare in modo che gli altri ci prestino attenzione. Siamo esseri che prestano attenzione alle cose presenti nel nostro ambiente, sì, ma anche alle altre persone. A nostra volta, cerchiamo l'attenzione altrui. C'è un motivo se è proprio il nostro nome, e non qualche altra parola chiave, a orientare la nostra attenzione verso una conversazione origliata: vogliamo sapere chi è che sta parlando di noi. Chi sta prestando attenzione *a* noi. E questo bisogno sociale sarà sempre un aspetto centrale delle complesse tensioni innescate dai meccanismi di concentrazione della nostra attenzione. In effetti, è proprio questa sfaccettatura dell'attenzione a venire sfruttata con maggior efficacia dagli odierni mercanti dell'attenzione.

Ricapitoliamo ciò che abbiamo appurato: ci sono tre aspetti fondamentali dell'attenzione, le cui dinamiche di base sono state messe in luce dall'esempio del cocktail party. Prima c'è l'attenzione volontaria: la scelta intenzionale dell'oggetto della nostra concentrazione, l'occhio di bue della mente che viene puntato su qualcosa e, mentre lo illumina, mantiene tutto ciò che è esterno al riflettore in una relativa oscurità. Poi c'è l'attenzione involontaria, che opera costantemente in parallelo all'attenzione conscia, monitora l'ambiente in cui ci troviamo alla ricerca di minacce e incongruenze, e ci sospinge e trascina lontano dalla concentrazione consapevole, per poi espandersi a volte fino a impadronirsi del tutto della nostra mente. Infine, c'è l'attenzione sociale, il fatto che possiamo essere oggetto dell'attenzione altrui, e l'ineludibile verità secondo cui essere l'oggetto dell'attenzione altrui è il fulcro di ogni connessione umana. Noi prestiamo anche attenzione agli altri e queste forme di attenzione sociale, gli scambi reciproci di attenzione con altri esseri umani, sono i legami covalenti della socializzazione. Noi pensiamo agli altri, gli altri pensano a noi e un'intera vita passa attraverso questo circuito di pensieri.

Una volta illustrati tali aspetti basilari dell'attenzione, possiamo porci una domanda che ossessiona milioni di professionisti dell'attenzione, dalle maestre di prima elementare ai produttori cinematografici ai politici ai conduttori di programmi televisivi come il sottoscritto: come si fa a catturare l'attenzione altrui?

Poiché dedico quasi interamente la mia vita professionale al tentativo di dare risposta a questa domanda, consiglio di suddividere la questione in due parti. Prima bisogna attirare l'attenzione: la gente deve accendere la televisione per guardare il tuo programma, oppure rallentare il ritmo dello zapping per vedere se ci sei tu in diretta, o cliccare sul link del video quando spunta nel *feed* di un social network. Poi, una volta conquistata l'attenzione, bisogna mantenerla.

Tutti i professionisti dell'industria dell'attenzione strutturano il proprio lavoro in base a questa distinzione. La stampa scandalistica utilizza grandi immagini sgargianti e caratteri sovradimensionati proprio nella speranza di invogliare i lettori all'acquisto. Gli articoli hanno dei titoli, che esistono per attirare l'attenzione. L'incipit punta a intrigare ulteriormente il lettore e il prosieguo dell'articolo deve mantenere il livello di attenzione. I programmi televisivi cominciano con un'apertura a sorpresa e ogni commesso viaggiatore o dongiovanni da discoteca ha la sua frase d'approccio.

Ogni sera alle venti, il mio programma comincia con un'introduzione di trenta secondi, che funge quasi da anteprima della puntata. Questo breve segmento sfrutta tutti i metodi considerati più affidabili per attrarre l'attenzione: parlo a voce alta e squillante, come se fossi appena entrato in una stanza e volessi farmi ascoltare; luminose e colorate, le grafiche occupano l'intera schermata. Passiamo rapidamente da un argomento all'altro, senza soluzione di continuità, per assicurarci che lo spettatore venga investito da un flusso costante di nuovi stimoli percettivi.

Tutti i professionisti del settore comprendono quindi l'importanza di attrarre e mantenere l'attenzione; tuttavia, oggi disponiamo di una quantità di dati, fino a qualche anno fa inconcepibile, riguardo al momento in cui le persone smettono di prestare attenzione: quando smettono di guardare, o di leggere, o si distraggono. Ognuno di questi dati, senza eccezione, evidenzia la distinzione fondamentale tra attrarre l'attenzione e mantenerla. Nella tv generalista gli spezzoni con lo share più alto sono solitamente quelli iniziali, il cosiddetto primo blocco. Quasi tutti i programmi, dopo all'incirca un'ora, registrano un calo di share.

Per i contenuti testuali, per esempio nel caso dei siti di notizie, che tengono conto di quante persone cliccano su un articolo e di quanti minuti poi impiegano a leggerlo, tale dinamica risulta ancora più pronunciata. Nel 2014 l'allora Ceo di Chartbeat, che misura il traffico online, disse che il 55 per cento di chi visualizza una pagina la abbandona in meno di quindici secondi.[24] Con il termine *clickbait* ci si riferisce proprio alla macroscopica diffusione di questo fenomeno. Se tendiamo ad associare il *clickbait* – la stampa scandalistica con le sue copertine volgari e strillanti – con un'informazione rozza e di scarsa qualità, è perché intuiamo che simili tattiche puntano all'obiettivo più semplice, al lato più abbordabile della nostra attenzione. Insistono sulla parte irrequieta del nostro cervello, sempre alla ricerca di nuovi stimoli: pericolo, cibo, sesso.

Da queste riflessioni consegue un assunto importante, un'intuizione che espone una verità cruciale sulla nostra esperienza complessiva nell'era dell'attenzione: *è più facile attrarre l'attenzione che mantenerla.* Di primo acchito, si potrebbe considerarla una presa d'atto quasi ovvia, ma le sue implicazioni sono profonde e rilevanti. Questo semplice dato di fatto plasma una percentuale altissima del nostro consumo mediatico e spiega come mai la nostra esperienza sui social network è diventata tanto stordente e frammentata.

La distinzione tra attrarre e mantenere l'attenzione si fonda sui primi due aspetti dell'attenzione: l'attenzione involontaria e quella volontaria. L'attenzione innescata dal titolo scioccante o a sfondo sessuale di un quotidiano scandalistico proviene dalla stessa parte della psiche che ci distoglie dalla conversazione a cui stiamo partecipando a causa dello schianto di un vassoio o del suono di una sirena. È la parte del nostro meccanismo attentivo che lavora sullo sfondo per processare *nuove* informazioni: nuove minacce o opportunità, mutamenti nel paesaggio percettivo.

Ma quando un nuovo stimolo percettivo si protrae nel tempo, progressivamente la nostra attenzione si adatta e lo stimolo cala d'intensità, in maniera analoga a come le pupille si restringono per adattarsi a una luce vivida. Ritorniamo a una postura volontaria: vogliamo occuparci davvero di questa cosa o no? Questa è la sfida, considerevolmente più complessa, dell'attenzione volontaria. È facile fare in modo che qualcuno legga il titolo; far leggere l'articolo è difficile.

Per tornare all'esempio del cocktail party, poniamo che tu sia stato autorizzato a fare qualunque cosa ti sembri necessario per attirare la completa attenzione degli astanti e fare in modo che tutti ti fissino ipnotizzati. Un'opzione classica, che poi rischierebbe di avere conseguenze tristemente esplosive sul piano legale, sarebbe tirar fuori una pistola, entrare nella sala, sparare dei colpi in aria e gridare: «Adesso, ascoltatemi tutti!».

Ovviamente, per attirare l'attenzione collettiva non ci sarebbe bisogno di compiere un gesto *tanto* violento ed estremo. Potresti tentare varie soluzioni: urlare a squarciagola, spaccare il tuo bicchiere, spogliarti e rimanere nudo. Il punto è che, indipendentemente da chi sei, da quali sono le tue competenze e capacità, potresti riuscirci. Perché attirare l'attenzione di tutti i presenti in un dato luogo, se si può usare qualunque metodo a propria disposizione, è facile.

Immaginiamo che tu sia entrato di corsa e abbia ottenuto quello che volevi. Tutti i presenti ti fissano e tu, in mezzo alla sala, brandisci la pistola o sei completamente nudo. E ora? Poniamo che il tuo obiettivo consista nel *mantenere* l'attenzione dei presenti, incantarli per le due ore successive. Cosa fai? Non è facile, vero? Persino un'arma da fuoco potrebbe risultare inutile. Per mantenere l'attenzione collettiva, magari ricomincerai a sparare al soffitto, ma non basterà per dominare la sala per due ore. Non riesci a tenere viva l'attenzione per un lasso di tempo prolungato, nemmeno impugnando una pistola. E non si tratta solo di un'ipotesi. Persino in una situazione di panico da attacco o fuga, come confermano i passeggeri di un aereo dirottato o i soldati reduci dal fronte, l'attenzione tende a distrarsi. Charles Kapar, un agente dell'Usaid che nel 1984 sopravvisse al dirottamento di un aereo di linea del Kuwait, poco dopo i fatti disse a un giornalista che, persino mentre la sua vita era appesa a un filo, gli era capitato di deconcentrarsi e di sprofondare nella noia. «Lui [il dirottatore] stava spaccando tutto e noi ce ne restavamo tranquillamente seduti. Dalla noia mi sono quasi addormentato.»[25]

Una delle esperienze più comuni e universali, in guerra, è la noia. Quasi tutti i resoconti scritti dei testimoni diretti di qualche battaglia tratteggiano il seguente quadro: lunghi periodi di noia, interrotti, alla prima scarica di fuoco o al primo assalto, dal sintonizzarsi di ogni cellula del proprio corpo sulla minaccia violenta del nemico. «Tu te ne stavi seduto in cima a una collina» scrive Tim O'Brien in *Quanto pesano i fantasmi*, «immerso nella calma di una giornata torrida e totalmente vuota, e dentro di te sentivi sgorgare la noia come da un rubinetto difettoso, solo che non era acqua, era una specie di acido, e al cadere di ogni goccia ti sentivi corrodere qualche organo vitale. Provavi a rilassarti. Distendevi le mani e ti abbandonavi ai tuoi pensieri. Be', pensavi, in fondo non va così male. Proprio in quel momento, dietro di te sentivi dei colpi d'arma da fuoco, le palle ti rimbalzavano in gola e gemevi come un maiale sgozzato.»[26]

Quindi, anche esercitando la forma più assoluta di costrizione – la minaccia della violenza o della morte – risulta semplicemente impossibile mantenere viva per molto tempo l'attenzione altrui. Se prendi in ostaggio le persone in una sala e vuoi che ti ascoltino monologare per due ore sulle tue battaglie politiche o sui tuoi atroci patemi d'amore, be', a meno di essere un oratore brillante, ti conviene rinunciare. Quasi certamente le menti si distrarranno; l'attenzione vacillerà. Conquistare inizialmente l'attenzione dei presenti è facile, ma mantenerla è di una difficoltà quasi insormontabile. Persino dei professionisti dell'attenzione come il sottoscritto considererebbero l'incarico di «tenere viva per due ore l'attenzione di un gruppo di persone semplicemente improvvisando» come un incubo.

Adesso ci occuperemo della misteriosa alchimia dell'attenzione volontaria. Come si fa, dopo aver catturato l'attenzione di qualcuno, a mantenerla?

A questo interrogativo non esistono risposte definitive o complete, ma per venirne a capo vari pensatori si sono pronunciati nel corso dei secoli e oggi vengono investiti trilioni di dollari. Ogni comitato elettorale, insegnante, comandante militare, organo di stampa, venditore, azienda digitale e impresa pubblicitaria è alle prese con questa domanda. Chi dimostra talento nel rispondervi crea imperi di importanza storica e globale. Perché non esiste una risposta unica né un metodo affidabile per giungere a una risposta: più cerchi di afferrarla, più la soluzione ti sfugge.

Voglio provare a costruire un orizzonte concettuale per rispondere a questa domanda di difficoltà insormontabile. Per farlo, però, devo compiere una piccola deviazione in un campo contraddistinto da dinamiche molto simili a quelle dell'attenzione. Un contesto in cui ci troviamo presi in una battaglia quasi incessante contro il nostro retaggio evoluzionistico: quello del cibo.

L'esperienza ormonale della fame, al livello più basilare, è una necessità evolutiva, il modo in cui il corpo ci informa che, per sostenere i processi vitali, serve un surplus di calorie.[27] È un dato elementare, un segnale. Prima di diventare qualunque altra cosa – un oggetto del desiderio, un mezzo per esprimere amore, un modo di celebrare una cultura o una tradizione – il cibo è una necessità biologica. Per vivere dobbiamo mangiare. Non abbiamo scelta.[28]

La fame è direttamente legata all'attenzione. Quando abbiamo fame, il bisogno di cibo comincia a monopolizzare la nostra attenzione. Chiunque abbia sperimentato la fase iniziale dell'inedia riferisce, quasi senza eccezione, come l'interiorità venga dominata dai pensieri inerenti al cibo. Aron Ralston, l'alpinista che prima di riuscire a liberarsi trascorse sei giorni in un canyon con il braccio intrappolato sotto una roccia, scrive nel suo memoir che, per quanto occasionalmente i suoi pensieri si soffermassero sulla morte e si chiedesse se avesse lasciato i propri affari in ordine o meno, «a occuparmi davvero la mente sono il mangiare e il bere. Nettare gelato e succulento, frutta, dessert freddi, tutte le pietanze umide e appetitose».[29] Un membro del movimento studentesco Sncc, che durante le lotte per i diritti civili degli anni Sessanta partecipò agli scioperi della fame, raccontò in seguito che insieme ai compagni attivisti «fantasticavamo incessantemente sul pasto che ci saremmo gustati e ci surclassavamo a vicenda nell'inventare piatti e contorni sempre più prelibati».[30]

Tanto l'attenzione quanto la fame servono a mantenerci vivi. Il nostro corpo deve costringerci a mangiare e lo fa attraverso la sensazione di fame. Deve anche costringerci a evitare minacce imminenti e lo fa orientando la nostra attenzione verso potenziali pericoli, fonti di nutrimento, luoghi in cui ripararci o altre forme di sicurezza. Talvolta, quando l'aroma di un piatto delizioso ci sfiora le narici, questi due processi lavorano all'unisono e la nostra attenzione è dominata dalla promessa del cibo.

La nostra eredità evoluzionistica plasma alcuni aspetti fondamentali e universali dell'appetito umano. Aggirandosi intorno alle quattro calorie per grammo, lo zucchero per la nostra alimentazione è come la benzina per i combustibili: è la fonte in assoluto più efficiente per generare energia. Non è una sorpresa che gli esseri umani, come altri animali, amino i dolci. Come spiega il critico gastronomico Michael Moss, si tratta di una storia d'amore cominciata presto: «Quando ricevono dello zucchero, i neonati sorridono e provano anche meno dolore. Perciò i medici, prima di pizzicarli sul tallone per un prelievo del sangue, danno loro una goccia di zucchero».[31] Lo zucchero, dice Moss, ci elargisce «la profonda soddisfazione biologica di aver compiuto un atto vitale per la nostra sopravvivenza».

Anche il grasso ha una componente energetica piuttosto elevata e, come osserva Michael Pollan, «la selezione naturale ci ha predisposto al gusto per gli zuccheri e i grassi (oltre che al gusto, alla loro consistenza) perché zuccheri e grassi contengono, tra tutti gli alimenti, la più elevata componente di energia (caloria vuole dire questo) per morso».[32] Quando il Dio dell'Antico Testamento descrive la terra dell'abbondanza, la terra promessa per il popolo eletto, ai suoi fedeli parla di «una terra buona e vasta, la terra dove scorrono fiumi di latte [grasso] e miele [zucchero]».[33]

La nostra predilezione biologica per grassi e zuccheri è stata sfruttata dalle multinazionali che dominano l'odierna produzione industriale degli alimenti. Nei suoi libri *Grassi dolci salati* e *Hooked*, Moss racconta lo spietato processo ingegneristico di cui i giganti del comparto alimentare si servono per innescare una sorta di risposta di dipendenza nei consumatori e sovraccaricare i nostri organismi di quantità assolutamente eccessive di sostanze che, durante le centinaia di migliaia di anni della nostra storia evolutiva, erano invece estremamente rare. «Fin dalle origini amiamo i dolci, ma i nostri antenati non avevano nulla di paragonabile alla Coca-Cola.»[34]

La componente evolutiva e biofisica della fame è soltanto il tassello iniziale di un mosaico più complesso. Ed è qui che il legame con l'attenzione diventa illuminante. Sì, certo, in tutto il mondo si vende e si beve la Coca-Cola. Gli imperi globali dell'industria alimentare hanno creato un irresistibile connubio di zuccheri, sale e grassi che sposta trilioni di dollari tra continenti, culture e tradizioni culinarie anche diversissime tra loro. Ma il cibo è ben più di un semplice algoritmo chimico con cui ingegneri alimentari ben pagati scassinano i nostri meccanismi cerebrali per produrre molteplici gusti nella giusta combinazione. Il cibo è vita, un vettore di socialità, cultura, affetto e legami di gruppo. È un'intima memoria sensoriale. È un'espressione di tradizione, storia e identità. Data la complessità dei nostri appetiti, la varietà di cose che in tutto il mondo gli esseri umani amano mangiare è assolutamente sconvolgente.

Che cosa piace mangiare agli esseri umani? Ci sono due possibili risposte. La prima proviene dalla nostra biologia più profonda ed è stata sfruttata in maniera assolutamente catastrofica: ci piacciono il sale, i grassi, lo zucchero, i carboidrati semplici. Ovunque nel mondo amiamo le patatine fritte salate, il ketchup dolce, la Coca-Cola zuccherata. Ma l'altra possibile risposta alla domanda su quello che piace mangiare agli esseri umani è... tutto! O, perlomeno, tutto ciò che è commestibile e non velenoso. Il mondo è bello perché è vario e i gusti umani sono di una varietà pressoché infinita: mangiamo tutto e ci piace tutto, dal cervello di mucca alle fave, dalle uova di pesce al nettare fermentato dell'agave del deserto, alla carne mezza marcia di balena. Uno dei temi ricorrenti nei diari di viaggio e nei resoconti dei primi grandi viaggiatori europei è l'incontro con pietanze bizzarre ma sorprendentemente prelibate. Nel tredicesimo secolo, il missionario fiammingo Guglielmo di Rubruck raccontò che durante il suo soggiorno presso i tartari (un popolo stanziato nei territori a cavallo tra l'Europa nordorientale e l'Asia occidentale) gli offrirono da bere del *kumis*, cioè del latte di giumenta fermentato, e che «assaporandolo, presi a sudare per l'orrore e lo sbalordimento, perché era la prima volta che lo assaggiavo. Eppure, mi parve molto gradevole, e lo è davvero».[35] In fondo, esistono più prelibatezze di quante ne riusciremmo mai a immaginare.

Lo stesso discorso vale per l'attenzione. Chiediti «a cosa prestano attenzione gli esseri umani?» e ti ritroverai con due possibili risposte. La prima, come la nostra voglia di zucchero, proviene dai meccanismi biologici più profondi dell'attenzione: i processi involontari e obbligati radicati nel nostro retaggio evolutivo. Persino una lumaca di mare, che è priva di consapevolezza in senso proprio e il cui sistema nervoso è in assoluto uno dei più rudimentali del regno animale, reagirà alla presenza improvvisa di uno stimolo di pericolo.[36]

Questo sistema dell'attenzione obbligata e preconscia fornisce il minimo comun denominatore per chi cerca di estrarre la nostra attenzione. Si tratta dell'equivalente attentivo del fast food e lo si trova dappertutto, dalle sale dei casinò, a Times Square, all'iPhone. Le più grandi aziende del mondo, le menti più brillanti e le istituzioni più potenti profondono una quantità esorbitante di risorse nel tentativo di indurci a guardare e ascoltare ciò che vogliono. Il cibo spazzatura non è soltanto ciò che mastichiamo; in misura sempre più evidente, è ciò di cui nutriamo la nostra mente. A forza di spuntini, la nostra anima fa indigestione e le viene la nausea.

Tuttavia, come per il cibo, alla domanda su ciò a cui prestano attenzione gli esseri umani c'è una seconda risposta. Anche in questo caso, la risposta è: quasi tutto! O perlomeno una varietà sbalorditiva, meravigliosa e sublime di attività e svaghi: teatro Kabuki, sitcom, telenovelas, messe evangeliche di otto ore filate, la *Tetralogia* di Wagner, video di quindici secondi su Snapchat, *Guerra e pace*, assoli di sitar di un'ora.

Oggi Joe Rogan è il creatore del podcast in lingua inglese più popolare e controverso del mondo. Molti dei suoi episodi hanno milioni di ascoltatori, ma spesso durano più di due ore e parlano di argomenti astrusi come l'origine dell'universo. Rogan non è il mio genere, ma mi è capitato di guardare ore di video di lavaggio di tappeti, in cui con pazienza, scrupolosità e dedizione delle persone strofinano con il detergente dei vecchi tappeti sporchi fino a renderli sgargianti. Solitamente questi video sono privi di narrazione, scanditi solo dal piacevole suono dell'acqua che scorre e delle spazzole che frizionano e da lunghe, enfatiche sequenze dell'acqua scura e sporca che cola dai tappeti e trascina giù nello scarico anni di sudiciume. Questi video mi ipnotizzano. Ho anche guardato ore di riparazioni certosine a vecchi campanelli o a torchi tipografici intaccati dalla ruggine, il che comporta scrostare e lustrare, scrostare e lustrare, fino a quando la superficie brilla. Non sono solo. A tre mesi dalla pubblicazione, un video del restauro di un campanello ha totalizzato 4,4 milioni di visualizzazioni. C'è anche un filmato con un trapano a percussione di modernariato che è stato visto 36 milioni di volte.

Su YouTube c'è anche un intero, popolarissimo filone di video di *unboxing*. In questi filmati qualcuno mostra un giocattolo o un altro prodotto ancora nella sua confezione e, inquadrato dalla telecamera e magari commentando ad alta voce, lo scarta. Il re indiscusso di questo sottogenere è Ryan Kaji, un bambino di dieci anni delle Hawaii. Per motivi che non mi sono chiari, io trovo i suoi video inguardabili e snervanti. Tuttavia nel 2018 e nel 2019 il canale di Ryan è stato in assoluto quello che ha guadagnato di più su YouTube.[37] Un filmato in particolare – *Sfida con GIGANTI UOVA con sorpresa e scivolo d'acqua gonfiabile*, con il piccolo Ryan intento a perlustrare lo scivolo gonfiabile nel giardino di casa in una specie di caccia al tesoro alla ricerca di due grandi uova di plastica piene di giocattoli – ha *due miliardi* di visualizzazioni.[38] Nel 2022 il «New York Times Magazine» ha stimato che, grazie alle inserzioni pubblicitarie e ai contenuti con all'interno prodotti sponsorizzati, la famiglia di Ryan fattura almeno 25 milioni di dollari all'anno.[39]

Quindi, da *Guerra e pace* a grandi uova di plastica piene di pupazzetti, non c'è una risposta lineare a questa domanda semplice e molto insidiosa (oltre che estremamente remunerativa): a che cosa prestano attenzione le persone? Come nel caso del cibo, la risposta è il prodotto di milioni di variabili: storia, cultura, istituzioni sociali. La varietà sconfinata dei gusti della mente umana è qualcosa di meraviglioso, come la nostra capacità di prestare assoluta attenzione a ciò che gli altri troverebbero tremendamente noioso. Esistono ancora infinite possibilità da scoprire e le cause che portano un individuo in un determinato momento a prestare attenzione a lungo a qualcosa in particolare sono inconoscibili. Appartengono a una sfera al di là di ogni abilità predittiva. Sono appannaggio dell'arte, non della scienza.

Se vuoi attirare più attenzione possibile a livello collettivo, devi cercare costantemente di risolvere questo enigma. A volte ci riesci e crei un film o un programma televisivo di enorme successo. Di solito, però, fallisci, anche se cerchi di aderire il più possibile alle prerogative fondamentali dell'attenzione, la cui conoscenza, per chi come me lavora nell'industria dell'attenzione, è altamente diffusa. Perché un thriller sbanca e un altro della stessa casa di produzione si rivela un fiasco? Nessuno lo sa! Gli esseri umani sono imprevedibili e gli appetiti umani, letterali e metaforici, sono vasti e bizzarri.

E se invece potessi evitare del tutto questo dilemma? Dato che attirare l'attenzione è molto più facile di mantenerla, ci sarebbero enormi guadagni per chiunque escogitasse un modo di attrarre l'attenzione ripetutamente, in maniera continua e incessante.

Tale approccio rientra nella strategia adottata dal mio medium, il giornalismo televisivo. Basta guardare un'inquadratura di qualunque programma di notizie per notare immediatamente il pullulare di stimoli visivi. Le interruzioni sono costanti. In sovrimpressione sulla parte bassa dello schermo scorrono ininterrottamente i titoli e nel cosiddetto terzo inferiore dell'inquadratura spesso c'è un'altra stringa di testo, che identifica l'ospite o riassume, a mo' di titolo, la notizia di cui si parla. Questo secondo testo cambia più volte al minuto. La parte preponderante della schermata non resta quasi mai fissa. Di solito cambiamo continuamente l'inquadratura: piano americano del conduttore, conduttore con grafico alle spalle, primo piano di un'immagine, sigla eccetera.

A essere precisi, la scritta in sovrimpressione in fondo alla schermata, introdotta da Cnn o da Espn per mostrare i punteggi delle gare sportive, fu utilizzata nei segmenti di notizie o di attualità da Fox News durante l'11 settembre, l'episodio della storia recente in cui il susseguirsi dei fatti conquistò la nostra attenzione nella maniera più primordiale e brutale.[40] Anche Msnbc e Cnn adottarono quasi subito tale sistema. È del tutto comprensibile che, in un momento di tremenda angoscia e di terrore, un simile approccio al mantenimento dell'attenzione si sia dimostrato particolarmente efficace. Eravamo tutti propensi a sentire e vedere pericoli e avevamo i nervi a fior di pelle. Quasi altrettanto comprensibile è che l'uso delle scritte in sovrimpressione sia proseguito ben oltre l'affievolirsi dell'atroce e palpabilissima minaccia dell'11 settembre. Telegiornali e programmi di attualità, al livello più semplice, sono una sorta di sirena televisiva: STA SUCCEDENDO QUALCOSA A CUI DEVI PRESTARE ATTENZIONE.

A un certo punto della mia carriera di conduttore, la scritta in sovrimpressione, che prima dell'avvento del mio programma era stata espunta dai palinsesti di prima serata, venne reintrodotta. Lo share era in calo, cioè l'attenzione collettiva scemava. I dirigenti cercavano di riconquistare i telespettatori. Tornò la scritta in sovrimpressione.

Avevamo quindi istituito due modalità visive alternative per il mantenimento l'attenzione: il metodo dell'interruzione seriale rappresentato dalle scritte nella parte bassa della schermata e il metodo del racconto che io portavo avanti nei due terzi superiori dell'inquadratura. Avevo l'impressione che, pur di ottenere il risultato sperato, mi ritrovassi a competere con la mia stessa schermata... Una sensazione bizzarra.

Tale dinamica, naturalmente, è tipica del mezzo televisivo. I canali a pagamento si contendono un mercato attentivo estremamente competitivo e devono lavorare incessantemente per attirare l'attenzione degli spettatori, soprattutto di quelli potenzialmente nuovi, che magari stanno facendo zapping. Personalmente, se potessi decidere, preferirei sbarazzarmi di tutti i fronzoli, adottare una messa in scena il più possibile spoglia e puntare tutto sulla mia abilità (vera o presunta) di sostenere l'attenzione attraverso l'oratoria e lo storytelling. Ricordo distintamente di aver detto a un dirigente di un'emittente televisiva che per me il contesto ideale in cui condurre un programma sarebbe stato analogo a quello, assolutamente minimalista, del vecchio programma di Charlie Rose: zero grafiche, sfondo nero, tavolo di legno. Sul volto del mio interlocutore vidi un'espressione evidente di panico. Tuttavia, per quanto i programmi di attualità si impegnino nel tentativo di attirare ripetutamente l'attenzione invece che di mantenerla, non si affidano esclusivamente a tale strategia. Pur circondato da esplosioni di grafiche che ricordano Times Square, faccio ancora dei monologhi in cui racconto una storia.

Ma oggi le forme più fortunate di cattura dell'attenzione eludono quasi del tutto la questione di come mantenerla e optano invece per una tattica, sempre più efficace, che consiste nell'attirarla di continuo. Io lo chiamo, dato che sfrutta l'approccio fondamentale di uno dei primi e più efficienti dispositivi attentivi della storia, il «metodo slot machine». Come le bibite gassate e i fast food hanno colonizzato la cucina planetaria, così questo metodo è diventato il perno dell'odierna economia globale dell'attenzione.

In origine, le slot machine erano una versione semplificata delle macchine da poker presenti nei bar. Nel 1950 questi dispositivi erano tanto diffusi quanto oggetto di severe requisitorie da parte dei fustigatori dei vizi collettivi, a detta dei quali la loro capacità seduttiva aveva l'obiettivo di svuotare le tasche degli uomini.[41] Osservò un sociologo proprio nel 1950: «Non è mai stata inventata nessun'altra macchina che, a fronte di un investimento minimo e di sforzi tanto ridotti, generi una quantità così favolosa di utili».[42]

Nel 1951 il Gambling Devices Transportation Act, una legge sul trasporto dei dispositivi per il gioco d'azzardo, vietò le slot machine in molti Stati americani in cui prima operavano sfruttando una sorta di zona grigia legale, e a partire dal 1960 furono ammesse soltanto nel Nevada.[43] Ma gli ingegneri dei casinò di Las Vegas si misero al lavoro. Perfezionando quelle prime semplici slot machine, diedero vita a un intero universo di giochi elettronici dall'inedito impatto. I giochi divennero molto più remunerativi di qualunque altra attività presente nei casinò e, con il passare degli anni, arrivarono a occupare aree sempre più ampie. «Proprio in questo momento» disse nel 2000 il sociologo Bo Bernhard a un convegno di gaming, «in qualche casinò, un tavolo da blackjack viene distrutto per fare spazio alle slot machine.»[44]

Le slot machine mantengono la nostra attenzione attirandola per qualche secondo mentre attendiamo che le icone smettano di girare, e poi ripetendo incessantemente lo stesso processo breve ma intenso. Il modello è semplice: ogni giocata dura pochi secondi. Luci intense e nuovi stimoli conquistano la nostra attenzione. A un momento di suspense segue un momento di rilascio. È la rivelazione, forse soddisfacente o forse no, di un mistero in miniatura e immediatamente ripetibile.

In *Architetture dell'azzardo*, l'antropologa culturale Natasha Dow Schüll descrive il rapporto tra ludopatici e slot machine. Contrariamente a quanto si potrebbe pensare, non è necessariamente l'idea della scommessa – la possibilità di vincere del denaro – a tenere inchiodate le persone. Si tratta invece della peculiare trance attenzionale prodotta dalle dinamiche di gioco delle slot. Mollie, una delle giocatrici intervistate, spiega che all'inizio voleva soprattutto vincere, ma poi si è resa conto dell'impossibilità di sconfiggere il banco. «Oggi quando vinco – ogni tanto mi capita – rimetto subito i soldi nella slot. Quello che gli altri non riescono mai a capire è che *non gioco per vincere.*» Il vero movente, per Mollie, è «continuare a giocare... restare nell'universo della slot, in cui nient'altro conta... È come essere nell'occhio del ciclone... Vedi perfettamente la slot davanti a te ma tutto il resto del mondo ti gira attorno e, di fatto, tutti gli altri suoni si confondono. Tu non sei davvero lì... Sei con la macchina e solo con lei».[45]

I progettisti di questi giochi studiano tutto ciò che potrebbe distogliere un giocatore da tale universo. Lo scopo del loro lavoro consiste nel mantenere il giocatore davanti alla slot il più a lungo possibile, dominarne e monopolizzarne l'attenzione e stornare qualunque forma di intromissione che possa spezzare l'incantesimo.[46]

Si tratta in fondo del modello fondante dei videogiochi, che per numero di ore totali costituiscono uno dei maggiori magneti attenzionali odierni. Un intero genere di videogiochi, quello degli sparatutto in prima persona, da *Call of Duty* a *Counter-Strike: Global Offensive*, ricalca l'approccio delle slot machine: il ripetuto richiamo dell'attenzione. Naturalmente, questi giochi hanno dei personaggi, una trama e a volte anche un'impalcatura narrativa piuttosto raffinata. Ma il trucco attentivo fondamentale consiste nel creare un universo in cui il giocatore è in costante pericolo, alle prese ogni due o tre secondi con una nuova minaccia. I giocatori tendono a restare alla console per ore e ore, al punto da creare il cliché perlopiù ironico del gamer che, pur di non alzarsi e mettere in pausa, fa pipì in una bottiglia. (Questa è, quasi sempre, una battuta.)

Simili dinamiche sembrano quasi identiche a quelle dei ludopatici incontrati da Dow Schüll. «*Call of Duty*, quest'anno, ha monopolizzato la mia attenzione per mesi e mesi, con un'intensità superiore a quella di qualunque altro gioco» raccontò un gamer nel 2020.[47] «E non sono solo io, tutti i miei amici quest'anno sono impazziti per *Call of Duty*... L'imprevedibilità è solo una delle componenti. Sì, è bello mettersi a giocare e pensare che forse questa è la volta buona. Magari ho un colpo di fortuna con le *loot box*, magari mi va bene con il *circle placement* e mi ritrovo posizionato in un punto strategico... Magari la sfango... Sono in balia degli eventi.» Le *loot box*, per chi non lo sapesse, sono praticamente delle slot machine interne al gioco che distribuiscono equipaggiamenti in maniera casuale.

Questo genere di videogiochi ha catturato una quantità davvero impressionante di ore di attenzione umana. Nel 2013 il «Washington Post» pubblicò un articolo intitolato: *Nel complesso la specie umana ha giocato a* Call of Duty *più a lungo di quanto è esistita.* In effetti, «ogni anno, i giocatori di *Call of Duty* totalizzano collettivamente circa 475.000 anni di gioco. Basta sommare tale cifra con quelle degli altri cinque anni di storia del titolo per realizzare che gli sparatutto contemporanei della Activision ci sono costati circa 2,85 milioni di anni: un lasso di tempo più di 14 volte superiore a quello in cui è esistita l'umanità».[48] E nel frattempo sono passati più di dieci anni!

Nell'era dell'attenzione quello delle slot machine è un modello in ascesa, forse il modello dominante. Facebook, X (nuovo nome di Twitter), Instagram e TikTok sono tutti fondati su quest'approccio. A mio avviso, non è un caso che la struttura percettiva fondamentale di quasi tutti i social network, il *feed*, si muova come una slot machine: scorre verticalmente all'infinito. Queste app, senza mai compiere grandi sforzi per tenere viva l'attenzione del fruitore, mantengono la nostra attenzione grazie a un connubio strutturato di stimolo costante e interruzione continua. Slot machine tascabili, disponibili in ogni istante. Semplicemente attirando la nostra attenzione senza sosta, riescono a mantenerla per lassi di tempo lunghissimi.

Se sull'iPhone hai attivato Screen Time, a cadenza settimanale ricevi un messaggio che ti informa sulla media di tempo trascorso ogni giorno davanti allo schermo e ogni volta che lo leggi, se sei come me, resti scioccato o allibito. Io sprofondo nella vergogna. «La scorsa settimana hai totalizzato una media giornaliera di 5 ore e 16 minuti di *screen time*.» Ma come? Faccio mente locale per ricordarmi quando sono rimasto al telefono abbastanza a lungo da contribuire a un ammontare tanto incredibile e mi rendo conto che si è trattato di piccoli incrementi da dieci secondi l'uno, misurabili con un cucchiaino da caffè. Proprio come si possono creare immense fortune guadagnando pochi punti percentuali nel corso di transazioni ripetute miliardi di volte, i grandi estrattori di attenzione della nostra epoca non hanno bisogno di impossessarsi costantemente di tutta la nostra attenzione, ma solo di qualche secondo qua e là.

Il modello slot machine permette alle aziende più potenti e redditizie del mondo di eludere completamente il problema con cui hanno lottato per un secolo dirigenti hollywoodiani, grandi marchi editoriali e produttori di Broadway: che cosa mantiene l'attenzione delle persone? Non devono nemmeno trovare una risposta. Per loro, è sufficiente crivellarci di piccole interruzioni, registrare quali catalizzano la nostra attenzione e replicarle. Nel corso del tempo questo processo, grazie all'apprendimento automatico e all'efficienza dei mercati realmente competitivi, continuerà a migliorare, a individuare ciò che attrae la tua attenzione in un determinato momento e poi a riproportelo all'infinito.

Nel nostro modello operativo abbiamo identificato tre aspetti dell'attenzione: l'attenzione volontaria, involontaria e sociale. Conquistare l'attenzione, cioè attirarla, è nettamente più facile che mantenerla, poiché per attirare l'attenzione non è necessario decifrare i misteri sconfinati dell'animo umano. Perciò i mercati competitivi dell'attenzione tenderanno a gravitare verso il modello slot machine.

Tuttavia, accanto a questi primi due aspetti dell'attenzione, ce n'è un terzo altrettanto importante, l'attenzione sociale. Non si può davvero comprendere l'era dell'attenzione senza prima capire in che modo è stata sfruttata questa terza forma. Ricorda che, a differenza di qualunque altro stimolo, il nostro nome proprio, anche se orecchiato in una conversazione lontana a un cocktail party, esercita una risonanza speciale, un'attrazione speciale nei confronti della nostra attenzione. A innescare tale dinamica è il fatto che qualcuno sta *prestando attenzione* a noi.

Possiamo prestare attenzione a cose e persone e le persone possono prestare attenzione a noi. Quest'ultima occorrenza attiva la parte più profonda della nostra natura sociale, il fatto che fin dalla nascita non possiamo esistere a meno che da qualche parte qualcuno non ci presti attenzione.

Proprio come dalla presa d'atto apparentemente banale che è più facile attirare l'attenzione che mantenerla si dipartono profonde e ramificate implicazioni per le modalità di funzionamento degli odierni mercati dell'attenzione, un discorso analogo vale per la forza primordiale dell'attenzione sociale. Ma a differenza della maggiore facilità di attirare l'attenzione rispetto al mantenerla, un assunto che gli estrattori di attenzione hanno ormai capito da tempo, quest'ulteriore aspetto è stato compreso solo di recente.

In passato, la pratica più simile al chiamare per nome la persona di cui si voleva suscitare l'interesse comportava il tentativo di orientarsi verso un modello generico ma specifico di destinatario: la casalinga a cui volevi far conoscere il tuo detergente per bucato; il festaiolo mondano a cui volevi vendere le tue sigarette. La pratica più simile al rivolgersi per nome alla persona di cui si voleva attrarre l'attenzione era il metodo alla Zio Sam, ossia parlare direttamente a un destinatario ipotetico: «Voglio *te*». La tecnologia di quegli anni non permetteva al manifesto di reclutamento dell'esercito di identificare ogni passante. Ma c'è un motivo se tale manifesto fece subito epoca. Come il manifesto di reclutamento britannico a cui era ispirato,[49] era un ingegnoso prototentativo di fissare l'attenzione sociale della potenziale recluta intenta a guardare l'immagine di un uomo che la indicava con il dito.

È capitato a tutti di alzare gli occhi al cielo o di ridere leggendo delle richieste di donazioni via e-mail che si rivolgono a noi per nome e adottano il registro colloquiale e informale di una chiacchierata tra amici di lunga data. «Chris! Siamo agli sgoccioli e mi sono accorto che non hai ancora fatto una donazione. Conosco bene la tua determinazione in merito ai nostri progetti per quest'autunno, ma abbiamo bisogno della tua donazione *adesso.*» Il senso di riconoscimento che proviamo nel microistante in cui scorgiamo un messaggio che esordisce con il nostro nome («Chris!») è il potere dell'attenzione sociale, la stessa parte di noi che, al cocktail party, si attiva quando sentiamo pronunciare il nostro nome e sappiamo che qualcuno ci sta prestando attenzione e si sta concentrando su di noi. La natura del mondo digitale contemporaneo è tale che chi vuole la nostra attenzione può identificarci in maniera specifica e ricavare una mole infinita di informazioni su chi siamo, per poi accaparrarsi la nostra attenzione sociale.

A chiunque negli ultimi dieci anni abbia camminato per una città qualsiasi degli Stati Uniti sarà capitato di venire fermato da un promotore in maglietta sgargiante e con un portablocco in mano che cercava di raccogliere fondi per qualche iniziativa. Da giovane ho lavorato in un comitato elettorale e, dovendo trovare dei volontari, mi sono ritrovato anch'io a svolgere tale mansione e, come sempre quando si è sottoposti a un processo di apprendimento sul campo, imparai presto quali erano i metodi più efficaci di attirare l'attenzione dei passanti. Immagina però come sarebbe facilitato il lavoro di questi promotori, come sarebbe stato facilitato il mio lavoro se avessi saputo il nome dei passanti che mi accingevo a fermare e qualche altra informazione sul loro conto. Immagina che, invece di dirti: «Ciao, ce li hai cinque minuti per l'ambiente?» il promotore esordisca così: «Ciao Chris, so che tu, Kate, Ryan, David e Anya andate sempre in montagna su al Nord e volevo chiederti cosa ne pensi di dare un contributo per aiutare le foreste in quella parte dello Stato».

Naturalmente, è proprio questo che internet, in quanto macchina, è in grado di fare. Una parte molto consistente del commercio su internet consiste nel creare questa attenzione sociale iperspecifica e nell'orientarla verso di noi. La tecnologia pubblicitaria aggrega immani quantità di dati personali sulle nostre identità sociali – amante della pasta, pallavolista, patito di fantascienza – e poi si serve di tali dati per attirare la nostra attenzione. La pubblicità è quindi sempre più simile a una forma di «identificazione», e cioè, come spiega l'ex dipendente di Facebook Antonio García Martínez, «alla ricerca di utenti specifici ovunque e in tutti i modi possibili. Tutti questi dati che vengono generati, registrati e utilizzati, sia dal sito che dall'inserzionista, hanno fatto sì che chi prima stabiliva un prezzo dei derivati creditizi oggi possa fare lo stesso con i frammenti dell'attenzione umana».[50]

Questo per quanto riguarda la tecnologia pubblicitaria, che ci bombarda continuamente di inserzioni per catturare la nostra attenzione. Riflettiamo però sulla centralità di questa dinamica nell'architettura dei social network. Ogni piattaforma prevede delle notifiche per le *mentions*, ossia per quando qualcuno parla con noi o di noi. Questa funzione ha codificato l'effetto cocktail party. In fondo, la possibilità per gli utenti di venire taggati e coinvolti in un *thread* è, su molte piattaforme, l'innesco cruciale per generare *engagement*. Tristan Harris, ex dipendente di Google, spiega che quest'aspetto, su una piattaforma come Facebook, è ottimizzato dall'algoritmo per intensificare all'estremo i normali impulsi sociali. «Siamo tutti sensibili all'approvazione sociale» scrive Harris. «Ora però la nostra approvazione sociale è in mano alle aziende digitali. Quando il mio amico Marc mi tagga, io mi immagino che lui abbia consapevolmente deciso di taggarmi. Non mi rendo conto, però, del fatto che un'azienda come Facebook ha in realtà orchestrato il gesto di Marc suggerendogli l'identità di tutte le persone da taggare (per esempio, facendo comparire una casella da spuntare con un clic: "Tagga Tristan in questa foto"). Quindi, quando Marc mi tagga, si tratta di una reazione all'imbeccata di Facebook e non di una sua decisione autonoma. Tramite simili scelte architettoniche, Facebook controlla il moltiplicatore della frequenza con cui milioni di persone percepiscono approvazione sociale su internet.»[51]

La possibilità di venire taggati/nominati/menzionati innesca anche le litigate compulsive e dai toni sempre più accesi che, durante le ore piccole, costituiscono la linfa vitale di tante piattaforme di social network e rappresentano un'enorme vittoria attenzionale per l'azienda che ospita simili scambi. Se sei un utente attivo ed entusiasta come lo sono io, avrai presente l'evidente rilascio fisico di endorfine che si prova quando, prendendo in mano un dispositivo, ci si imbatte in una nuova serie di *mentions*.

Ecco una sintesi del modus operandi degli estrattori odierni dell'attenzione: attaccare, afferrare, mantenere. Questi tre metodi corrispondono ai tre aspetti fondamentali dell'attenzione: l'attenzione sociale, involontaria e volontaria. Le prime due forme sono molto più facili da stimolare rispetto alla terza e quindi le ingenti risorse e tecnologie impiegate in questo settore redditizio tendono a sfruttare le nostre identità sociali e i nostri meccanismi neurologici per mantenere viva la nostra attenzione attraverso l'interruzione.

3
La radice del male

Torniamo per un attimo a Ulisse. Il testo dice soltanto, senza fornire spiegazioni, che Circe gli consiglia di tappare con la cera le orecchie dei marinai ma di non farlo lui stesso. Se avesse adottato anche lui la stessa precauzione della ciurma, avrebbe potuto evitare la trafila macchinosa e pericolosa di legarsi all'albero e così la nave avrebbe potuto procedere tranquillamente. Circe però ha elaborato un piano che permette a Ulisse di soddisfare entrambi i propri desideri. Circe sapeva che lui avrebbe voluto sentire. Tutti noi, al posto suo, vorremmo sentire. Vogliamo che la nostra attenzione venga conquistata, perché è piacevole lasciarsi irretire dal canto delle sirene.

Non si può comprendere l'era dell'attenzione senza prendere atto della parte di noi che cerca le sirene e sfugge al terrore della mente lasciata a se stessa. Perché la calma del silenzio non ci soddisfa? Nel 2014 degli psicologi della University of Virginia decisero di studiare la questione. I soggetti sperimentali dovettero semplicemente restare seduti da soli in una stanza vuota per un tempo tra i sei e i quindici minuti e poi rispondere a delle domande sulla loro esperienza. I soggetti risposero di essersi sentiti a disagio. I ricercatori testarono anche l'intensità del disagio: «Preferiresti svolgere un'attività sgradita oppure non svolgere alcun tipo di attività?». In uno studio, ai partecipanti venne data «l'opportunità di sperimentare, su base volontaria, uno stimolo negativo (uno choc elettrico)». Indovina un po'... «Molti soggetti hanno preferito uno stimolo negativo all'assenza di stimoli. Soprattutto gli uomini: il 67 per cento degli uomini (12 su 18) si sono autosomministrati almeno uno choc durante i minuti in cui erano costretti a pensare.» Nel disperato tentativo di non rimanere solo con i propri pensieri, uno dei partecipanti ha trascorso quasi tutto il tempo a infliggersi choc elettrici e ne ha totalizzati ben 190.[1]

Forse pensi "Questa è follia", oppure "Io non farei mai una cosa del genere", e quasi nessuno può saperlo, perché è davvero improbabile trovarsi alle prese con un'alternativa tanto brutale. Ma quasi certamente ti sarà capitato di entrare in un bar e, trovando la coda, di allungare istintivamente la mano verso il telefono, per scoprire di averlo lasciato in macchina. Adesso non hai nulla che ti intrattenga, tranne i tuoi pensieri. Per un istante, breve ma intenso, ti scatta dentro una scintilla di angoscia claustrofobica.

Da una parte, si tratta di un esempio della dipendenza che abbiamo sviluppato per il telefono e che per trovarlo ci fa tastare le tasche della giacca come un tabagista alla disperata ricerca del pacchetto di Marlboro. I meno giovani ricorderanno però un sentimento analogo anche prima dell'avvento degli smartphone: ritrovarsi in bagno senza nulla da leggere, sedersi a colazione prima di andare a scuola con gli occhi ancora mezzi chiusi e, in assenza di distrazioni con cui occupare la mente, mettersi a leggere le scritte sulla confezione dei cereali. Per quanto sgradita, la condizione di interruzione costante propria dell'era dell'attenzione sorge da un desiderio ben più antico della realtà odierna. «Quando mi sono trovato a considerare le diverse forme d'inquietudine degli uomini» scrive il filosofo Blaise Pascal nei *Pensieri*, una collezione di aforismi pubblicata nel 1670, «mi sono detto che tutta l'infelicità degli uomini viene da una sola cosa, non sapersene stare in pace in una camera.»[2]

Pascal era un prodigio della matematica che poi, passato alla filosofia, divenne uno zelante apologeta cristiano e infatti il fulcro delle sue opere ruota attorno a un messaggio religioso. Nella sua indagine sull'anima umana, egli cerca di capire perché gli uomini, invece di godersi semplicemente ciò che hanno, si lasciano tentare dai rischi della guerra e della conquista e da tutta una serie di attività pericolose e peccaminose. Alla radice di tutto ciò, sostiene Pascal, c'è un aspetto della condizione umana a cui oggi è affidato quasi tutto: l'irrequietezza della mente, la nostra brama di distrazioni. «Per questo gli uomini amano tanto il rumore e il trambusto; per questo la prigione è una punizione tanto atroce; per questo il piacere della solitudine è qualcosa di incomprensibile. È infatti la più grande fonte di gioia per i re è il fatto che tutti gli uomini si prodigano incessantemente a distrarli e così procurano loro ogni genere di piaceri.»[3]

Questa brama, secondo Pascal, deriva da una sorta di ansia spirituale per la nostra mortalità, «la naturale povertà della nostra fragile condizione mortale, tanto miserabile che, a considerarla davvero, nulla è in grado di confortarci».[4] Rimasti soli con i nostri pensieri, cominciamo inevitabilmente a contemplare la morte, il che è per noi intollerabile.

Quest'angoscia è talmente potente che nessuna ricchezza, nessun potere e nessun conforto terreno sono in grado di proteggerci dal suo influsso. Tale assunto, dice Pascal, vale anche per i re. Si è propensi a credere che il re debba essere tranquillo, poiché, a differenza di quasi chiunque altro nel regno, non è costretto a sobbarcarsi tremende fatiche per sopravvivere. Eppure anche questa condizione nasconde una forma, peraltro unica, di prigionia: «Quando immaginiamo un re che gode di ogni piacere che possa sperimentare, se però ce lo figuriamo privo di distrazioni e costretto a meditare e riflettere su ciò che è veramente, allora questa fragile felicità non lo sosterrà» scrive Pascal. «Ricadrà per forza nei presentimenti di pericolo, di possibili rivoluzioni e, infine, nel pensiero della morte e delle inevitabili malattie; e dunque quando sarà senza distrazioni, sarà infelice e più infelice del più umile dei suoi sudditi che gioca e si distrae.»[5]

I processi mentali dell'attenzione esistono per vagliare le informazioni, che tendono a essere troppe, ma cosa succede quando ce ne sono troppo poche? Siamo esseri difficili da accontentare, alla ricerca di un fragile equilibrio in cui disponiamo del necessario per tenere occupata la nostra mente ma non abbiamo l'impressione che sia troppo o troppo poco. Quando le informazioni sono troppe, ci sentiamo distratti o travolti; quando avvertiamo una carenza di cose a cui prestare attenzione, ci annoiamo e siamo inquieti.

Tra tutte le sfortune possibili per un individuo, «annoiarsi» sembra piuttosto in basso nella graduatoria delle sofferenze, un inconveniente minimo e facile da risolvere. Spesso associamo la noia e le lamentele che ne derivano all'infanzia. Io penso alle lunghe ore d'estate, quando gli amici erano via, faceva troppo caldo per andare al parco a giocare a basket e me ne stavo tappato in casa senza nulla da fare: seduto sul divano, guardavo i granelli di polvere illuminati da un raggio di sole.

Ma il motivo per cui tendiamo ad associare la noia all'infanzia è che si tratta di una condizione tanto intollerabile che, appena raggiungiamo un'età che ci permette di renderci autonomi dai nostri genitori, organizziamo la nostra vita in modo tale da evitarla a tutti i costi. Da adulti, il fulcro della noia tende a essere il lavoro, un altro contesto in cui spesso non abbiamo voce in capitolo su come trascorrere il tempo.

Nelle sue meditazioni sulla distrazione, Pascal lascia intendere che la noia è qualcosa di ben più grave di un bambino che si lamenta e dice: «Non ho niente da fare». La mente oziosa rischia di diventare una belva feroce e buona parte delle nostre vite, per Pascal, si sprecano nel tentativo di addomesticarla. Sono convinto che a chiunque sia capitato di ritrovarsi intrappolato nei propri pensieri e di sentirsi come un leone in gabbia.

Mai, nella storia dell'umanità, così tante persone hanno avuto accesso a una così ampia varietà di svaghi in ogni istante della giornata. Eppure, proprio come il re, siamo sempre più insidiati dal senso che tutto ciò non basti. Più distrazioni abbiamo a disposizione, più abbiamo bisogno di distrazioni e meno ne sopportiamo l'assenza. Ecco il paradosso del re.

Oggi le implicazioni cupamente ironiche del paradosso del re sono visibili ovunque. Dopo una dura giornata di lavoro, mi sembra assolutamente normale guardare una partita di basket, nel frattempo fissare il telefono e, a volte, cincischiare contemporaneamente con il computer! Anche solo dieci anni fa, un simile comportamento mi sarebbe sembrato *folle*. Durante una recente abbuffata di *screen time*, ho notato con orrore uno dei miei figli intento a giocare a un videogioco e al contempo guardare un programma, che però era ridotto a una piccola finestra nell'angolo in alto a sinistra della schermata di gioco. Ho subito emanato il divieto di guardare due cose contemporaneamente. Nessuno ha protestato, ma mio figlio di dieci anni ha osservato che lo faccio sempre anch'io.

Più svaghi abbiamo, più ci annoiamo facilmente, ed è per questo che la dipendenza da sostanze è l'analogia più utilizzata per descrivere il nostro rapporto odierno con schermi e telefoni. Come un tossicodipendente per ottenere lo stesso effetto deve continuamente aumentare la dose, fino a raggiungere la fase in cui si droga solo per evitare di stare male, così sembra crescere il nostro bisogno di cose a cui prestare attenzione.

A questo punto sorgono alcune domande. Tale processo è reversibile? Cioè, in una società interamente priva di forme «artificiali» di distrazione e di svago, la soglia della noia è talmente alta da farla addirittura scomparire come fenomeno? La noia è parte integrante della condizione umana oppure è frutto della civilizzazione (o della modernità)? I nostri antenati preistorici si annoiavano? Oppure per loro la noia sarebbe un concetto estraneo? E se le cose stessero così, allora perché emergerebbe la noia, e come?

Durante la quasi totalità della nostra esistenza sulla terra, siamo stati cacciatori-raccoglitori. E per quanto si sarebbe portati a credere che prima l'agricoltura e poi la civilizzazione abbiano liberato l'umanità da una vita all'insegna di fatiche e paure incessanti, parrebbe in realtà che, in base a svariati criteri, l'esistenza dei cacciatori-raccoglitori era tutto sommato piuttosto tranquilla. Il primo a proporre questa tesi nel 1968 fu l'antropologo Marshall Sahlins nel suo articolo intitolato *La società pri-*

mordiale del benessere. «Si potrebbe argomentare che cacciatori e raccoglitori lavoravano meno di noi; e che, lungi dall'essere uno sforzo continuo, il procacciamento del cibo era intermittente e dunque lasciava molto tempo libero e permetteva una maggior media di sonno diurno annuale per individuo rispetto a qualunque altro tipo di società.»[6]

Sembra che i cacciatori-raccoglitori avessero un sacco di ferie. Come spiega ironicamente Sahlins, «facevano un orario da bancari, nettamente ridotto rispetto a quello degli operai moderni (sindacalizzati), che certamente accetterebbero una settimana lavorativa oscillante tra le 21 e le 35 ore».[7] La vita, per i cacciatori-raccoglitori, era contrassegnata da lunghi periodi di ozio. Come riportano nel 1960 Frederick McCarthy e Margaret McArthur nel loro studio citato da Sahlins e basato sul lavoro sul campo tra gli indigeni australiani dediti alla pesca, «a parte il tempo [...] trascorso in attività legate alla socialità, e cioè a chiacchierare, a spettegolare eccetera, molte ore diurne erano dedicate al riposo e al sonno».[8]

Per noi contemporanei, a seconda della personalità di ciascuno di noi, una simile descrizione può sembrare una vacanza o un castigo. In effetti, un visitatore europeo in una tribù aborigena australiana, verso la metà dell'Ottocento, si chiese come avessero fatto i nativi «a ingannare il tempo prima che arrivassimo noi e insegnassimo loro a fumare».[9] Naturalmente, è molto probabile che gli aborigeni non sentissero la mancanza di qualcosa che li aiutasse a «ingannare il tempo», ma per un europeo era necessario un qualche balsamo contro la noia, da cui l'introduzione del rituale della pipa e del tabacco.

Nell'immediata adozione di una tale abitudine tra i cacciatori-raccoglitori, possiamo scorgere l'incremento unidirezionale tipico della modernità e dell'attività. Prima della sua disponibilità diffusa, nessuno desiderava il tabacco da pipa; una volta introdotto il tabacco, restarne senza diventa una privazione e ci rende ansiosi e inquieti. E fu proprio questa inquietudine, questa smania di fare qualcosa, di andare da qualche parte per svolgere qualche attività a essere assente nella vita di molte delle tribù incontrate dagli europei. «Le loro giornate sono fatte soltanto d'ozio» scrisse a inizio Seicento il gesuita Pierre Biard a proposito delle tribù indigene stanziate nei territori che oggi appartengono al Nordest degli Usa e al Canada. «Non hanno mai fretta. Sono molto diversi da noi, che senza fretta non siamo in grado di fare nulla.»[10]

Missionari e conquistatori europei, ovviamente, non sono proprio i narratori più affidabili per ricostruire l'esperienza delle tribù indigene. E dati i profondi bias degli osservatori occidentali all'epoca di Biard, si potrebbe considerare con scetticismo la sua descrizione dei popoli indigeni dediti all'ozio. Tuttavia, gli antropologi nostri contemporanei che si occupano delle società completamente scollegate dalle varie incarnazioni del capitalismo industrializzato hanno raggiunto conclusioni analoghe. Michael Cepek, un antropologo che ha studiato i cofán, un popolo delle giungle amazzoniche dell'Ecuador nordorientale, dice che «nell'a'ingae, la lingua dei cofán, non esiste una sola parola per significare la "noia" o l'"annoiarsi"... Naturalmente l'assenza di un termine non indica per forza l'assenza di un'esperienza nell'intera comunità. Ma in questo caso – e quasi certamente in moltissimi altri casi – ho l'impressione che le persone qui non provino grande disagio all'idea di "annoiarsi"».[11]

I cofán, come altri popoli che vivono lontani dal capitalismo industriale, trascorrono molto tempo a fare ciò che noi definiremmo oziare. Come racconta Cepek, «penso che nella nostra società la gente faccia fatica a "non fare nulla", per quanto bizzarro possa sembrare. Quando parlo di non fare nulla, non mi riferisco a "guardare la tv" ma al restare seduti sul pavimento, su una sedia o su un'amaca a osservare e pensare. E loro [i cofán] sembrano godersi molto questi momenti, o perlomeno non fanno nulla per evitarli».[12]

Le osservazioni di Cepek collimano con quanto rilevato in varie società contemporanee al di fuori della modernità globalizzata. «Nelle isole Fiji, nel ventunesimo secolo, non ho mai sentito nessuno lamentarsi della noia» scrive l'antropologo Matti Eräsaari a proposito dei nalotan del Pacifico meridionale. «Né ho mai sentito i nalotan lamentarsi del tempo in eccesso, in una forma o nell'altra.»[13] Come i cofán e i nalotan, anche i warlpiri, popolazione aborigena dell'Australia centrale, sono sprovvisti nella loro lingua di una parola per indicare la noia.[14] Yasmine Musharbash, studiosa dei warlpiri e professoressa associata di antropologia all'Australian National University, osserva che la noia per questo popolo è un prestito lessicale straniero: «Per esprimere il concetto di noia, i warlpiri usano il sostantivo inglese *boredom*, solitamente all'interno di frasi in warlpiri».[15] Secondo Musharbash, la noia è una condizione mentale sempre più diffusa tra i warlpiri, che se ne sono scoperti preda in misura proporzionale al loro progressivo coinvolgimento nella società australiana contemporanea. «Tradizionalmente, ovvero prima della colonizzazione, una cosa come la noia non poteva esistere» osserva l'antropologa. «La noia nasce quando il passaggio del tempo provoca fastidio. Tutto ciò prima non sarebbe mai accaduto. A causa della colonizzazione e del modo in cui la giornata è strutturata – le campanelle a scuola, gli orari di lavoro – il tempo diventa una camicia di forza.»[16]

Pare che la noia sia il sottoprodotto di uno specifico assetto della civilizzazione. È vero, come ho sostenuto nel capitolo precedente, che certi aspetti della nostra attenzione sono biofisici e perciò universali. Il rombo improvviso di una valanga che si avvicina attrarrà l'attenzione uditiva di un essere umano appartenente a qualsiasi cultura. E così anche l'attacco di un predatore. Se però alcuni aspetti fondamentali dell'attenzione sono universali, la noia non lo è. L'esperienza della noia è contingente. È un costrutto culturale, sociale e istituzionale.

Questo significa anche che l'esperienza della noia – quando appare, quanto è importante, se esiste o meno – cambia nel tempo e a seconda delle diverse forme di organizzazione sociale ed economica. Nella nostra epoca tecnologie e condizioni sociali massimizzano la noia, se non siamo costantemente distratti. L'esatto opposto, si potrebbe sostenere, rispetto alla vita dei cofán.

La forma con cui la noia si presentò a milioni di lavoratori durante la Rivoluzione industriale era il tedio. È questo il nome che diamo alla noia generata specificatamente dalla ripetizione, un'esperienza che può essere ancora più claustrofobica rispetto a quella di non avere nulla da fare. Sorge dall'obbligo di eseguire ripetutamente e incessantemente un compito che *richiede* la nostra attenzione ma non la *assorbe*.

La natura del compito è quasi irrilevante perché qualunque azione, una volta che viene ripetuta un certo numero di volte, non richiede più la stessa attenzione. Pensa a quando si impara a guidare. Tutte le tue risorse psicofisiche e la tua assoluta concentrazione sono assorbite dalla complessa combinazione di manovre necessarie per mantenere il veicolo in sicurezza sulla strada. Sembra quasi che ci siano troppe informazioni: le altre macchine, i cartelli, i sensi di marcia, le varie scritte sul cruscotto. Si tratta di una sfida equilibrata tra la quantità di informazioni e la tua capacità attenzionale. Il sistema di attacco o fuga si attiva e la frequenza cardiaca aumenta come se stessi combattendo in battaglia o se dovessi scappare da un predatore.

Con il tempo, a forza di fare pratica, un simile compito diventa automatico. Fare un giro in macchina, quando stai imparando a guidare, può essere tutto – entusiasmante o spaventoso – ma non è mai noioso. Quando diventi un guidatore esperto, un lungo viaggio in macchina, anche se alleviato dai podcast o dagli audiolibri, può essere tremendamente monotono.

La stessa dinamica emerge in molti altri tipi di attività, per quanto complesse e difficili. Delle star di Broadway mi hanno detto che, dopo svariate settimane in cui hanno fatto otto repliche dello stesso spettacolo, mentre si ritrovano sul palco fradicie di sudore a cantare magistralmente un brano strappalacrime, il loro monologo interiore snocciola le commissioni da svolgere e la lista degli ingredienti da comprare il giorno dopo per preparare il pranzo ai figli.

Questo esempio estremo dimostra la naturale capacità di adattamento della mente umana. Grazie alla ripetizione e all'allenamento, impariamo a svolgere compiti complessi talmente bene da farli diventare essenzialmente preconsci. Una volta divenuti preconsci, smettono di attivare la nostra concentrazione e di assorbire la nostra attenzione e a riempire questo vuoto subentra la noia.

Senza nulla togliere ai tanti miglioramenti prodotti dal capitalismo industriale, è incontrovertibile che l'avvento di questo assetto socioeconomico abbia introdotto una nuova forma di tirannia mentale per milioni di persone costrette a passare dai campi alle fabbriche. La fatica esisteva già molto prima della nascita del capitalismo industriale: raccogliere il grano, spaccare la legna, spalare il letame dalle stalle eccetera. Ma la vita preindustriale aderiva di più ai ritmi stagionali e comprendeva una varietà di compiti: la semina in primavera, la falciatura in autunno, il riposo invernale. Nelle fabbriche, invece, il lavoratore si ritrovava a fare la stessa identica cosa un giorno dopo l'altro, indipendentemente dalla stagione, dalla mattina alla sera, per tutto l'anno.

Karl Marx identificò in tale trasformazione la radice dell'alienazione: la divisione del lavoro riduceva l'uomo a una sola dimensione. «Non appena si attua la divisione del lavoro, ogni uomo ha una sfera specifica ed esclusiva di attività, che gli viene imposta e alla quale non può sfuggire.» Il sogno di Marx era creare una società in cui sarebbe stato «possibile che io faccia una cosa oggi e domani un'altra, che al mattino vada a caccia, nel pomeriggio a pesca, la sera allevi il bestiame, dopo cena faccia della critica sociale, proprio come mi aggrada, senza mai diventare cacciatore, pescatore, allevatore o filosofo».[17]

Quasi un secolo dopo che Marx ebbe scritto queste parole, John Maynard Keynes si occupò del rapporto tra lo sviluppo economico e la noia, ma gli aspetti su cui si concentrò erano molto diversi dai capisaldi dell'analisi del filosofo tedesco. Mentre il capitalismo industriale dei tempi di Marx aveva condannato milioni di persone all'ottundimento della ripetizione, la promessa intravista da Keynes nel 1930 era un futuro in cui il capitalismo avrebbe prodotto una tale abbondanza da liberarci presto tutti dall'obbligo di lavorare. Invece di quella forma specifica di noia che è il tedio – appannaggio di un compito ripetitivo che occupa la nostra attenzione senza assorbirla – all'orizzonte sorgeva una nuova sfida, cioè il non aver abbastanza cose da fare, una noia inedita.

Tale congiuntura, sosteneva Keynes, avrebbe innescato una crisi di identità. Una volta affrancata dalle costrizioni materiali come mai nessun altro essere terreno, che finalità avrebbe potuto avere l'esistenza umana? «Se il problema economico viene risolto, l'umanità verrà deprivata del suo tradizionale scopo.»[18]

Keynes predisse un collasso nervoso collettivo. In un brano che riecheggia la descrizione pascaliana del re, dice che simili esaurimenti nervosi sono «quasi all'ordine del giorno in Inghilterra e negli Stati Uniti tra le mogli delle classi agiate, che spesso sono donne sfortunate, perché la ricchezza le ha defraudate dei loro compiti e delle loro occupazioni tradizionali... Donne che, in assenza dello sprone delle necessità economiche, non riescono a trovare appaganti attività come cucinare, pulire e rammendare e sono però del tutto incapaci di svolgere altre attività più soddisfacenti. Per chi è abituato a sudarsi il proprio pane quotidiano, il tempo libero è un sogno agognato... Fino a quando il sogno si avvera».[19]

L'obiettivo finale dello sviluppo economico è il tempo libero, ma Keynes riconobbe che il tempo libero comporta dei rischi: l'inquietudine e la noia esistenziale di chi non ha niente da fare.

> Non esiste nazione e non esiste popolo, a mio avviso, in grado di guardare all'epoca del tempo libero e dell'abbondanza senza timore. Perché è da troppo tempo che siamo stati addestrati a faticare invece che a godere. Per una persona comune, senza talenti particolari, trovare qualcosa da fare è un problema serio, soprattutto se costui non è più radicato nell'amore per la sua terra o per i costumi o le consuetudini di una società tradizionale. A giudicare dal comportamento e dai risultati odierni delle classi benestanti in ogni parte del mondo, le prospettive sono tutt'altro che rosee.[20]

Nel futuro di abbondanza che prevedeva, Keynes individuò una nuova sfida globale: «L'uomo sarà costretto ad affrontare il suo vero problema permanente: come usare la propria libertà... Come occupare il proprio tempo libero... Come dedicarsi a se stesso per vivere con saggezza, in maniera appagante e virtuosa».[21]

Come capì Keynes, alcune classi sociali erano già alle prese con tali questioni. Oltre a consegnare milioni di persone al tedio quotidiano, il capitalismo industriale rese incredibilmente ricca una ristretta élite e liberò così una cerchia di persone dall'obbligo di fare alcunché, in una sorta di riproposizione del problema della «classe agiata», tanto per usare l'indimenticabile espressione impiegata da Thorstein Veblen per indicare un gruppo di individui il cui «tratto distintivo [consiste] in una lampante esenzione da qualunque impiego utile».[22]

Credo sia il caso di approfondire lo sviluppo dei mass media moderni in quanto risposta a questa necessità. Nel corso dell'Ottocento e del Novecento, le nuove tecnologie e i mercati remunerativi dell'attenzione sono sorti per risolvere prima il problema della classe agiata e poi quello del tempo libero di tutti gli altri cittadini: quando non lavoro, cosa faccio con la mia mente inquieta?

I corti cinematografici dei fratelli Lumière vennero proiettati per la prima volta a Parigi nel 1895[23] e venticinque anni dopo Hollywood inanellava già ottocento film all'anno.[24] Il primo programma radiofonico negli Stati Uniti sarebbe stato trasmesso da Pittsburgh nel 1920[25] e nel giro di poco più di un decennio, nel corso delle proprie chiacchierate davanti al focolare, Franklin Delano Roosevelt avrebbe annunciato via radio a un pubblico stimato sui 60 milioni di persone – su 82 milioni di cittadini adulti negli Usa – il proprio programma di governo.[26] Le prime trasmissioni televisive sperimentali cominciarono negli anni Trenta e nel 1947 la National Broadcasting Corporation mandava in onda programmi quali *Meet the Press*.[27] Nel 1950 solo il 12 per cento delle famiglie statunitensi aveva la televisione; in meno di dieci anni, si arrivò all'88 per cento.[28]

La quasi totale onnipresenza dell'intrattenimento innescò un contraccolpo negativo di critiche, sviluppate nel corso dei decenni da troppi autori per elencarli tutti. Uno dei classici del genere è *Divertirsi da morire* (1985), in cui Neil Postman sostiene che l'intrattenimento, da settore di nicchia della quotidianità statunitense, si è metastatizzato nella cornice dominante del discorso pubblico e ha reso impossibili la complessità di pensiero e di argomentazione richiesti dalla democrazia liberale. «I politici, la religione, le notizie, lo sport, l'educazione e il commercio sono assurti ad appendici conniventi dello show business. Il risultato è che ci ritroviamo a essere un popolo ormai prossimo a morire di divertimento.»[29]

David Foster Wallace, nel suo romanzo *Infinite Jest* del 1996, traspone la metafora di Postman sul piano letterale. La trama è incentrata su una cassetta misteriosa, chiamata semplicemente L'Intrattenimento, che è talmente divertente, talmente ipnotizzante, talmente in grado di monopolizzare l'attenzione che gli spettatori lo guardano ininterrottamente fino a morire. Il governo statunitense cerca disperatamente di scoprire il contenuto della cassetta, la cui stessa efficacia però frustra i tentativi delle istituzioni. «La Dea aveva perso quattro agenti sul campo, prima di abbozzare davanti agli insostenibili problemi connessi con il tentativo di far guardare a qualcuno la... cartuccia requisita e di ottenere così una descrizione delle sue grazie letali.»[30]

L'idea di un intrattenimento infinito, in Wallace, fungeva da monito distopico; ma oggi ci ritroviamo davvero alle prese con un intrattenimento infinito: un film finisce. Un programma televisivo finisce. Un gioco di società, per quanto laborioso, prima o poi finisce. Ma si può scorrere sul telefono senza fermarsi mai. In teoria, potresti scorrere TikTok fino al giorno della tua morte. È proprio questa la beffa infinita di cui parlava Wallace.

Anche il nome della funzione specifica che rende possibile quest'esperienza sembra alludere al romanzo di Wallace: *infinite scroll*. Progettato da Aza Raskin, un ingegnere della Silicon Valley, l'*infinite scroll* cambiò le dinamiche di internet.[31] Un tempo si arrivava in fondo alla pagina web. Per continuare a leggere, bisognava cliccare da qualche parte e compiere quindi un gesto analogo al girare la pagina di un libro. Raskin però eliminò questo minuscolo ostacolo attenzionale. Adesso, su X o su Facebook, basta sfiorare con il pollice lo schermo del telefono e continuare.

Come il creatore dell'Intrattenimento nel romanzo di Wallace, Raskin realizzò di aver inventato, forse non del tutto consapevolmente, una specie di arma e giunse poi, un po' come Oppenheimer, a prendere atto delle conseguenze delle proprie azioni. Aza calcolò il numero totale di ore di incremento di utilizzo generato da questo piccolo espediente e dichiarò che «un aggregato temporale corrispondente a duecentomila vite umane – intese nella loro durata complessiva dalla nascita alla morte – è stato trascorso a scorrere su uno schermo».[32] «Tutte queste ore completamente volatilizzate» disse Aza allo scrittore Johann Hari. «Come se intere esistenze fossero... Puf, sparite.»

Con il suo ottimismo, Keynes auspicava che in un futuro all'insegna del benessere e dell'abbondanza del tempo libero «impareremo a onorare chi è in grado di insegnarci a cogliere l'attimo e l'ora virtuosamente e bene, le persone straordinarie che sono in grado di provare vera soddisfazione per le cose».[33]

Di fatto, però, oggi viviamo in un mondo che continua a faticare sotto il giogo del tedio imposto dal lavoro salariato – milioni di persone le cui menti sono occupate da compiti ripetitivi e che si sentono in gabbia – e poi, appena scaduto il termine dell'orario di lavoro, sprofondiamo nei nostri dispositivi quasi per un riflesso inconscio, per un'abitudine generata dal nostro desiderio di sfuggire al disagio della solitudine forzata in compagnia dei nostri pensieri. Una sorta di tapis roulant attentivo da cui è molto, molto difficile scendere.

Per gli antropologi statunitensi o provenienti da altri Paesi contrassegnati dalla stimolazione costante e dall'ambiente attentivo tipici degli Usa nel ventunesimo secolo, l'improvvisa carenza di stimoli che accompagna il lavoro sul campo in luoghi come la giungla amazzonica può portare a gravi conseguenze psichiche. «Per molti occidentali, annoiarsi in contesti come le capanne o i villaggi dei cofán può essere il colpo di grazia» dice Michael Cepek. «Io ho dovuto affrontare il problema fin dall'inizio della mia carriera e ho imparato a portarmi sempre dietro un bel Kindle pieno di libri e un iPod carico di podcast di ogni genere. È anche uno dei consigli fondamentali che do ai miei studenti.»[34]

La nostra dipendenza dalla stimolazione, la nostra incapacità di «restarcene in una camera» o su un'amaca dell'Amazzonia per qualche ora attesta in noi un'incessante ricerca di un luogo verso cui orientare la nostra attenzione, ma la disponibilità costante di svaghi sembra a sua volta creare un mondo dominato dall'alter ego della noia: la distrazione.

In estrema sintesi, potremmo identificare i nostri diversi stati mentali a seconda della quantità di informazioni intercettate dalla nostra attenzione: troppo poche, troppe o nella dose giusta. La distrazione è uno stato mentale in cui ci sono troppe cose a cui prestare attenzione: un senso di interruzione costante, la sensazione di essere travolti da una forza soverchiante. Per la zona di Goldilocks, quella in cui disponiamo proprio della quantità esatta di cose a cui prestare attenzione, potremmo utilizzare il termine «concentrazione» oppure, ispirandoci alla fortunata definizione dello psicologo Mihály Csíkszentmihályi, *flow*. Si tratta dell'esperienza, intensamente piacevole, di avere le nostre capacità attentive perfettamente bilanciate: un compito o una fonte di intrattenimento richiede la nostra concentrazione e attenzione ma non ci travolge. Una condizione in cui, come scrive Csíkszentmihályi, «siamo completamente coinvolti in un'attività, senza secondi fini. L'ego ci abbandona. Il tempo vola. Ogni azione, movimento e pensiero consegue inevitabilmente da quello che lo precede, come se stessimo suonando del jazz. La nostra mente è totalmente coinvolta e utilizziamo integralmente le nostre capacità».[35] È questa la sensazione che molte persone cercano continuamente, senza trovarla quasi mai.

Più aumentano gli svaghi a nostra disposizione, più desideriamo degli svaghi. Più abbiamo bisogno di svaghi, prima ci annoiamo. Torniamo all'esempio del cocktail party del capitolo precedente. In tale contesto, è tanto facile lasciarsi distrarre – guarda, quel conoscente che non vedevamo da anni sembra proprio sbronzo – quanto, se coinvolti nella conversazione sbagliata, annoiarsi. È la promessa di qualcosa di più interessante, il novero di interazioni sociali potenziali, a renderci sempre più difficile concentrarci sulla conversazione che si svolge davanti a noi.

È questa forse la lamentela più comune nella nostra epoca: l'incapacità di concentrarsi, la riduzione della curva dell'attenzione, il senso di distrazione costante. Rifuggiamo da qualunque momento in cui la nostra mente potrebbe essere vuota, ma così facendo trasformiamo il nostro agognato obiettivo – essere *assorbiti*, avere l'attenzione completamente occupata – in una meta sempre più difficile da raggiungere, anzi quasi in una chimera.

Si è già sprecata una serie infinita di titoli che ribadiscono tutti la stessa tesi, incentrata sulle evidenze sperimentali riguardanti la cosiddetta «flessione della curva dell'attenzione». Io temo che, a forza di concentrarci su una questione tutto sommato ristretta come quella inerente alla misurazione tecnica della «curva dell'attenzione», rischiamo di lasciarci sfuggire il nocciolo della questione. L'inquietudine e il nervosismo non sono sempre, secondo me, la vertigine della distrazione e della propensione a distrarsi. No, quest'esperienza è già un sintomo scaturito da una parte più profonda del nostro sé turbato. Pur essendo in larga parte una conseguenza della nostra condizione umana, tale turbamento del sé è stato notevolmente esacerbato dall'incessante richiamo delle distrazioni, dalla miriade di cose a cui prestare attenzione a scapito della nostra anima.

Proprio di questo scriveva, alcuni secoli dopo Pascal, Søren Kierkegaard. La noia, osservò Kierkegaard nel suo capolavoro *Aut-Aut* del 1843, è «la radice di ogni male». Kierkegaard era convinto di vivere in un'epoca in cui la noia aumentava estendendo il proprio influsso nefasto. «È bizzarro che la noia, un sentimento tanto fermo e statico, eserciti sulle cose un influsso così mobile. L'effetto prodotto dalla noia è assolutamente magico, eppure non si fonda sull'attrazione ma sulla repulsione... C'è quindi poco da meravigliarsi se, mentre la noia cresce, il mondo regredisce e il male continua a guadagnare terreno, perché la noia è la radice di ogni male.»[36] In fondo, la storia della creazione stessa è una cronaca della noia e delle sue conseguenze: «Possiamo rintracciare questa tendenza fin dall'origine del mondo. Gli dèi si annoiavano e crearono l'uomo. Da solo Adamo si annoiava e venne creata Eva».[37] E avanti così.

La via d'uscita, per Kierkegaard, era comprendere la distinzione tra noia e ozio, perché la noia sorge dalla disabitudine o dal disagio nei confronti del semplice ozio. «L'ozio in sé non è affatto la radice del male; è invece una forma di vita veramente divina, fino al sopraggiungere della noia. Quindi l'ozio non è per nulla la radice del male, anzi, è il vero bene. La radice del male è la noia e perciò va tenuta a bada. L'ozio non è un male; si può anzi affermare che chiunque non apprezzi l'ozio dimostra di non essersi ancora elevato al livello dell'umanità.»[38]

L'unica via d'uscita dalla noia è guardarla in faccia. Non puoi liberarti dalla noia trovando delle cose di cui occuparti, perché il problema della noia è più profondo del procurarsi semplicemente qualcosa da fare e riguarda il tuo modo di stare con i tuoi pensieri. E quindi «la si annulla soltanto divertendosi... Dire che il lavoro annulla la noia tradisce confusione, perché per quanto l'ozio indubbiamente possa essere annullato dall'industriosità... la noia invece no, come si evince dal fatto che anche i lavoratori in assoluto più impegnati, quelli che con il loro fastidioso ronzare ricordano degli insetti, sono gli individui in assoluto più noiosi».[39]

Analogamente, non si può pretendere di liberarsi dalla noia divertendosi o facendosi intrattenere, poiché «la forma acquisita della noia è solitamente la conseguenza di un tentativo fallito di svagarsi».[40] Tutto ciò deriva dal fatto che, secondo Kierkegaard, che in questo la pensava come Pascal, l'essenza del problema era di natura esistenziale e spirituale, non contingente.

Si tratta di un'intuizione millenaria, ben più antica dell'avvento di qualunque elemento sociale che a posteriori potremmo definire «mediatico». Quasi duemila anni prima che Pascal riflettesse sulla brama di svaghi del re, Buddha (che era un principe e dunque aveva dimestichezza con la quotidianità regale) riconobbe in se stesso e in tutti noi un simile intrico: la mente in fuga costante e lo spirito inquieto che per lui erano effetti collaterali del nostro attaccamento a questa dimensione materiale dell'esistenza e quindi a un ciclo costante di sofferenza.

Buddha non fece dell'attenzione né della noia il fulcro del suo messaggio. Tuttavia, molte delle pratiche legate alla meditazione buddhista affrontano direttamente questi temi. La concentrazione sul respiro, durante la meditazione, è un mezzo per fissare l'attenzione, un balsamo contro quella stessa irrequietezza che il re cerca di scacciare a suon di svaghi. Fissando la propria attenzione sul respiro si elude la trappola del re e si attua una sorta di vuoto mentale: non fantasticheria né concentrazione ma qualcosa di ben più elevato. In teoria, il fatto di non pensare a niente rende la noia impossibile, perché si è smesso di inseguire la stimolazione. Tuttavia, un simile processo non avviene facilmente, come sa chiunque abbia mai provato a meditare. Vincere la battaglia interna contro la noia è uno dei requisiti più ardui e necessari per la pratica della meditazione buddhista. In *Perché il buddhismo fa bene*, Robert Wright racconta che il suo primo mentore gli disse: «La noia può essere interessante». Scrive Wright: «È vero, ma per comprendere tale verità bisogna prima accettare un'altra verità – la noia può essere davvero noiosa – e, nonostante ciò, insistere».[41]

Secondo Wright, l'intuizione fondamentale di Buddha sulla mente e sul sofferto rapporto che intratteniamo con essa resta una delle strutture concettuali più profonde e durature mai formulate per decifrare la consapevolezza umana. In un'era di distrazioni costanti, quando *tocchiamo* con mano il nostro attaccamento costante ai dispositivi, o ai like di Instagram, o anche solo all'effetto stordente dello schermo del telefono, la prospettiva di considerare il nostro destino come una battaglia contro l'attaccamento sembra più azzeccata che mai.

Quindi è giusto fare affidamento sulla tradizione buddhista, che evidentemente dispone di un insieme di teorie e di pratiche orientate al superamento di tali criticità. Tuttavia è un po' assurdo che, per esempio, mentre te ne stai seduto (mi è capitato pochi secondi fa) a scrivere sul portatile con grande concentrazione, l'Apple Watch vibri per segnalarti una notifica «mindfulness» e ricordarti, immagino, di praticare qualche secondo di mindfulness durante la giornata tra una commissione e l'altra.

Per quanto ridicole possano essere alcune delle sue manifestazioni, l'antica saggezza buddhista offre davvero una via d'uscita dal paradosso del re in cui siamo tutti intrappolati. La noia è uno stato mentale, prodotto dalla carenza di cose in grado di assorbire la nostra attenzione. Non è però un retaggio umano universale; è una condizione propria di una certa declinazione della modernità e, nello specifico, dell'incremento unidirezionale della stimolazione e della distrazione. E se ci si potesse liberare da questa trappola? Non soccombendo al desiderio compulsivo del re in cerca di svaghi e divertimenti né grazie alla dose immediata di sollievo elargita dagli schermi, ma attraverso un semplice rifiuto della noia. Accogliendo la quiete e l'ozio e lasciando vagare la mente. Kierkegaard parlava del «principio di limitazione, unica salvezza del mondo. Più ci si pone dei limiti, più intraprendenti si diventa».[42] Questa riflessione ci riporta a quanto eravamo bravi a svagarci da bambini. «Ricordiamo i nostri giorni da scolari... Com'eravamo ingegnosi! Com'era bello catturare una mosca, imprigionarla in un guscio di noce e guardarla correre qua e là ricoperta dalla noce! Come può essere divertente ascoltare lo sgocciolio monotono della grondaia!»[43]

Da tanti anni, come un anziano, faccio la mia passeggiata della salute. Ho cominciato poco dopo i vent'anni, quando ero giornalista freelance e quindi lavoravo tutto il giorno a casa o nei bar. Ho imparato l'utilità di uscire una volta al giorno a schiarirmi le idee. Anche durante le più fredde giornate invernali di Chicago, quando il vento mi taglia la faccia come un coltello. Ho cominciato prima dell'avvento degli smartphone, prima dei podcast sull'iPod. Camminavo e... pensavo e basta. Lasciavo la mente libera di vagare. Quasi sempre le idee migliori mi venivano durante le passeggiate. A volte al ritorno salivo di corsa le scale del mio palazzo per rimettermi al computer e trascrivere immediatamente i miei pensieri.

Ci sono molti termini per descrivere il meraviglioso stato mentale in cui entravo durante le passeggiate: fantasticheria, sogno a occhi aperti, viaggio mentale, flusso di coscienza. Bisogna però riconoscere che non tutte le esperienze di questo tipo sono piacevoli. Pensare ossessivamente alla propria situazione economica e lasciarsi sempre più prendere dall'ansia non è gradevole; passare in rassegna le varie tappe di un viaggio è piacevole. La forma più banale di fantasticheria è quel tipico susseguirsi di distrazioni che William James considera il contrario dell'attenzione e per cui si serve del termine tedesco *Zerstreutheit*.[44]

La fantasticheria è una componente fondamentale della vita umana ed è anche una delle vittime dell'era dell'attenzione. È uno stato mentale quasi disprezzato oggi. Nel suo libro sulla distrazione digitale, Johann Hari racconta com'è stato per lui rinunciare per alcuni mesi al telefono e a internet; quasi subito, ha riscoperto le gioie del viaggio mentale. Durante una lunga passeggiata, invece di ascoltare un podcast, «lasciavo i pensieri vagare... Dai piccoli granchi sulla spiaggia, ai ricordi dell'infanzia, alle idee per un libro che forse scriverò tra alcuni anni, alle sagome degli uomini che si abbronzano in costume. La mia consapevolezza fluttuava come le barche che vedevo all'orizzonte».[45] L'ottimo libro di Jenny Odell su «come resistere all'economia dell'attenzione» si chiama proprio *Come non fare niente*: «Non fare niente vuol dire raggiungere la quiete necessaria per percepire ciò che ci circonda davvero».[46]

Paradossalmente, avere un progetto intellettuale a cui lavorare (come questo libro) funge per me da antidoto contro l'irrequietezza mentale. È qualcosa su cui concentrare la mia attenzione quando il mondo è silenzioso o quando sono solo nella mia camera. Per quanto possa sembrare bizzarro, mi fornisce lo stesso tipo di conforto che da bambino mi davano le statistiche del baseball o i personaggi dei fumetti. Crea una cornice in grado di strutturare le mie fantasticherie, dà uno scopo ai miei vagabondaggi mentali.

Scrivere un libro, dedicarsi alla meditazione o semplicemente fare lunghe passeggiate senza il telefono sono soluzioni personali perfettamente ragionevoli al problema della noia e possono diffondersi o meno a livello collettivo. (Spoiler: non si diffondono quasi mai.) A mio avviso, però, la condizione fondamentale in cui siamo invischiati e contro cui spesso tentiamo di ribellarci è più antica di quanto pensiamo. Io vorrei sostenere che la forma specifica di irrequietezza mentale che chiamiamo noia è il prodotto della modernità industriale. La struttura fondante della civiltà umana – lavorare per poi guadagnare per comprare infine ciò che vogliamo e di cui abbiamo bisogno – porta a una crescita costante degli stimoli, incrementa i nostri bisogni attenzionali e fornisce ore di tempo libero da riempire ad alcune persone e ad altre la monotonia di una fatica incessante.

Tale dinamica produce anche una condizione molto diversa da tutte le altre forme di esperienza umana, cioè il senso di solitudine. Quando pensiamo al re di Pascal, ce lo immaginiamo solo. Pur essendo sempre in compagnia – con lui ci sono altre persone, è costantemente circondato dalla sua corte, dai servitori e dagli intrattenitori – il re è solo nell'accezione spirituale più profonda. Pesante è il capo di chi indossa la corona. Il re, proprio perché è il re, non può avere veri amici. Non può intrattenere legami umani fondati sull'uguaglianza e sul riconoscimento reciproco. Forse è per questo che cerca di distrarsi. Forse è proprio questa la radice dell'esperienza della noia.

Torniamo a prima dell'avvento dell'agricoltura, ossia al 90 per cento del periodo in cui la specie umana è esistita, o ai popoli che ancora oggi vivono al di fuori della contemporaneità industriale: tutto il tempo, in simili contesti, viene trascorso in gruppo. Michael Cepek racconta che i cofán passano varie ore al giorno a rilassarsi con la famiglia e gli amici. Niente occupa la nostra attenzione e niente riempie il vuoto di quella che noi chiamiamo noia come la compagnia delle persone a cui vogliamo bene e a cui siamo legati. (Questo non significa che in famiglia non ci si possa annoiare!)

Viene in mente una frase celebre e sottilmente ironica di Jean-Paul Sartre: «L'inferno sono gli altri». Ma gli altri sono anche la via d'uscita dal paradosso del re. Le nostre menti bramano oggetti a cui prestare attenzione, ma soprattutto bramano un legame con altre persone. Ciò che rende l'era dell'attenzione davvero diversa dalle epoche precedenti è il fatto che i mercanti dell'attenzione hanno compreso questa verità.

4
Attenzione sociale

Quando nasce, un bambino è assolutamente inerme. Non cammina; non striscia. Non è neanche in grado di girarsi. Non è capace di nutrirsi da solo né di comunicare i propri bisogni. Ha un solo asso nella manica: il pianto. Chiunque abbia cercato di dormire in aereo accanto a un neonato con le coliche sa che un tale pianto ha un suono particolarmente penetrante. I nostri cervelli sono estremamente percettivi nei confronti del pianto dei neonati, che è quasi impossibile da ignorare.

Il pianto è la prima vera sirena umana e l'attenzione che cattura è il presupposto della propagazione della nostra specie. Quando vedi per la prima volta tuo figlio, nel sangue si innesca una reazione chimica che poi ti esplode nel petto. Avverti un senso di protezione irrazionale e ferale; per difendere il piccolo alieno che tieni tra le braccia, saresti pronto a uccidere o a morire. Poi si instaura una sensazione meno intensa ma altrettanto potente. La preoccupazione, la consapevolezza e l'attenzione costanti per ogni singolo respiro di questa creatura minuta e bizzarra.

A seconda del modo in cui si diventa genitori, ci sono diversi momenti in cui può sorgere questa consapevolezza, che nella vita di un individuo segna uno spartiacque. A me accadde all'ospedale, prima dell'alba. Dopo che Kate diede alla luce nostra figlia Ryan (una prova di volontà, forza e resistenza talmente incredibili che era come se l'avessi vista piegare una sbarra d'acciaio a mani nude), l'infermiera del reparto maternità portò Ryan in un ambulatorio per farle dei normali esami di accertamento. Noi così abbiamo potuto riposarci un po'. (Io non avevo fatto nulla ma ero comunque esausto.) Io e Kate siamo entrati in dormiveglia e, dopo qualche ora, avvolta come un burrito nell'inconfondibile coperta blu e rosa del reparto maternità, Ryan è tornata. Adesso era nostra e ricordo di aver sentito una parte consistente della mia attenzione smottare via da me come un iceberg e fluttuare verso di lei. E lì è rimasta.

Essere genitore, soprattutto di un neonato, significa avere la propria attenzione sempre divisa. È questo il baratto evolutivo che abbiamo accettato. Per avere la testa grande, il cervello voluminoso e camminare in posizione eretta, la nostra specie dà alla luce creature indifese che richiedono attenzioni. Non riusciamo a ricordare che sensazione provavamo a essere oggetto di simili attenzioni, ma i fratelli o le sorelle più grandi non dimenticano come è stato per loro, alla nascita di un nuovo bambino, vedere l'attenzione dei genitori focalizzarsi completamente sul nuovo arrivato.

In questo senso, l'attenzione sociale – l'attenzione di un altro essere umano su di noi – è una questione di sopravvivenza fin da quando veniamo al mondo annaspando. Il pianto di un neonato è tanto insistente e penetrante perché, per un bambino così piccolo, la posta in gioco è alta. La mancanza di attenzione da parte degli adulti può avere conseguenze disastrose sullo sviluppo di un bambino e perseguitarlo per tutta la vita.

Troppo spesso gli infanti *non* ricevono le cure di cui hanno bisogno. Si parla poco del fatto che per i bambini essere trascurati è un rischio ben più grave e concreto che subire violenze fisiche. Le statistiche del dipartimento della Sanità e dei servizi sociali degli Usa attestano che, tra tutti i bambini che subiscono una qualche forma di maltrattamento, il 28 per cento è vittima di violenze e il 74 per cento viene invece trascurato.[1] Altro fatto ignorato e persino paradossale: rispetto ai bambini che hanno subito violenze fisiche, i bambini trascurati tendono a sperimentare conseguenze a lungo termine nettamente peggiori. «L'abbandono cronico» scrive il Centro per lo sviluppo infantile dell'università di Harvard «è associato a una gamma più ampia di effetti negativi rispetto alle violenze fisiche, ma riceve meno attenzione a livello legislativo e di pratica medica.»[2]

Più cresciamo e ci sviluppiamo, meno la nostra sopravvivenza – almeno per la stragrande maggioranza delle persone – è affidata all'attenzione e alle cure degli altri. La nostra relazione con l'attenzione sociale diventa molto più complessa. Alcuni cercano il palcoscenico e i riflettori; altri desiderano il più totale anonimato. Ma il bisogno fondamentale dell'attenzione altrui, sorta di prerequisito necessario per la soddisfazione umana, è presente in chiunque. Le persone completamente deprivate di attenzione sociale deperiscono o impazziscono.

Questo è un fatto incontrovertibile perché ovunque nel mondo, nei contesti più disparati, certe persone sono state costrette a rimanere sole per lunghi periodi di tempo. I risultati parlano chiaro. Non c'è bisogno di argomentare a parole l'orrore della reclusione solitaria. Nel terzo capitolo, ho citato il soggetto di un esperimento che, piuttosto che rimanere solo per un quarto d'ora con i propri pensieri, ha preferito somministrarsi dei continui choc elettrici. Come osservò Pascal, «per questo gli uomini amano tanto il rumore e il trambusto; per questo la prigione è una punizione tanto atroce; per questo il piacere della solitudine è qualcosa di incomprensibile».[3]

A introdurre negli Stati Uniti la solitudine come punizione istituzionalizzata fu il cosiddetto «Pennsylvania System».[4] Sviluppato da riformatori cristiani e considerato un modello illuminato di riabilitazione, questo sistema carcerario rifiutava castighi barbarici come la gogna e le frustate e cercava invece di portare al recupero del detenuto attraverso il lavoro fisico e la solitudine per innescare forzatamente la «penitenza». Privo di opportunità di socializzazione, il prigioniero si ritrovava solo con i propri pensieri e, come un monaco, era costretto a orientare l'attenzione verso Dio.[5]

Le restrizioni erano estreme. Nella più famigerata di queste prigioni, per evitare il minimo scambio sociale, appena arrivati e prima ancora di venire accompagnati in cella, i detenuti venivano incappucciati. Proprio per studiare queste nuove modalità di incarcerazione Alexis de Tocqueville nel 1831 compì il suo celebre viaggio negli Stati Uniti. Disse le cose come stavano: «Una solitudine tanto assoluta, se non viene interrotta, supera le forze dell'uomo; distrugge il delinquente senza sosta e senza pietà; non riabilita ma uccide».[6]

La solitudine era talmente intollerabile che i prigionieri cercavano sollievo nella morte. «Gli sfortunati soggetti di questo esperimento sono piombati in uno stato di depressione talmente atroce da venire notato anche dai secondini; se fossero rimasti in simili condizioni, i prigionieri sarebbero morti; in un anno ne erano morti già cinque; le loro condizioni psichiche erano altrettanto allarmanti; uno di loro era diventato folle; durante una crisi di disperazione un altro aveva approfittato dell'istante in cui una delle guardie gli aveva portato qualcosa per precipitarsi fuori dalla cella e andare incontro a una caduta quasi certamente mortale.»[7] Qualche anno dopo Tocqueville, Charles Dickens visitò lo stesso penitenziario e giunse a conclusioni analoghe. Ogni detenuto, scrisse, era «un sepolto vivo».[8]

Questo modello riabilitativo venne poi rimpiazzato dal modello rivale, incentrato sull'aggregazione sociale, che oggi associamo all'idea di carcere. Ma purtroppo la pratica della reclusione solitaria non si è estinta e i suoi effetti restano brutali come un tempo. «Ho vissuto momenti tanto difficili e provato una noia e una solitudine talmente intense che mi sembrava di avere a che fare con vere e proprie entità fisiche all'interno del mio corpo» scrive William Blake in *L'inferno è un posto molto piccolo*, una raccolta di testimonianze di persone reduci da un'esperienza di confino solitario. «Un'angoscia talmente schiacciante da darmi l'impressione di soffocare e da farmi sentire come se la lucidità mi venisse letteralmente spremuta fuori dalla mente, dallo spirito e dall'anima e la vita dal corpo.»[9]

Questa pratica non è appannaggio solo delle carceri statunitensi. In tutto il mondo, nei contesti più diversi, ostaggi, detenuti e prigionieri di guerra vengono costretti a sopportare lunghi periodi di isolamento. Una miseria universale. Nella sua autobiografia *Lungo cammino verso la libertà*, Nelson Mandela racconta la sua prima ribellione contro le atrocità del carcere. Dopo la sua seconda condanna, venne immediatamente trasferito in una cella in cui lo costrinsero a togliersi i vestiti e a indossare la divisa da detenuto. Per i neri come Mandela, la divisa prevedeva i pantaloni corti, perché «gli uomini africani sono considerati "ragazzi" dalle autorità».[10]

Mandela si rifiutò di mettere la divisa e cominciò lo sciopero della fame. L'aguzzino gli propose una soluzione: se avesse accettato di andare in cella di isolamento, avrebbe potuto mangiare in pace e tenere i pantaloni lunghi. Mandela acconsentì e se ne pentì quasi subito. «Per le settimane successive rimasi completamente solo. Era la prima volta che mi ritrovavo in isolamento e ogni ora sembrava lunga un anno... La mente comincia ad attaccare se stessa e sorge la smania di trovare qualcosa di esterno su cui concentrare l'attenzione. Ho conosciuto varie persone che, piuttosto che finire in cella d'isolamento, preferivano prendersi cinque o sei frustate.»[11]

Disperato, Mandela cercò di chiacchierare con il secondino e per corromperlo arrivò a offrirgli una mela. «Lui si voltò dall'altra parte e accolse ogni mia successiva richiesta con il silenzio. Poi mi disse: "Amico, volevi i pantaloni lunghi e del cibo migliore, ti abbiamo dato quello che volevi ma tu ancora non sei contento". Aveva ragione. Non c'è niente di più disumanizzante della solitudine.»[12]

A piccole dosi la solitudine può essere una gioia e un sollievo. Oggi si parla spesso di *alone time*, degli agognati momenti in cui gli introversi possono chiudersi in se stessi e proteggersi dal logoramento energetico della vita sociale. Se però guardiamo al passato della nostra specie, constatiamo che fin dalla loro comparsa sulla terra gli esseri umani non hanno mai trascorso tanto tempo da soli come oggi.

I nostri antenati cacciatori-raccoglitori passavano quasi tutto il tempo *in compagnia*. La solitudine era un pericolo. John Cacioppo, uno dei primi ricercatori a occuparsi del senso di solitudine, sostiene che la sopravvivenza umana – in misura ancora maggiore di quella degli altri primati – dipendeva in buona parte dalla nostra capacità di fare gruppo. C'era bisogno di un gruppo per trovare e spartire il cibo, per respingere potenziali attacchi e per prendersi cura di malati e feriti. Ma la solitudine era di per sé una minaccia. «La sofferenza fisica protegge l'individuo dai pericoli fisici. La sofferenza sociale, cioè il senso di solitudine, si è evoluta per una ragione analoga: per proteggere l'individuo dai pericoli dell'isolamento. I nostri antenati dovevano fare affidamento sui legami sociali per difendersi e per far replicare con successo i propri geni in quanto progenie in grado di sopravvivere abbastanza a lungo da riprodursi a propria volta. Il senso di solitudine serviva per avvertirli del fatto che tali legami fondamentali erano vacillanti e carenti.»[13]

Anche se sono passate centinaia di migliaia di anni, i nostri cervelli continuano a processare la solitudine allo stesso modo. Scrive Cacioppo: «L'evoluzione ci ha plasmati in modo tale che il senso di solitudine, oltre a non piacerci, ci rende insicuri, come se fossimo fisicamente in pericolo».[14] Quando restiamo troppo tempo da soli, il nostro cervello comincia a registrare reazioni biofisiche di attacco o fuga.

Non erano solo i nostri antenati del Paleolitico a vivere immersi nella socialità; quasi tutte le società preindustriali sono inevitabilmente e irrimediabilmente sociali. Ovunque nel mondo, nonostante la diversità delle culture e dei climi, le persone si ritrovano assieme per quasi l'intero arco della loro esistenza da svegli. Tanto per fare un esempio emblematico, il concetto stesso di «camera da letto» e cioè di un luogo separato in cui i diversi membri di una famiglia possono dormire da soli, risale a non prima dell'inizio del Seicento. Quasi tutti gli esseri umani, in tutto il pianeta, condividevano un solo spazio per mangiare, dormire e socializzare.

Arricchendosi una società crea le condizioni per una diffusione sempre maggiore della solitudine fisica, che a sua volta produce il senso di solitudine in quanto condizione psicologica moderna. Esiste un'ampia letteratura sulla solitudine come funzione della modernità. In inglese la parola *loneliness* (senso di solitudine) era pressoché inesistente prima del Cinquecento.[15] Il riferimento al senso di solitudine di Ofelia nell'*Amleto* è una delle prime occorrenze significative di questo termine.[16]

Essendo soggettivo, il senso di solitudine è quasi impossibile da misurare: ci si può sentire soli anche in compagnia. I questionari diagnostici tentano di registrare l'intensità del senso di solitudine attraverso affermazioni quali «svolgere tante attività da solo mi rende infelice» e «non ho nessuno con cui parlare», ma resta difficile mettere a confronto il senso di solitudine da una società all'altra o da un momento storico all'altro.

La quantità di ore che passiamo da soli, al contrario del senso di solitudine, è invece un dato oggettivo. Ovviamente essere soli e sentirsi soli non sono la stessa cosa, ma se restiamo soli troppo a lungo è quasi inevitabile che ci sentiamo soli. Come scrive un esperto, tanto gli attuali studi sulla solitudine, fondati sull'autovalutazione dei soggetti, quanto le fonti storiche lasciano intendere una stretta correlazione tra tempo trascorso da soli e senso di solitudine: «Negli studi quantitativi sul senso di solitudine soggettivo, vivere da soli è quasi sempre la variabile più significativa per spiegare questo fenomeno».[17]

Quando misuriamo quanto tempo le persone passano da sole a seconda del momento storico e del luogo in cui si trovano, emerge chiaramente un certo quadro: nelle società più ricche aumenta il numero di individui che vivono da soli. Partiamo dal dato più semplice, quello del numero di persone che abitano da sole. Per quasi tutto l'arco della storia umana, vivere da soli era appannaggio dei reietti, dei penitenti o dei santi. Fino a non molti anni fa, in quasi tutte le società era molto raro vivere da soli.

Oggi non è più così. Osserva il sociologo Eric Klinenberg: «Nonostante la sua diffusione, l'abitare da soli è una delle questioni meno dibattute e dunque meno comprese della nostra epoca».[18] Oggi circa un quarto delle abitazioni occupate negli Usa ospita un solo individuo.[19] La percentuale in Europa è molto più alta e nella città di Stoccolma si arriva al 60 per cento.[20]

La prevalenza di questo fenomeno varia molto a seconda della località geografica e ci sono significative differenze anche tra Paesi contraddistinti da livelli quasi identici di prodotto interno lordo, ma nel lungo termine il rapporto fondamentale tra sviluppo economico e persone che vivono da sole è evidente. La curva dei nuclei monofamiliari sale ormai quasi in verticale, come il grafico delle emissioni di anidride carbonica, su, su, sempre più su. Entrambe queste tendenze sono dei sottoprodotti della contemporaneità e del capitalismo industriale, soprattutto a partire dagli anni Sessanta.[21]

Nel 2023 Vivek Murthy, il responsabile della Salute pubblica statunitense, ha parlato di un'epidemia di solitudine.[22] In tutto il mondo, in varie società, la ricerca medica ha prodotto un numero crescente di documentazioni sugli effetti fisiologici della solitudine. Secondo uno studio molto citato, le conseguenze nocive della solitudine sulla salute sarebbero paragonabili agli effetti causati dal fumare quindici sigarette al giorno.[23]

Collettivamente, ci troviamo ad affrontare un tasso di isolamento senza precedenti. Tale situazione non comporta necessariamente un maggior senso di solitudine e di depressione a livello individuale... Tra persone, culture e luoghi diversi la variabilità del fenomeno è immensa. Ma ormai si sono instaurate le condizioni per far sì che gli esseri umani si sentano sempre più distanti gli uni dagli altri e dunque siano sempre più propensi ad avere un impellente bisogno di attenzione sociale.

Poiché l'attenzione sociale è così fondamentale e onnipresente che il modo migliore per rendersi conto del suo potere è studiarne l'assenza, ho cominciato questa analisi dell'attenzione sociale con un lungo approfondimento sugli effetti della sua carenza. «In inglese, abbiamo una parola per il dolore e la sete, ma non esiste un termine specifico per indicare il loro contrario» osserva Cacioppo. «Le nostre ricerche ci suggeriscono che, proprio come "non avere sete" e "non provare dolore", "non sentirsi soli" – un termine specifico non esiste – rientra perfettamente nelle condizioni normali della nostra esistenza.»[24]

Prestare attenzione agli altri e vedere gli altri che ci prestano attenzione è la nostra normale condizione esistenziale. Quando parlo di «attenzione sociale», mi riferisco a ogni situazione in cui l'oggetto della nostra attenzione è un'altra persona invece che, per esempio, un elemento del paesaggio naturale, un prodotto di intrattenimento o un compito da svolgere. Per come la intendo io, l'attenzione sociale è il minimo comun denominatore di qualunque forma di connessione o legame umano. Nell'esempio del cocktail party del secondo capitolo, quando chiacchieriamo, ascoltiamo e interagiamo, la nostra attenzione è quasi interamente sociale. Ci concentriamo su ciò che gli altri fanno o dicono, leggiamo i loro segnali non verbali e magari ci guardiamo attorno per vedere se riconosciamo qualcun altro dei presenti.

La situazione sociale di un cocktail party è solo uno dei vari contesti in cui i nostri complessi e misteriosi circuiti dell'attenzione sociale lavorano in maniera più attiva. Ma questi circuiti sono sempre presenti. Abbiamo sviluppato un insieme di strumenti talmente efficaci e specifici per concentrarci sugli altri e percepire la concentrazione degli altri su di noi da far sì che l'attenzione sociale diventi una categoria autonoma, qualitativamente differente dalle altre forme di attenzione. L'attenzione sociale è particolarmente intensa. Sono i nostri stessi meccanismi neurali a reagire in maniera diversa agli altri esseri umani, ai loro volti, alla loro presenza, alle loro parole. Gli esseri umani sono esperti nel prestare attenzione agli altri esseri umani, hanno un'abilità unica nel riconoscere i volti e nel concentrarsi sulle espressioni facciali per leggere gli stati emotivi.[25] Le tomografie cerebrali mostrano che, quando vediamo degli altri esseri umani, anche in fotografia, si attivano percorsi neurali diversi rispetto a quando vediamo degli oggetti o dei paesaggi.[26] Le persone catturano la nostra attenzione in una maniera qualitativamente differente, a livello biologico, rispetto ad altre forme di stimoli. Tutto ciò dipende dal fatto che, per quasi tutto l'arco di tempo in cui la specie umana è esistita, gli individui hanno dovuto prestare attenzione a due categorie di cose: il mondo naturale e i propri simili.

Dopo l'infanzia, il desiderio di attenzione sociale varia molto a seconda della persona. Alcuni amano la solitudine e altri invece, ovunque vadano, vogliono sempre essere al centro dell'attenzione. Ma al di là di questa differenza, resta sempre il bisogno fondamentale di ricevere attenzioni dagli altri. L'attenzione sociale è come il sole per una pianta: ne abbiamo bisogno per vivere. Ci riscalda e ci nutre. Ci sporgiamo per accoglierla; sfuggiamo la sua assenza.

Forse però ti stai chiedendo se è vero che si tratta sempre e solo di «attenzione». Gli esseri umani sono creature sociali, plasmate dai legami e dalle connessioni con i propri simili, interdipendenti e portate a formare una comunità. Tutto ciò è evidente. La socialità e i nostri rapporti con gli altri sono aspetti cruciali della nostra esistenza, della nostra felicità e del nostro senso di appagamento. Ma qual è allora la differenza specifica tra le relazioni sociali e l'attenzione sociale?

Ricevere attenzione sociale significa semplicemente venire notati. Non comporta nient'altro, né cure né amore e nemmeno rabbia. Significa soltanto vedere o sentire o sapere che una persona esiste. È un passo in avanti rispetto al venire ignorati. Quando Nelson Mandela era in cella d'isolamento e tentava disperatamente di invogliare un secondino a parlare con lui, cercava attenzione sociale. Certo, avrebbe anche desiderato un po' di compagnia, ma era talmente disperato che quello che voleva davvero era l'attenzione. Orientava la sua attenzione sulla guardia, ma la guardia lo ignorava quasi sempre.

L'attenzione sociale, essendo priva di uno specifico contenuto emotivo, è diversa dai legami umani più articolati che compongono le nostre vite. Quando al cocktail party il cameriere lascia cadere il vassoio e tutti lo guardano, gli stanno dando attenzione sociale, ma ciò che provano per lui i presenti può variare molto... Dal fastidio, alla compassione all'empatia. In un locale affollato, uno sguardo provocante è una forma di attenzione sociale tanto quanto una persona che ti si avvicina e, con la faccia a pochi centimetri dalla tua, ti urla contro.

Nel contesto delle nostre relazioni più intime, la mera attenzione potrebbe sembrare irrilevante. È invece il fondamento su cui costruire tutte le altre sfaccettature di una relazione soddisfacente. Quando porti a casa tuo figlio appena nato e gli fai conoscere la sorella maggiore, quest'ultima si accorge immediatamente del radicale mutamento della quantità di attenzione che riceve. Questa è forse la reazione in assoluto più comune dei figli maggiori all'arrivo di un neonato. Ciò che desidera la sorella maggiore in realtà non è *solo* attenzione, ma una bambina non ha ancora la capacità di esprimere un tale bisogno. I bambini vogliono che ci si prenda cura di loro e che li si ascolti. Vogliono lo stesso amore, unico e monopolizzante, che ricevevano quando erano figli unici. Dire tutto ciò a parole, però, per loro è impossibile.

Ciò che i figli maggiori noteranno di più e contro cui si ribelleranno è il fatto che la tua attenzione, che un tempo si concentrava solo su di loro, si è divisa. Per accaparrarsela di nuovo, faranno qualsiasi cosa. Spesso, metteranno in atto comportamenti bizzarri e persino ridicoli. Per esempio, si mostreranno incredibilmente affettuosi con il neonato e cercheranno così di rientrare in qualche modo nel flusso primario dell'attenzione genitoriale. Magari faranno i capricci o si comporteranno male apposta per venire puniti. Ricevere attenzioni negative – «SMETTILA DAVID, SENNÒ TI METTO IN CASTIGO» – è piuttosto sgradevole, ma siamo esseri tanto compulsivamente sociali che resta di gran lunga preferibile al venire ignorati. Tale assunto è valido soprattutto per i bambini, ma anche nel caso degli adulti è più vero di quanto saremmo portati a credere.

Pur mettendo in atto strategie assolutamente controproducenti, i bambini intuiscono che per ricevere l'amore e l'affetto che vogliono devono fare in modo che si presti loro attenzione. Hanno ragione. Anche se le loro tattiche sono confuse, la premessa da cui partono è giusta. L'attenzione sociale è un prerequisito necessario per le altre forme più articolate di legame umano, quelle che desideriamo davvero e che ci supportano: le cure, la compagnia, l'amicizia e l'amore. Senza attenzione, non possiamo beneficiare di nessuno degli aspetti positivi dei rapporti umani. Per tutte le altre forme di socializzazione umana, l'attenzione sociale è una condizione *necessaria* ma non *sufficiente*.

Tale situazione deriva in gran parte dal fatto che, a differenza degli aspetti più esistenzialmente significativi delle relazioni umane, l'attenzione sociale non è di per sé reciproca. Ecco una delle sue caratteristiche essenziali. L'attenzione sociale scorre in due direzioni distinte e soprattutto separabili. Possiamo orientare la nostra attenzione sociale sugli altri e loro possono orientarla su di noi, ma non sempre queste due dinamiche coincidono.

Qualunque tipo di relazione richiede reciprocità di attenzione sociale, ma molto spesso i rischi e i problemi di una relazione dipendono proprio dagli squilibri tra il dare e il ricevere attenzione. La sorella maggiore del neonato si ritrova invischiata proprio in questo dilemma, peraltro sperimentato anche dagli adulti. In ogni relazione tra adulti, una delle fonti di attrito più comune è la dinamica in cui qualcuno percepisce la propria attenzione come non corrisposta: il coniuge convinto di esercitare la propria presenza calmante quando la moglie gli parla delle costanti tensioni tra soci nello studio legale in cui lavora e che però ha l'impressione che *lei* invece non gli riservi lo stesso tipo di attenzione prolungata. Le possibili varianti di questo genere di conflitti sono infinite, ma spesso nelle relazioni – soprattutto all'interno della coppia – si verificano discussioni incentrate sul tema dell'«ascolto».

Anche nelle dinamiche genitoriali gli squilibri sono onnipresenti e in costante mutamento: dalla smania incessante di attenzioni del bambino piccolo al completo ribaltamento nell'adolescenza, durante la quale i figli vogliono essere lasciati completamente in pace dai genitori. Ormai la mia primogenita si avvicina alla pubertà e io penso spesso a una battuta della comica Tina Fey. Avere un figlio adolescente è come avere una cotta per un collega: «Tu li pensi sempre e loro non ti pensano mai».[27]

La parabola naturale della genitorialità comincia con il bisogno ossessivo e a volte spossante della prole per l'attenzione del padre e della madre. All'alba, con un bambino insonne che piange e richiede la nostra presenza, ci si ritrova a sognare un po' di tregua: un momento di solitudine. Tutti però ti dicono che durerà poco: «Goditi questi anni! Passano così in fretta!». Ed è vero. Presto l'attenzione dei figli si concentra su altre cose come gli amici, la scuola e lo sport e noi rimpiangiamo amaramente le filastrocche e le favole prima della buonanotte.

Ma per quanto siano complesse e problematiche le dinamiche dell'attenzione sociale in famiglia o tra amici, innamorati, compagni e colleghi, a rendere l'attenzione sociale unica e molto più pervasiva di quasi tutte le altre forme di legame sociale c'è il fatto che può esistere anche al di fuori delle nostre vere relazioni. Se tu non lo conosci e lui non conosce te, non puoi avere una *relazione* con Brad Pitt. Ma Brad Pitt *può* essere oggetto della tua attenzione sociale. Questo tipo di attenzione sociale non corrisposta non è affatto qualcosa di banale o di secondario, ma un aspetto preponderante delle nostre vite. Al secondo anno di liceo, può capitarci di trascorrere buona parte delle nostre ore di veglia a pensare a uno studente dell'ultimo anno per cui si ha una cotta. Da adulti magari ci si ritrova con la propria vita interiore monopolizzata dal disprezzo per un politico particolarmente odioso, oppure coinvolti in un litigio immaginario con qualche personaggio televisivo. Pensa per un attimo al pantheon di sconosciuti che domina la nostra mente e a cui prestiamo la nostra attenzione sociale: dagli sportivi per cui tifiamo o che detestiamo, ai politici, ai vip, fino alle persone i cui problemi vengono discussi dai media. Una parte significativa della nostra attenzione sociale ricade su persone che non ci conoscono affatto.

L'attenzione sociale può anche orientarsi su persone che conosciamo e con cui abbiamo un legame, ma che non sono presenti. Il termine «pettegolezzo» indica l'atto di parlare di persone assenti e, per quanto possa sembrarci un passatempo inopportuno e triviale, si potrebbe argomentare che si tratta di un'attività umana fondamentale. Il leggendario antropologo britannico Robin Dunbar lo considera l'aspetto in assoluto più importante della socializzazione umana. «Senza pettegolezzo, non esisterebbe la società. È il pettegolezzo a rendere possibile la società umana per come la intendiamo noi.»[28]

Secondo Dunbar, il pettegolezzo umano esercita un ruolo analogo a quello del *grooming* tra gli altri primati. Attraverso questo comportamento, le scimmie coltivano relazioni e alleanze e creano legami. Pulirsi reciprocamente il corpo è soprattutto una forma fisica e tattile di attenzione sociale: una scimmia si concentra intensamente su un'altra per un lasso di tempo protratto. Le reti sociali e le alleanze di gruppo mantenute attraverso la pratica dell'attenzione sociale sono una materializzazione del concetto di «prestare attenzione». Paghiamo un bene in denaro e paghiamo una relazione in attenzione.

Il problema, sostiene Dunbar, è che prendersi cura in questo modo dei legami sociali richiede molto tempo. Secondo la stima dell'antropologo, i primati dedicano al *grooming* il 20 per cento delle loro ore di veglia. E dato che ogni relazione richiede tale laboriosa manutenzione, la struttura sociale delle scimmie non può oltrepassare un certo grado di complessità. «L'unico modo per superare questo limite e riuscire così a vivere in gruppi di più di ottanta individui consisteva nel trovare un meccanismo alternativo di *bonding*, in cui il tempo sociale disponibile venisse impiegato in maniera più efficiente.»[29]

Dunbar sostiene che il linguaggio, soprattutto in quanto pettegolezzo, sia stato l'innovazione che ha permesso agli esseri umani di superare i limiti collettivi dei primati da cui discendiamo. Rispetto al *grooming*, il linguaggio presenta due vantaggi fondamentali. Innanzitutto, il *grooming* è un'attività uno-a-uno e la conversazione può essere invece un'attività di gruppo. Inoltre, osserva Dunbar, «mentre si parla, si può fare contemporaneamente quasi tutto. Quindi ci ha permesso di aumentare il livello di "multitasking" e, a parità di tempo disponibile, di svolgere un maggior numero di attività».[30]

La tesi di Dunbar si fonda sull'idea che il linguaggio si sia sviluppato come un mezzo efficiente per conferire attenzione sociale: «È sufficiente comunicare un messaggio di presenza. "Considero più importante restare qui a parlare con voi che andare da un'altra parte a parlare con [chiunque altro]"».[31] Secondo Dunbar, questo rituale è poi evoluto sfruttando il contenuto informativo del linguaggio per comunicare informazioni fondamentali sugli altri membri del gruppo e sullo status delle loro complesse relazioni sociali. Il pettegolezzo è il mezzo più efficiente di attribuire attenzione sociale perché permette di rivolgerla alla persona con cui si parla *e al contempo* alla persona di cui si parla. Nella teoria di Dunbar, che ovviamente è solo una teoria, l'attenzione sociale è un movente tanto essenziale dell'attività e dello sviluppo umano da aver portato alla nascita del linguaggio.

Gli animali sono sprovvisti del linguaggio verbale per comunicare e orientare l'attenzione sociale. Ma chiunque abbia avuto un cane sa quanto i cani siano sensibili all'attenzione sociale. Quando porto la mia cagnolina al parco, lei sente l'odore di un altro cane nelle vicinanze e da quel momento in poi focalizza la sua attenzione sociale. Magari l'altro non corrisponderà al suo interesse. Simili dinamiche si registrano anche in altre specie. Gli animali prestano attenzione ad altri animali: le api alla regina, i lupi al capobranco, le pecore al cane pastore eccetera. Nella grande catena degli esseri viventi, i predatori prestano particolare attenzione alle prede, e viceversa, instaurando così un intreccio costante di controllo e sorveglianza.

Di conseguenza l'attenzione sociale, come certi impulsi e l'istinto sessuale, è un retaggio animale rimodulato all'interno della condizione umana, la quale porta con sé il suo inevitabile carico di nevrosi e patologie. Proprio come i desideri e gli impulsi sono infinitamente complessi, bizzarri e socialmente determinati, così il nostro rapporto con l'attenzione sociale è mediato dalla società in cui viviamo, dai nostri valori, dalle persone che ci circondano e dalle tecnologie che utilizziamo per comunicare e per conoscere il mondo.

Faccio un breve riassunto delle tesi sostenute in questo capitolo. L'attenzione sociale è una categoria a sé stante di attenzione e affonda le radici in un substrato istintivo biologico che rimanda al nostro retaggio evoluzionistico. È un bisogno talmente vitale che, se non viene appagato, impazziamo. Un'altra ragione per considerare l'attenzione sociale una forma specifica e complessa di attenzione è la sua natura bidirezionale: non solo proiettiamo la nostra attenzione all'esterno verso gli altri, ma possiamo anche essere oggetto dell'attenzione altrui.

La possibilità della reciprocità costituisce il fondamento di tutti i rapporti sociali; pur non essendo sufficiente da sola a creare una relazione soddisfacente, l'attenzione sociale è il prerequisito necessario per qualunque tipo di relazione con gli altri. Dobbiamo prestare attenzione alle persone con cui abbiamo una relazione e loro devono prestare attenzione a noi. Ma l'attenzione non dev'essere per forza positiva o costruttiva.

Questo è un altro fattore cruciale e specifico dell'attenzione sociale. A differenza degli aspetti positivi del legame emotivo che costituiscono la base dei rapporti umani più profondi, l'attenzione sociale può essere intensamente negativa.

Oltre a essere negativa, può anche essere unilaterale, sia da parte nostra verso gli altri sia da parte degli altri verso di noi. Possiamo prestare attenzione sociale a persone che non conosciamo e con cui non intratteniamo nessuna relazione reale e degli sconosciuti possono orientare la loro attenzione sociale verso di noi.

Gli esseri umani si sono evoluti in piccoli gruppi, basati sulla parentela: conoscevamo chi ci conosceva. Le nostre capacità immaginative ci permettono di conoscere degli estranei: i re e le regine, gli eroi delle leggende, gli dèi in cielo… E nei confronti di tutti questi personaggi, nessuno dei quali è privo di una componente mitica, eravamo in grado di sviluppare un legame intimo analogo a quello della parentela. Per quasi tutto l'arco di tempo in cui è esistita la nostra specie, le nostre relazioni si dividevano in due categorie principali: le relazioni di parentela e le relazioni con gli dèi. Avevamo un certo tipo di rapporto, fondato sulla reciprocità dell'interazione sociale, con le persone che conoscevamo e che ci conoscevano; e avevamo un altro tipo di rapporto, fondato sulle nostre capacità immaginative, con quelli che conoscevamo ma che non ci conoscevano a loro volta.

Per comprendere come mai i social network hanno innescato trasformazioni tanto vaste, è necessario analizzare nel dettaglio il potere elementare dell'attenzione sociale.

Consideriamo un aspetto specifico, bizzarro e sempre più importante dell'attenzione sociale: quella degli estranei, cioè il fatto di essere noti a persone che non conosciamo. Il desiderio per questa forma di attenzione sociale varia moltissimo da persona a persona e da un'epoca all'altra, ma è un'aspirazione tipicamente umana. Solo gli esseri umani possono realizzarla. Forse un leone vuole l'attenzione sociale degli altri membri del branco, ma per lui non esiste il concetto di gloria. L'aquila si prende cura dei piccoli ma non ha alcun desiderio di fama.

Si potrebbe pensare che la fama, ossia l'esperienza di ricevere attenzione sociale da degli estranei, sia un prodotto della modernità. Ma in uno studio epocale lo storico Leo Braudy ha dimostrato efficacemente che si tratta di un concetto millenario. «La storia della fama è soprattutto la storia del mutamento dei modi in cui gli individui hanno cercato di attirare l'attenzione dei propri simili e di come poi hanno sfruttato tale notorietà per esercitare una qualche forma di potere nei loro confronti.»[32]

Secondo Braudy, Alessandro Magno fu il primo vero cacciatore di fama dell'Occidente. I re divini, gli imperatori sumeri e cinesi e i faraoni egizi erano famosi, ma la fama e la diffusa attenzione sociale di cui godevano erano interamente istituzionalizzate ed ereditarie. Alessandro invece dedicò consapevolmente la propria vita alla ricerca della gloria. Secondo Braudy, la «smania spirituale indefinita» del re macedone funse poi da modello per tutti quelli che sarebbero venuti dopo di lui e si manifestò nel celebre episodio in cui Alessandro, scoprendo che non c'erano altri mondi da conquistare e che nessun altro straniero sarebbe stato costretto a imparare il suo nome, scoppiò a piangere. «Per la levatura planetaria del suo corpo a corpo con la fama e per la sua costante consapevolezza della relazione intercorrente tra il compimento di grandi imprese e la pubblicità, Alessandro va considerato la prima persona famosa della storia.»[33]

Nei secoli, con l'avvento di società più complesse e grazie alla tecnologia, la fama è diventata più democratica e l'esperienza di essere «conosciuti dagli sconosciuti» è ormai sempre più comune. A causare questa trasformazione furono soprattutto la Rivoluzione industriale e la conseguente rivoluzione mediatica, cioè la nascita dei cosiddetti mass media. Ma tale processo ha subito un'incredibile accelerazione con la nascita dei social network, ai cui utenti basta un solo contenuto virale per essere improvvisamente conosciuti e ricevere l'attenzione di migliaia, di centinaia di migliaia e a volte persino di milioni di persone.

Posso parlare con una certa esperienza dell'ineludibile stranezza e del costante senso di vertigine generati dalla sensazione di essere conosciuto dagli sconosciuti. Del resto, la fama è relativa. Un antropologo può essere famoso tra gli addetti ai lavori e sconosciuto in qualunque altro contesto e un jazzista sperimentale verrà osannato solo da una ristretta cerchia. La vera fama alla Alessandro Magno o persino quella degli anni d'oro dei mass media alla fine del Novecento – Michael Jordan, Tom Cruise – potrebbe essere un fenomeno irripetibile. Io però a modo mio sono famoso, la gente mi riconosce per strada, gli sconosciuti sanno chi sono e in generale mi si presta attenzione, proprio perché, come ho spiegato, il mio lavoro consiste nel catturare l'attenzione.

Durante i primi anni della mia carriera di conduttore televisivo, quando lo share calava, quest'attenzione mi sembrava una distesa di sabbie mobili: più mi aggrappavo e cercavo di fuggire e più a fondo sprofondavo. Questa sensazione era in parte dovuta al percorso eterodosso che mi aveva portato a fare il conduttore. Dopo la laurea, lavorai in teatro e come giornalista freelance della carta stampata. Scrivevo perlopiù lunghi articoli per riviste progressiste e per quotidiani alternativi. Poi diventai il corrispondente a Washington della rivista «The Nation» e cominciai ad andare ospite in vari programmi televisivi. A un certo punto mi chiamarono come ospite fisso sulla Msnbc, poi mi affidarono la conduzione di un programma che andava in onda solo nei fine settimana e alla fine sono arrivato in prima serata.

Anche se non ho mai sognato di fare il conduttore televisivo, mi sono reso conto che, per orientarmi verso tale professione e arrivare dove sono arrivato, doveva esserci in me una spinta profonda in questa direzione. Da dove venga questo bisogno non lo so: ho avuto un'infanzia molto felice e non mi considero più ansioso o più nevrotico della media. Però uno degli aspetti fondamentali del mio carattere è il desiderio di avere un pubblico. Voglio che le persone mi prestino attenzione e che mi trovino simpatico.

Tuttavia, più riesci a fare in modo che le persone ti prestino attenzione (questa è una verità che ho imparato con dolore sul campo), più ti sarà difficile riscuotere le loro simpatie. Più il tuo pubblico si allarga, più ti imbatterai in chi non ti ama e in chi anzi prova per te un odio viscerale. L'attenzione positiva da parte degli sconosciuti viene metabolizzata in fretta e presto diventa un'abitudine. I piccoli rilasci di endorfine si assottigliano e arriva il momento in cui, quando un estraneo ti ferma per strada e ti dice quanto ti ammira, tu quasi non ci fai caso.

Ma le attenzioni negative ci causano sofferenze interiori di una profondità assolutamente scioccante. Sei la vittima di una beffa cosmica e ti ci vorrà del tempo per rendertene conto. Quasi tutta l'attenzione sociale che riceviamo nella vita proviene da persone che conosciamo, parenti stretti e non, amici e colleghi, di conseguenza siamo portati a considerare rilevante ciò che gli altri pensano di noi, perché dare importanza a ciò che queste persone dicono o pensano di noi costituisce il collante reciproco della relazione che intratteniamo con loro.

L'insidia diabolica dell'attenzione sociale da parte degli sconosciuti consiste nella sua assenza di un legame relazionale e di reciprocità. Ma tu non te ne rendi conto! O magari te ne rendi conto razionalmente, ma questa consapevolezza non raggiunge lo strato più profondo della psiche. Il tuo addestramento è semplicemente troppo forte: per tutta la vita, *non hai fatto praticamente altro* che sviluppare interazioni reciproche con altre persone. Quindi, quando leggi un commento negativo online, reagisci subito, in maniera quasi fisica, come se fosse stato uno dei tuoi cari a dirti quelle cose. Dentro di te qualcosa si lacera, anche se si tratta di una finzione: di un legame con qualcuno che non conosci e non conoscerai mai.

Siamo condizionati a dare importanza ai membri della nostra famiglia, a ricavare il significato della vita dalle relazioni che intratteniamo con le persone che conosciamo e che amiamo. Ma l'esperienza psicologica della fama, come il virus che invade una cellula, si impadronisce di tutti i meccanismi delegati ai rapporti umani e li orienta alla ricerca di ulteriore fama.

Anche se l'attenzione negativa ti ferisce e ti crea dispiacere, finisci comunque per andare compulsivamente a caccia di una dose supplementare di fama. L'effetto cocktail party – sentire il tuo nome cattura la tua attenzione – comincia a monopolizzare la tua vita. C'è sempre qualcuno che, da qualche parte, pronuncia il tuo nome. Appena diventato conduttore di un mio programma televisivo, passavo il tempo a spulciare i miei tag su Twitter e spesso cercavo anche il mio nome da solo, per vedere cosa diceva di me la gente senza taggarmi. Leggevo tutti gli articoli sulla mia trasmissione e la maggior parte dei commenti erano negativi! Soffrivo e poi cercavo altre recensioni.

In queste esperienze c'era una profonda asimmetria. Ogni commento positivo era per me quasi irrilevante, ma gli insulti e le critiche mi laceravano la mente e spesso mi rovinavano la giornata. Mi sentivo intrappolato nei miei impulsi, incapace di resistere al richiamo delle sirene di chi, in qualunque angolo della sala del cocktail party, pronunciava il mio nome e internet mi permetteva di origliare incessantemente le conversazioni altrui.

Con un certo sollievo, posso dire che non è solo un problema mio. Grandi dosi di attenzione sociale da parte degli sconosciuti producono quest'effetto. Le persone famose tendono a essere ossessionate da ciò che la gente dice di loro e a offendersi, a inferocirsi e a sbraitare. Mille parole gentili pronunciate da estranei sul tuo conto ti scorreranno addosso come l'acqua, ma una sola critica pesante ti rimarrà impressa. Ogni giorno e a tutte le ore, è facile trovare persone di tutti i tipi – ma soprattutto persone famose – che si lasciano prendere dalla rabbia sui social network.

Per esempio, Kevin Durant è uno dei migliori cestisti del mondo, forse persino uno dei più grandi giocatori di basket della storia – un multimilionario che nel suo lavoro è più bravo di quanto quasi chiunque altro potrà mai essere nel proprio – e tuttavia si mette a battibeccare per messaggio con un tifoso ventenne che sparla della sua decisione di svincolarsi. E non gli è capitato solo una volta... Lo fa spesso![34] E non è affatto l'unico.

Quando nel 2009 Tina Fey vinse il Golden Globe per il suo ruolo in *30 Rock*, dedicò una parte del discorso di ringraziamento a rispondere agli hater online. «Se mai vi capita di essere soddisfatti di voi stessi, poi ci si metterà sempre di mezzo una cosa chiamata internet» disse generando una grande risata nel pubblico. «Su internet troverete un sacco di gente a cui non state simpatici. Adesso vorrei dire qualcosa ad alcune di queste persone. BabsonLacrosse, vaffanculo. DianeFan, vaffanculo. CougarLetter, vaffanculo, perché è un anno ormai che mi perseguitate.»[35] Era uno sketch comico? Sì, ma chi ha cercato su Google gli username in questione si sarà reso conto che erano dei commentatori del blog del «Los Angeles Times» che l'avevano criticata.

Quando, all'inizio della mia carriera di conduttore, mi ritrovai invischiato in un simile comportamento compulsivo, mi tornò in mente un vecchio episodio dei *Simpson* in cui Bart comincia a lavorare per la mafia. Poi il suo boss sequestra un tir carico di stecche di sigarette e, avendo bisogno di un luogo dove nascondere la refurtiva, opta per la camera di Bart. Homer entra nella stanza del figlio, vede le pile di sigarette che ricoprono le pareti e dice: «Bart, hai cominciato a fumare?». Bart nega: «Non sono mie! Il boss ha il magazzino pieno». Homer non gli crede e dice che vuole dargli una lezione. «Io adesso resto qui e ti guardo fumare tutte queste sigarette, così forse imparerai qualcosa!» All'improvviso si presenta un tizio con un carrello e dice: «Tony Ciccione mi ha mandato a prendere il resto del bottino».[36]

Questa scena, che dopo tanti anni mi fa ancora ridere, si rifà a una tecnica del secolo scorso per far smettere di fumare i ragazzi. Quando un genitore beccava il figlio adolescente con una sigaretta, lo costringeva a fumare subito tutto il pacchetto, in modo che lui stesse male, rimanesse disgustato e non toccasse mai più il tabacco.

La mia esperienza della fama è stata molto simile. Ti piace stare al centro dell'attenzione e provare una piccola dose di piacere quando vieni riconosciuto per strada? E allora beccati una bella vagonata di notorietà. Noi adesso ci sediamo qui e ti guardiamo fumare tutti questi pacchetti, uno dopo l'altro.

Grazie alla mia nuova visibilità televisiva, la sfida della costante attenzione sociale non aveva luogo solo su internet. La mia faccia, il mio corpo, la mia persona fisica nel mondo reale erano diventati oggetto di attenzioni con una frequenza e un'intensità che prima non avevo mai sperimentato. L'aspetto più viscerale con cui si manifesta la fama appena raggiunta consiste nella percezione dello sguardo degli sconosciuti. Le persone ti fissano. Ti senti il loro sguardo addosso. Come rimarcato da varie studiose femministe nel corso dei decenni, qui emerge un'ineludibile differenza di genere. In quanto uomo eterosessuale, fisicamente poco appariscente in senso sia positivo sia negativo, fino a quando non sono diventato famoso non avevo mai sperimentato questo tipo di attenzione visiva. Vivevo immerso nel totale anonimato. Era raro che mi sentissi addosso lo sguardo di un estraneo.

Avvertire un simile cambiamento fu al contempo elettrizzante e sbalorditivo. Quando qualcuno ti fissa, l'effetto è quello di una minuscola iniezione di entusiasmo, o almeno io la provavo. Francamente, all'inizio scambiavo tali attenzioni per una forma di desiderio sessuale. Non essendo granché abituato a venire fissato per la mia bellezza, ci misi un po' a capire che quella nuova esperienza, l'improvvisa consapevolezza di avere gli occhi puntati addosso, dipendeva dal fatto che la gente *mi riconosceva perché mi aveva visto in televisione*. Fine. Non era niente di più. Le persone non erano attratte da me. Stavano semplicemente processando un intenso segnale subconscio inviato dal cervello. Mi prestavano attenzione.

Forse, quando dico che prima di comprendere davvero la potenza dello sguardo sono dovuto arrivare alla soglia dei trentacinque anni, penserete che la mia sia un'affermazione bizzarra. C'è un motivo se lo sguardo è stato oggetto di tante riflessioni e teorie; è forse la forma più comune di attenzione sociale con cui abbiamo a che fare. Può assumere innumerevoli forme: un rapido e seduttivo incrocio di sguardi, un cipiglio minaccioso, oppure lo sguardo fisso e perso nel vuoto di un altro pendolare ansioso che, come noi, ha dovuto prendere il treno affollato all'ora di punta.

Per la prima volta in vita mia, ero diventato una persona che veniva guardata e che era oggetto di una certa quantità di attenzione visiva da parte degli sconosciuti. La ricaduta fu sorprendente. In passato, correvo al supermercato a comprare una treccia d'aglio in tuta e con i capelli arruffati. Ormai però non riuscivo a fare a meno di pensare a come mi avrebbero giudicato le persone che mi avrebbero riconosciuto. Ero presentabile? Per chi ha già vissuto direttamente quest'esperienza sulla propria pelle (tutte le donne, nessuna esclusa!), non dico nulla di nuovo. Ma per me era una novità. Un po' come la trasformazione di Tiresia oltre il confine tra i generi sessuali, era la mia piccola prospettiva personale su come sarebbe vivere con un altro corpo.

E la mia percezione degli sguardi altrui si affinò in maniera inquietante. Senza volerlo e senza il minimo sforzo, nei luoghi pubblici cominciai a sviluppare una consapevolezza periferica che mi permetteva di capire quali degli sconosciuti presenti mi avevano riconosciuto. Quasi sempre con la coda dell'occhio li scoprivo a guardarmi, come se fossero completamente ignari del *mio* sguardo. Uno strano ribaltamento: loro pensavano di spiarmi senza che io me ne rendessi conto, ma in realtà ero io a spiarli senza che loro se ne accorgessero.

L'abilità umana di riconoscere le facce è una delle nostre capacità più sviluppate e nel corso dei millenni si è evoluta per farci distinguere gli amici dai nemici, i parenti dagli estranei. Il potere della televisione, dei film e del mondo delle immagini si fonda sulla possibilità di trasferire queste facoltà sugli estranei. Prima ancora di rendercene conto, avvertiamo una sensazione quasi fisica di familiarità.

A volte mi accorgo che qualcuno mi ha riconosciuto ma non sa perché. Magari si avvicina e mi chiede: «Eravamo compagni di università?». Oppure: «Tu per caso lavoravi alla Bank of America?». Sanno di «avermi conosciuto» da qualche parte, ma non si ricordano in quale contesto. A me restano poi due risposte alternative. Posso rispondere: «Magari ci siamo visti qui in giro...». Oppure gettare la modestia alle ortiche: «Conduco un programma televisivo. Forse è per questo che mi hai riconosciuto...».

Essere oggetto di costanti attenzioni in pubblico può essere tremendamente alienante. In *L'essere e il nulla* Sartre approfondisce per molte pagine lo sguardo e le sue implicazioni, soprattutto l'attimo, che io stavo cominciando a sperimentare quotidianamente, in cui ci si accorge che qualcuno ci sta guardando. Secondo Sartre, sentirci addosso lo sguardo di un estraneo ci fa realizzare l'ineludibile soggettività degli altri e cioè che la persona che ci guarda è un soggetto come noi. Altrettanto cruciale è il fatto che in quel breve attimo vediamo noi stessi nel modo in cui forse ci vedono gli altri. Questa percezione è sempre alienante perché ci costringe a riconoscere quanto siamo intrappolati nella nostra piccola prospettiva del mondo e quanto diverse possano apparire le cose al di fuori del nostro punto di vista.

Sartre spiega la propria tesi con un esempio: nel parco della tua città, vedi un uomo camminare sull'erba. Sai che è un uomo, una consapevolezza umana, ma per te questo è un fatto ancora remoto e circoscritto. Ma quando incroci il suo sguardo ti rendi conto che non si tratta della possibilità di una consapevolezza umana quanto dell'irrefutabile certezza della sua presenza. «Ogni sguardo ci fa sperimentare concretamente [...] il fatto che esistiamo per tutti gli uomini viventi.»[37]

Insomma, è vedere lui *che vede te*, vedere l'altro che presta attenzione sociale *a te* che ti rende pienamente consapevole del tuo esistere come oggetto dell'attenzione altrui. Lo sguardo è il momento in cui l'attenzione sociale in quanto tale cattura la nostra attenzione. Ci costringe ad affrontare il modo in cui appariamo agli altri.

Una delle ragioni per cui lo sguardo è tanto importante, e per cui l'attimo dell'incontro nel parco descritto da Sartre è tanto ricco di potenzialità filosofiche, risiede nella natura unica e specifica dell'impatto psicologico dell'attenzione degli sconosciuti su di noi, un'attenzione che esiste al di fuori della connessione dei legami umani preesistenti, sorretti almeno in parte da una rete di reciprocità. Un incrocio di sguardi in un bar, la promessa racchiusa in quell'istante, ha grande importanza simbolica perché al suo interno contiene tutta la potenza micidiale dell'attenzione sociale tra estranei.

L'esperienza della fama comporta la sensazione quasi costante della scissione interiore e dell'alienazione descritte da Sartre. C'è l'io dentro la mia testa, il sé conscio, che osserva il mondo in prima persona dal suo punto di vista, e poi c'è l'io che esiste nel mondo come un corpo visibile agli altri. Integrare queste due prospettive è, a livello psicologico, una fatica costante.

In fondo, non c'è motivo di preoccuparsi dell'inquietudine interiore delle persone famose. Io però sono dell'idea che, nell'epoca di internet, l'esperienza psicologicamente destabilizzante della fama sia diventata una costante per tutti. Nello stesso modo in cui l'elettricità passò dall'essere un lusso per l'élite a un servizio accessibile a tutti, così la fama, o almeno il fatto di essere conosciuti dagli estranei, non è più una rarità ed è diventata una delle esperienze umane fondamentali. Il pensiero occidentale ha cercato per millenni di preservare un confine concettuale tra sfera pubblica e sfera privata e, a forza di teorizzare e di riproporre questa dicotomia, l'ha disseminata nelle leggi e nella politica, nelle norme sociali e nell'educazione. Grazie ad alcune aziende digitali, nel giro di un decennio abbiamo completamente abolito tale distinzione.

Con l'avvento dei social network, un amalgama composto dalla fama di massa e dalla sorveglianza di massa ha incanalato in maniera sempre più efficace i nostri impulsi atavici – amare ed essere amati, prenderci cura degli altri ed essere oggetto delle loro cure, far ridere gli amici alle nostre battute – nel progetto di far colpo sugli estranei, un progetto che per definizione non può soddisfare i nostri desideri ma che, data la sua apparente somiglianza con i legami umani autentici, innesca in noi un bisogno di trovare strategie sempre più compulsive per metterlo in atto.

Non è un caso che il social network più diffuso a livello globale abbia preso avvio da una meccanizzazione dello sguardo. La primissima versione di Facebook era un algoritmo elementare che permetteva agli utenti di guardarsi ininterrottamente a vicenda. «The Facebook», come si chiamava all'epoca, fu un modo per prendere il Facebook fisico distribuito agli studenti – un libro che conteneva una fotografia di tutti gli iscritti ad Harvard – e renderlo, almeno in parte, interattivo.[38] Potevi guardare le facce sulla pagina e potevi compiere delle azioni per comunicare a qualcuno che lo stavi guardando, ma gli altri non potevano ricambiare il tuo sguardo. La semplice piattaforma di Zuckerberg metteva in grado gli utenti di dare e ricevere lo sguardo attraverso due processi distinti. Potevi limitarti a fare il voyeur, oppure trasporre in chiave virtuale l'esperienza fisica di un incrocio di sguardi tra una lezione e l'altra. E così veniva a crearsi un «centro di smistamento» di attenzione sociale. Facebook: nel nome la «faccia» era presente fin dall'inizio.[39]

Nell'attimo in cui incontriamo l'altro, nell'attimo in cui emergiamo dai nostri pensieri e dal nostro punto di vista e ci vediamo come l'oggetto esterno delle percezioni altrui, qualcosa in noi viene catturato. Si innesca una specie di magnetismo oscuro. Si ha l'impressione di avere accesso a una conoscenza conturbante e proibita, come quando nello specchio di un camerino ci osserviamo da un'angolazione nella quale non ci eravamo mai guardati. Esistere online, il che per quasi tutti ormai significa semplicemente esistere, comporta il fatto di vedersi costantemente attraverso gli occhi degli altri.

Sono molti i motivi per cui una persona può cercare la fama, la gloria o l'attenzione altrui: un certo insieme di tendenze culturali da cui emerge la rilevanza di una simile ambizione, un impulso che sorge dalla costituzione psicologica del soggetto, la ricerca dello status sociale legato alla fama. Ma a volte a portarci ad attirare l'attenzione degli estranei ci sono anche dei motivi pratici, puramente economici o persino di sopravvivenza.

È il destino dei venditori, che lavorino porta a porta o che facciano telefonate a freddo. Il venditore deve ricevere attenzioni, altrimenti non sarà in grado di pagare l'affitto e di sfamare la prole. Nel primo atto di *Morte di un commesso viaggiatore* di Arthur Miller, Linda Loman spiega ai due figli ormai adulti che è proprio questa la tragedia che ha segnato la vita del marito. Dopo aver lavorato per trentasei anni per la stessa azienda, Willy Loman è stato degradato. Ormai lavora solo a provvigione, senza stipendio fisso, come un neoassunto. Ma soprattutto si sente un signor nessuno: è anonimo, invisibile. Quando all'inizio del primo atto rientra a casa dopo l'ennesimo viaggio di lavoro a vuoto, Willy dice alla moglie che non riesce a catturare l'attenzione degli uomini a cui vuole vendere i suoi prodotti. «Non so perché, ma non si fermano neanche a parlarmi. Non mi notano.»[40]

Willy incolpa la propria parlantina eccessiva, ma in fondo teme di essere un perdente e che sia questa la vera ragione dei suoi fallimenti. Non ha mai sfondato, non ha mai conquistato un vero successo. A nessuno importa di lui perché non ha mai fatto nulla che lo rendesse degno dell'attenzione altrui. Linda però spiega ai figli che la dignità umana richiede un certo grado di attenzione e che, anche se Willy non ha mai avuto successo nel senso convenzionale del termine, ignorarlo è sbagliato. «Willy Loman non ha mai guadagnato molto» dice Linda. «Non è mai finito sul giornale. Non è l'uomo migliore della storia. Ma è un essere umano e quello che gli sta succedendo è una cosa orribile. Quindi bisogna prestare attenzione. Non dobbiamo lasciarlo cadere nella tomba come un vecchio cane. Attenzione, dobbiamo finalmente prestare attenzione a quest'uomo.»[41]

Lessi per la prima volta queste parole da adolescente e da allora non hanno mai smesso di riecheggiare dentro di me. Ciò che mi colpì da ragazzo e mi colpisce ancora è che Linda Loman non chiede ai figli di *amare* il padre, né di giurargli la propria devozione, né di prendersi cura di lui. Per il marito auspica la più tenue delle connessioni sociali: l'attenzione. Prestate solo attenzione a quest'uomo, in modo che si possa sentire un essere umano e non venga lasciato morire per niente, come un animale. Ed è questo l'impulso che domina anche il marito, il desiderio di essere conosciuto e notato, il desiderio che gli venga prestata attenzione.

La forza emotiva di questo dramma, ciò che lo rende un capolavoro, è il modo in cui cattura il disperato senso di solitudine dell'esistenza contemporanea. La ragione per cui, settantacinque anni dopo essersi aggiudicato il premio Pulitzer, *Morte di un commesso viaggiatore* riempie ancora i teatri consiste nel fatto che la sofferenza di Loman è universale: un uomo cerca attenzione in un mondo che non gli presta attenzione. Willy Loman è un venditore e, nel suo ambito professionale, puoi e anzi in un certo senso *devi* diventare dipendente da ciò che gli altri pensano di te. È questa la tragica pecca di Loman: gli importa troppo di quello che gli altri pensano di lui. «È l'emozione in assoluto più conformista» disse una volta Arthur Miller a proposito della motivazione di Loman. «In altre parole, faccio qualcosa non perché ne ho il desiderio ma perché è ciò che si esige da me. È come vivere dentro lo specchio. Una vita riflessa. Vuoto. Vuoto. Vuoto. La sera non riesci a dormire. Al mattino non riesci a svegliarti.»[42]

Willy Loman muore per mancanza di attenzione sociale. Alla fine non gli viene prestata attenzione ed è questa carenza a togliergli la vita. Baratta la vita per del denaro, che permetterà ai figli di essere qualcuno e non dei nessuno.

Il destino di Loman ci mostra che buona parte della nostra stucchevole smania di attenzione, che noi tendiamo ad associare alla nostra esistenza su internet, non nasce dalla tecnologia ma da noi stessi. Però la tecnologia peggiora le cose, eccome.

Se Miller avesse scritto la sua pièce nel 2024, Willy Loman sarebbe una di quelle persone che postano sempre, in maniera compulsiva. Per chi passa molto tempo online, questi Loman del ventunesimo secolo costituiscono un tipo umano facilmente riconoscibile. A volte li si chiama *reply guys* (i risponditori), perché sotto ogni post o tweet spunta una loro risposta, in cui cercano di accaparrarsi o di dirottare su di sé l'attenzione prestata alla persona che stanno seguendo. Emanano una sorta di piaggeria forzata e disperata che costituisce il rumore di fondo di molti spazi online.

I *reply guys* sono casi estremi, ma in fondo la struttura dei social network è pensata proprio per trasformarci tutti in risponditori. Per indicare lo stucchevole bisogno di attenzione onnipresente su internet, la Generazione Z ha coniato un nuovo termine: *thirst* (sete). Una *thirst trap* (trappola per la sete) è una foto sexy postata da qualcuno per ricevere commenti in cui tutti si complimentano per la sua bellezza. Essere *thirsty* (assetati) significa cercare di farsi guardare dagli altri in maniera troppo palese e scoperta.

Oggi è una caratteristica respingente come lo era già ai tempi in cui la esibiva Willy Loman, ma di fatto è anche il modello imprenditoriale su cui è basata l'economia dell'attenzione nel suo complesso. Ogni comparto culturale, dall'arte alla musica alla scrittura, richiede una sorta di autopromozione costante e, come osserva la critica della cultura digitale Rebecca Jennings, «a forza di seguire i trend più banali e di cambiare incessantemente strategie promozionali sui social network, sorge l'insidioso sospetto di stare dedicando la propria vita al marketing invece che all'arte. Soggetti alla tirannia degli algoritmi mediatici, artisti e scrittori – chiunque per lavoro si occupi di ciò che significa essere umani – adesso devono diventare anche imprenditori».[43]

Ogni epoca ha i suoi Loman. Ciò che contraddistingue gli anni in cui viviamo è che l'attenzione è diventata il nostro fine ultimo. Sì, vogliamo il prestigio, i soldi, il sesso, l'amore, il riconoscimento, l'amicizia e tante altre cose, ma l'essenza distintiva dell'era dell'attenzione consiste nel ridurre tutti questi desideri al loro minimo comun denominatore: l'attenzione.

L'attenzione è qualcosa di tanto superficiale e sottile, di così insignificante rispetto a ciò che cerca e brama un'anima umana – amore e riconoscimento – e rispetto ai requisiti necessari di un dibattito o di una conversazione: argomentazioni, ragioni, ascolto attivo. L'attenzione è tanto centrale, distribuita in maniera tanto asimmetrica e così preziosa nel suo insieme eppure, a livello delle nostre vite individuali, è qualcosa di incredibilmente futile e sfuggente. Anche mentre la si celebra, la si sminuisce. L'era dell'attenzione ci ha resi tutti Willy Loman.

Questo desiderio di attenzione sociale e la brama compulsiva che ne è l'essenza sono da millenni il bersaglio di requisitorie morali. Tanto gli stoici quanto Buddha ci mettono in guardia dal desiderare oggetti esterni, che sono la causa della nostra sofferenza, e l'attenzione altrui è in cima alla lista di ciò di cui sarebbe meglio non curarsi. Epitteto dice ai suoi allievi che, per non fare la fine di Willy Loman, bisogna farsi in buona sostanza gli affari propri. «E chi sono davvero queste persone da cui volete essere ammirati?»[44] chiede Epitteto ai suoi studenti. «Non possiamo controllare le impressioni che gli altri si fanno di noi e, per tentare di farlo, umiliamo il nostro carattere.»[45] L'unico vero modo di essere felici consiste nell'eliminare i desideri rivolti alle cose esterne e soprattutto il desiderio di attenzioni altrui. «Dio ha fissato una legge: se vuoi farti del bene, fattelo da solo.»[46]

L'attenzione ricercata da Loman è una minestrina insipida, un contentino patetico. Perché, come il fratello maggiore che lotta per il suo ruolo in una famiglia che ormai comprende un neonato con in dotazione un pianto in grado di far accorrere gli adulti, ciò che cercano Loman e tutti i suoi simili non si riduce alla mera attenzione. Vogliamo l'attenzione in quanto merce di scambio per procurarci qualcos'altro, ma quando siamo disperati ci accontentiamo dell'attenzione in sé. Ma cos'è che vogliamo davvero?

Mentre mi interrogavo sul perché cerchiamo i like, i commenti e l'approvazione degli sconosciuti e sui motivi per cui una tale smania porta tanto le persone comuni quanto le persone famose ad avere dei crolli emotivi, mi sono ritrovato a pensare sempre più spesso ad Alexandre Kojève, un filosofo russo naturalizzato francese che cominciai a leggere all'università. Nel 1933, in un centro studi parigino, Kojève iniziò a tenere un seminario per dottorandi su Hegel. Anche se non raggiunse mai una grande fama e finì poi per fare il funzionario del ministero francese del Commercio e a contribuire alla creazione di un mercato comune europeo, il suo seminario sulla *Fenomenologia dello spirito* di Hegel rimane forse il corso di filosofia più importante del Novecento. La *crème de la crème* dei pensatori continentali, da Sartre a Lacan, seguì le lezioni di Kojève, il cui grande lavoro di sintesi influenzò il pensiero di questa nuova generazione di filosofi.

Kojève parte dalla celebre riflessione hegeliana sul rapporto intercorrente tra il servo e il padrone e ne propone una rilettura alla luce di ciò che considera il movente umano fondamentale: il desiderio di riconoscimento da parte degli altri esseri umani. «Sulla terra l'uomo appare solo in branco» scrive Kojève. «Dunque la realtà umana può essere soltanto sociale.»[47] Il riconoscimento è il nostro desiderio più importante e ciò che vogliamo sopra ogni altra cosa è essere visti – in maniera completa e autentica – *in quanto umani da altri umani*, in modo tale che degli altri soggetti riconoscano la nostra soggettività. Così intensa è questa aspirazione al riconoscimento che, per ottenerlo, spesso si è disposti a rischiare la morte: «L'uomo rischierà la propria *vita* biologica per soddisfare questo desiderio non biologico».[48]

Comprendere la centralità del desiderio di riconoscimento è essenziale per capire il potere e l'onnipresenza dei social network. Abbiamo sviluppato una tecnologia in grado di creare una versione sintetica del nostro desiderio fondamentale. Perché postiamo? Perché vogliamo che degli altri esseri umani ci vedano e ci riconoscano.

C'è però un tranello. Un elemento costitutivo del riconoscimento è l'uguaglianza tra soggetti: per sentirci autenticamente riconosciuti, vogliamo essere riconosciuti come umani da altri umani, come soggetti da altri soggetti. Ma noi che postiamo non raggiungeremo mai questo obiettivo. Perché siamo intrappolati nel paradosso che Kojève identifica nella riflessione hegeliana sul padrone e sullo schiavo.[49]

Il paragrafo in cui Hegel tratta del rapporto tra il padrone e lo schiavo è uno dei passi più famosi del canone filosofico occidentale, ma il testo originale può dare un'impressione di brutale indecifrabilità. Si tratta di una storia, quasi di una parabola, priva di riferimenti spaziotemporali e che funge da allegoria della consapevolezza umana, dell'autocoscienza e dei rapporti sociali. Hegel racconta la lotta tra due individui che fino alla morte lottano per avere il sopravvento l'uno sull'altro, una lotta che può avere fine soltanto con la riduzione in schiavitù di uno dei due da parte dell'altro, che ne diventa il padrone. Agli occhi del padrone, lo schiavo è ridotto a un supplice e a un oggetto, mero recipiente dei suoi desideri. Ma questa vittoria si rivela ingannevole.

Come spiega Kojève, il padrone desidera il riconoscimento da parte dello schiavo ma, non riconoscendone l'umanità, non può ottenerne il riconoscimento. «Ed è proprio qui l'inadeguatezza – la tragicità – della sua condizione» scrive Kojève. «Perché può essere soddisfatto solo dal riconoscimento di qualcuno che lui riconosce come degno di riconoscerlo.»[50] Possiamo esperire la soddisfazione esistenziale del riconoscimento solo venendo riconosciuti da chi noi per primi riconosciamo davvero. La nostra soggettività può essere convalidata solo da altri individui che riconosciamo autenticamente in quanto individui.

Mi sono reso conto che questo semplice ragionamento rivela molti aspetti della nostra situazione attuale, soprattutto ora che buona parte delle interazioni umane avvengono sui social network. Potremmo parlare del paradosso della star e del fan. La star cerca il riconoscimento del fan, ma il fan è un estraneo e non può essere conosciuto dalla star. Poiché la star non può conoscere il fan, il riconoscimento del fan non soddisfa il desiderio esistenziale profondo della star. L'unico modo di colmare l'asimmetria insita nel loro rapporto comporterebbe la nascita di una vera amicizia o di un vero scambio di messaggi, ma naturalmente una simile soluzione non può avvenire su larga scala. E quindi la star cerca riconoscimento e riceve invece attenzione.

La star e il fan sono archetipi e internet ci consente di passare da un ruolo all'altro a seconda del contesto. In realtà è questa la novità fondamentale dei social network, la possibilità di essere tanto la star quanto il fan. Puoi interagire con degli sconosciuti, senza limitarti a osservarli da lontano, e loro possono interagire con te. Chi ha raggiunto un certo grado di fama avrà sicuramente avvertito l'intensità dell'asimmetria propria di questo tipo di relazioni: la bizzarria di incrociare una persona che ti conosce e ti vede, ma che tu non sei in grado di percepire allo stesso modo.

In fondo, questo paradosso fondamentale – la ricerca attraverso la fama di qualcosa che la fama non può dare – riassume la vita interiore di molti dei protagonisti della politica e della cultura odierne, dei burattinai e dei poteri forti, delle star e dei vip, dei politici e dei Ceo. Sono persone che ambiscono a un certo tipo di riconoscimento; è questo, per antonomasia, il loro vero obiettivo. E nelle sue forme più estreme, tutt'altro che rare, assistiamo alle grottesche distorsioni psichiche innescate da un tale fenomeno. È la storia della vita di Donald Trump: cercava il riconoscimento, ha ricevuto invece solo attenzione e poi è diventato dipendente dall'attenzione stessa. Perché, anche se nei meandri della sua psiche c'è un buco nero urlante che la fama non potrà mai riempire, Trump non è stato in grado di capire la differenza tra riconoscimento e fama.

Nessuno vuole davvero solo attenzione: né Mandela che impazzisce per la solitudine e sente la propria anima sgretolarsi in cella di isolamento, né Willy Loman che tenta di vendere i suoi prodotti e nemmeno Donald Trump che posta compulsivamente. Vogliamo riconoscimento e l'attenzione è un mero palliativo, scadente ma accettabile. È la sintesi artificiale di un'esperienza sublime. È la stessa differenza che distingue il rilascio di endorfine prodotto dal fare l'amore con una persona che amiamo e il rilascio di endorfine generato dall'assunzione di una droga. È la stessa differenza che c'è tra mangiare dei cibi nutrienti e mangiare per riempirsi la pancia.

L'attenzione sociale degli estranei è l'equivalente psicologico delle calorie vuote e la tentazione irresistibile del buffet attenzionale offertoci dai nostri telefoni può indurci a esagerare. Nel contesto odierno, la fame sembra un rischio meno diffuso dell'indigestione. Il cibo processato a basso costo ha democratizzato la possibilità di mangiare troppo e ha fatto aumentare esponenzialmente il tasso di obesità mondiale… Ma esistono ancora centinaia di milioni di persone che rischiano di morire di fame. Per citare la celebre espressione di Raj Patel, la specie umana è «gonfia di cibo e affamata».[51] Lo stesso discorso vale per l'attenzione sociale: siamo gonfi e al contempo affamati di attenzione. Esistono milioni di persone isolate e sole, che effettivamente muoiono per la mancanza di attenzione sociale, eppure anche la possibilità di ricevere troppa attenzione sociale è stata democratizzata ed è ormai alla portata di un numero sempre crescente di individui.

A volte anche le persone in assoluto più dipendenti dall'attenzione realizzano di aver toccato il fondo. «I livelli di attenzione nei miei confronti sono diventati stellari ed è veramente orrendo» scrisse nell'estate del 2022 Elon Musk. Il magnate era in trattativa per acquistare Twitter e all'improvviso emersero vari scandali sulle donne da cui aveva avuto figli. «Purtroppo, anche gli articoli più scadenti su di me generano molti clic :(Ce la metterò tutta per concentrarmi sulle cose importanti per la nostra civiltà.»[52]

Il tutto durò una settimana. Dopo aver cercato di ritirarsi dalla trattativa, Musk finì per acquistare Twitter per una somma assolutamente eccessiva e cominciò a postare in maniera ossessiva e ad attirare costantemente l'attenzione. Le sue sparate contribuirono a distruggere il valore della piattaforma che aveva pagato tanto profumatamente e lo costrinsero a vendere azioni Tesla a prezzi stracciati pur di coprire le perdite.[53] Musk si è ritrovato a tal punto invischiato nel vortice dell'attenzione sociale da arrivare a rinunciare a una parte significativa del proprio patrimonio.

Cos'è che l'uomo più ricco del mondo vuole e non può avere? Per cosa sarà disposto a sborsare di più? Non c'è lusso che può essergli negato. Ma ciò che vuole più di ogni altra cosa, a livello patologico e con un'ossessività folle che ha arrecato gravi danni alle sue finanze, è il riconoscimento. Vuole essere riconosciuto, vuole essere visto a livello della sua umanità profonda. È quello che voleva anche Willy Loman e che alla fine l'ha ucciso. Musk ha speso 44 miliardi per acquistare quello che il povero e patetico Willy Loman non poteva avere. Ma nessuna cifra può comprarlo. Musk ha cercato di comprare il riconoscimento degli altri, ma ha ottenuto solo la loro attenzione. E anche l'attenzione prima o poi svanirà.

5
Alienazione

Quando nell'estate del 2021 i talebani presero Kabul e di conseguenza si impadronirono di tutto l'Afghanistan, dovettero affrontare un problema. Un'organizzazione che per vent'anni si era limitata a controllare un esercito irregolare si ritrovò a gestire un Paese con 40 milioni di abitanti. Non erano il primo esercito rivoluzionario a fronteggiare una simile sfida. È il destino di qualunque lotta armata, dai padri fondatori statunitensi ai bolscevichi, che riesca a sconfiggere il governo in carica: i guerriglieri devono trasformarsi in impiegati.

Rispetto alla situazione di altri gruppi analoghi nel corso della storia, la sorte dei talebani aveva una particolarità: da vent'anni combattevano ininterrottamente. Molti miliziani non conoscevano un'altra forma di vita adulta. Non avevano mai sperimentato la «normalità» prima della guerra; la guerra era per loro la normalità.

Quindi, quando è arrivato il momento di governare, non si sono dovuti acclimatare solo alla vita in tempo di pace e alle responsabilità del potere, ma anche ai ritmi quotidiani di una città moderna. Non ci sorprende, dunque, che la transizione sia stata tutt'altro che agevole. Guerriglieri di estrazione contadina, che avevano passato tutta la vita adulta in piccoli gruppi insieme ai loro commilitoni ad alternare periodi di ozio ed esplosioni di ultraviolenza, all'improvviso si sono ritrovati convertiti in burocrati da ufficio.

Un analista di un gruppo di esperti chiamato Afghanistan Analysts Network ha intervistato cinque ex combattenti talebani riguardo a questa transizione e le loro risposte hanno univocamente testimoniato un senso di noia, inquietudine e infelicità. Un ex soldato si è lamentato della delinquenza e del caos di Kabul e dell'assurdo anonimato della vita urbana, in cui «le persone vivono appiccicate ma non si parlano nemmeno».[1]

Un altro miliziano si è rammaricato per gli affitti elevati, che impedivano alla sua famiglia di trasferirsi insieme a lui in città, e per il traffico insopportabile. La sua vita da funzionario era quasi un carcere, ha detto. «Quando combattevamo, eravamo più liberi di decidere dove andare, dove dormire e se partecipare o meno alla guerra. Oggi invece devi presentarti in ufficio entro le otto del mattino e rimanerci fino alle quattro di pomeriggio. Se non vai, marchi l'assenza e [il salario di] quel giorno non ti viene conteggiato. Ormai ci siamo abituati, ma all'inizio, soprattutto per i primi due o tre mesi, è stata durissima.» Inoltre, non ha più avuto occasione di passare del tempo con gli amici da cui durante la guerra non si separava mai e che adesso però sono sparsi in vari uffici di Kabul. «Quelli che come me stanno in città lavorano dalle otto alle quattro e quindi, durante la settimana, non ci vediamo mai.»

Solo il venerdì, il giorno sacro dei musulmani, l'ex soldato e i suoi amici riuscivano a darsi appuntamento in un parco cittadino e a rilassarsi come ai vecchi tempi. Un altro intervistato si è lamentato della noia intollerabile della quotidianità in ufficio. «Adesso stiamo seduti davanti a un computer ventiquattr'ore al giorno, sette giorni alla settimana. La vita è diventata pesante; le giornate sono tutte uguali. Stare lontano dalla mia famiglia rende tutto ancora più difficile.»

Come fanno questi guerriglieri trasformati in impiegati a reggere alla noia causata dalla loro nuova vita? Naturalmente, si precipitano nella grande voragine odierna di internet. «Ogni tanto mi manca la vita da jihadista con tutti i suoi pregi» racconta il venticinquenne Abdul Nafi. «Al ministero, c'è poco lavoro per me. Quindi passo quasi tutto il tempo su Twitter. Abbiamo un'ottima connessione Wi-Fi. Molti *mujaheddin* sono dipendenti da internet, soprattutto da Twitter. Anch'io lo sono.»[2]

Quando ho letto quest'intervista, mi sono fatto una risata e ho pensato a un meme che avevo appena visto. C'è l'immagine di un uomo in ufficio, vestito nel solito stile casual chic, che fissa disperato un computer sormontato dalla scritta «Stufo di guardare LO SCHERMO CATTIVO». In basso, accanto all'immagine dello stesso tizio in maglietta e seduto sul letto che digita allegramente sul portatile, si legge: «Non vedo l'ora di tornare a casa a guardare LO SCHERMO BUONO». L'ottundente atmosfera attentiva del lavoro contemporaneo fa sorgere un bisogno di rilassamento soddisfatto dagli stessi dispositivi con cui è costruito il carcere della noia. I jihadisti ultraviolenti passavano la vita a rimbalzare dallo schermo buono allo schermo cattivo.

«Non siamo fatti per vivere così» si sente spesso dire a proposito di qualunque aspetto della vita contemporanea – dai cubicoli all'illuminazione fluorescente, ai vagoni stipati della metropolitana, al fast food ordinato dall'auto – e a me simili affermazioni non paiono prive di fondamento, ma l'espressione «fatti per» suggerisce uno scopo prefissato e una finalità che mi sembrano difficili da riconciliare con un contesto laico. Per dei fondamentalisti religiosi come i talebani, però, si tratta di una sorta di allontanamento dal disegno di Dio.

Gli ex guerriglieri talebani si sono ritrovati alle prese con una sintesi accelerata dell'alienazione prodotta dalla modernità e soprattutto con le sue caratteristiche più attuali. Dopo molti anni trascorsi letteralmente allo stato brado, all'improvviso hanno dovuto fare i conti con molteplici aspetti del ventunesimo secolo, dominato dal capitalismo globale. Peccato però che non vivano davvero nel mondo capitalista globalizzato contemporaneo, ma sotto un oppressivo regime fondamentalista dittatoriale, di cui fanno parte! Eppure sprofondano nel tedio, nella noia e nell'alienazione. Hanno vinto la guerra, ma sono diventati vittime di un nemico ben più potente.

Non credo sia possibile comprendere l'era dell'attenzione senza riflettere sull'esperienza dell'alienazione. «Alienazione» è un termine scivoloso, che mi ha sempre creato scetticismo. Rappresenta un concetto tanto onnipresente e amorfo al contempo da farci sospettare che in realtà non significhi assolutamente nulla. Ma a forza di riflettere sull'esistenza nell'era dell'attenzione, ho dovuto prendere ripetutamente atto del fatto che l'alienazione è il miglior descrittore a nostra disposizione per indicare un aspetto indefinibile dell'esperienza di essere vivi in questo momento storico.

Al cuore dell'alienazione c'è la sensazione soggettiva che qualcosa che dovrebbe fare parte di noi sia invece estraneo o alieno. È un'esperienza di disintegrazione, l'opposto del sentirsi integri. È una sensazione altalenante ma persistente, incombente e trasversale. È un'idea molto antica. Si potrebbe considerare il racconto biblico del peccato originale nel giardino dell'Eden una teoria dell'alienazione. L'uomo e la donna sono stati creati completi e puri, in comunione con Dio e il suo spirito divino. Ma la tentazione di Eva e il peccato originale portano a una scissione interiore e il libero arbitrio umano, in un istante che getta la sua ombra su tutto lo sviluppo successivo dell'umanità, entra in conflitto con la volontà divina. Secondo la teologia cristiana, il nostro destino ineludibile consiste nell'essere nati peccatori, alienati dalla volontà di Dio fino all'avvento di Gesù, che ci rende nuovamente integri.

Per analizzare gli ostacoli della vera autocoscienza, Hegel invocò l'alienazione e Rousseau impiegò un concetto simile per descrivere la sorte delle persone talmente vanesie da ritrovarsi scisse da se stesse. Ma fu Marx ad allargare il concetto di *Entfremdung* e a utilizzarlo nell'ambito di una critica sociologica al capitalismo. L'*Entfremdung* è una forma di estraniamento, in questo caso da se stessi, e Marx la considerava l'esperienza fondamentale dei lavoratori del sistema capitalista.

Prendiamo un artigiano indipendente, per esempio un calzolaio, prima dell'avvento dell'industria. Ha il suo negozio e crea scarpe con cura e orgoglio. È presente e opera in maniera intenzionale in ogni fase del processo necessario per trasformare il cuoio grezzo in una scarpa. Ha anche la soddisfazione di vedere lo scopo del proprio lavoro; ha la possibilità di osservare l'arco di sviluppo che dal materiale grezzo porta al prodotto finito. Alla fine, ha prodotto un oggetto che considera una sua creazione. Poi può venderlo e in cambio ricevere del denaro.

Paragoniamo l'esperienza appena descritta con la quotidianità di chi lavora in una fabbrica di scarpe. L'operaio non ha alcun controllo sul processo con cui viene fatta la scarpa. Sul prodotto applica un bagaglio relativamente scarno di tecnica e perizia artigianale. Non può gestire le tempistiche e non svolge una serie di compiti progressivi che cambiano via via che la scarpa passa da essere materiale grezzo a prodotto finito. Adopera un macchinario che fa sempre la stessa cosa – stampare una soletta – ininterrottamente, ora dopo ora, giorno dopo giorno, settimana dopo settimana. Ciò che un tempo era il lavoro dell'artigiano – la sua tecnica, la sua abilità, il suo oggetto – ora è diventato del capitalista. Il lavoratore è solo un mezzo per produrre un fine. «A causa dell'uso estensivo dei macchinari e della divisione del lavoro» scrivono Marx ed Engels nel *Manifesto del partito comunista*, «il lavoro dei proletari ha perso qualunque carattere individuale e, di conseguenza, tutto il suo fascino per l'operaio. Egli è diventato un'appendice della macchina e gli si richiede solo la forma di perizia più semplice, più monotona e più facile da imparare.»[3]

Per Marx, questa è l'incarnazione assoluta del capitalismo. L'aspetto centrale consiste forse nella capacità del capitalismo di affinare sempre più ogni compito inerente alla produzione e nel ridurlo in unità semplificate di lavoro. «Con l'aumento della divisione del lavoro, il lavoro si semplifica» scrisse Marx in *Lavoro salariato e capitale*. «Le abilità speciali del lavoratore diventano inutili. L'operaio viene trasformato in una semplice e monotona forza produttiva che non deve usare intensamente le proprie facoltà fisiche o intellettuali. Il suo lavoro diventa un lavoro che tutti possono compiere.»[4]

Lo sviluppo del capitalismo industriale trasforma il lavoro in una merce. Il lavoro e la tecnica artigianale possono variare da un calzolaio all'altro, ma l'obiettivo dell'efficienza produttiva industriale consiste nel ridurre la variazione tra qualunque unità data di lavoro salariato e renderla identica a qualunque altra unità di lavoro salariato. In sostanza, puoi mettere chiunque alla catena di montaggio addetta alla stampa delle solette e il prodotto è praticamente uguale a quello che farebbe un altro lavoratore.

Questo processo di standardizzazione, per Marx, è la mercificazione del lavoro. Si definisce merce qualunque risorsa contraddistinta dalla proprietà che gli economisti chiamano «fungibilità sostanziale», i cui esemplari sono indistinguibili. Ogni barile di greggio è intercambiabile con ogni altro barile di greggio. Lo stesso vale per ogni tonnellata di legno di conifera o per ogni chilo di gomma.

Una volta che qualcosa è stato trasformato in una merce, può essere scambiato nei mercati, cioè comprato e trasferito, e diventare uno strumento economico con cui far leva finanziaria per scommettere sui futuri movimenti di prezzo. Mercificare qualcosa significa standardizzarlo, renderlo astratto e deindividualizzarlo.

È proprio in questa deindividualizzazione, o deumanizzazione, che Marx identifica la propria teoria dell'alienazione. Ogni scarpa fatta dal ciabattino è per lui un oggetto con una sua identità, ma ogni ora di lavoro alla catena di montaggio della stampa delle solette può essere svolta da chiunque. A livello psicologico soggettivo, secondo Marx, il risultato di questa situazione è l'*alienazione*. L'artigiano è il proprietario dell'oggetto che produce con il suo lavoro, anche se poi lo vende in uno scambio di mercato. Il suo impegno, le sue capacità e i suoi sforzi si sono riversati sull'oggetto e al termine del processo è *lui* il proprietario dell'oggetto. Poi sceglie di venderlo in uno scambio di mercato e, così facendo, cede il possesso del prodotto al cliente in cambio di denaro. Invece il lavoratore della catena di montaggio forse non vedrà mai le scarpe finite. Forse non sarà mai proprietario del modello di scarpe che produce. Ed è molto difficile che si senta fiero di averle prodotte. «L'oggetto che il lavoro produce – il prodotto del lavoro – è per lui qualcosa di alieno, una forza indipendente da chi l'ha prodotto.»

Il lavoratore del sistema capitalista è ossessionato da un senso soggettivo di alienazione; ciò che dovrebbe essere suo è invece al di fuori di lui e ciò che dovrebbe essere il suo possesso più prezioso, la sua umanità, viene estratto da lui, che è dunque costretto «a vendere pezzi di se stesso».[5]

Questa è l'esperienza soggettiva dell'alienazione per Marx, che però postulò anche una forma oggettiva di alienazione, che combaciava con la sensazione avvertita dal proletariato appena spossessato. Marx dice che il processo di produzione capitalista *trasforma effettivamente* il valore del lavoro dell'addetto alla catena di montaggio delle solette in una proprietà del padrone della fabbrica. Non solo il lavoratore della catena di montaggio, affaticandosi nello stordimento di una monotonia ripetitiva, *sente* di creare un prodotto a lui alieno, ma a livello profondo le cose stanno oggettivamente così.

Mi rendo conto che, per chi conosce Marx, la mia è una spiegazione elementare dell'arcinoto. Ma se vale la pena rimarcare alcuni dei caratteri salienti di ciò che Marx chiama alienazione è proprio perché molti di questi aspetti sembrano evidentemente correlati e a volte quasi identici agli elementi costitutivi di ciò che potremmo chiamare il «capitalismo dell'attenzione».

L'economia dell'attenzione odierna fa qualcosa di simile a ciò che il capitalismo industriale fece al lavoro. Il «lavoro» nel senso di sforzo e fatica è più antico del capitalismo. Fin da quando sono apparsi sulla terra, gli esseri umani hanno riversato i propri sforzi fisici e mentali nello svolgimento di compiti e progetti legati alla produzione di oggetti di valore. Cacciamo, raccogliamo, ci prendiamo cura degli altri, dissodiamo il terreno, cuciamo vestiti eccetera. Il lavoro salariato però è una forma altamente specifica di questo tipo di attività e comporta un nuovo insieme di istituzioni e di pratiche che lo fanno emergere. Il lavoro salariato è una merce che può essere scambiata, comprata e venduta.

Lo stesso discorso vale per l'attenzione. L'attenzione è antica quanto la nostra specie e catturare l'attenzione altrui per scopi sociali è un concetto vecchio quanto gli sciamani, i poeti e la conversazione. Oggi però l'attenzione è mercificata e può essere scambiata, comprata e venduta in sofisticate e istantanee aste algoritmiche che attribuiscono un prezzo a ogni secondo di attenzione dei nostri occhi. Questo è un concetto nuovo, una trasformazione, una forma di alienazione.

Non c'è bisogno di essere marxisti (io non lo sono) né progressisti per riconoscere l'utilità di quest'idea fondamentale. La transizione dalla modalità di produzione del calzolaio nel suo negozio a quella dell'operaio nella catena di montaggio della fabbrica di scarpe segna una netta discontinuità nell'esperienza concreta del lavoratore, nel suo ruolo nel mondo e persino nella sua percezione del tempo.[6] L'aspetto dell'analisi marxiana più utile per la nostra argomentazione consiste nell'identificazione dell'alienazione quale insieme di mutamenti tecnologici ed economici che trasformano completamente l'interiorità e l'esperienza concreta di un individuo.

Il lavoro umano è sempre esistito, ma il lavoro salariato è una creazione del capitalismo industriale. L'attenzione umana è sempre esistita, ma clic, contenuti, *engagement* e visualizzazioni sono creazioni del capitalismo dell'attenzione. Venire ridotti a un salario o a una visualizzazione significa ritrovarsi alienati da una parte di se stessi.

L'odierna industria dell'attenzione è il risultato finale di un lungo processo di mercificazione dell'attenzione. Nel suo libro *I mercanti dell'attenzione* Tim Wu sostiene che il primo comparto mediatico a impacchettare e vendere l'attenzione del pubblico ai pubblicitari fu la stampa quotidiana a basso prezzo, la cosiddetta *penny press*, a partire da «The Sun», quotidiano fondato a New York nel 1833. Prima di «The Sun» esistevano tanti altri giornali, ma i loro introiti provenivano soprattutto dalla vendita delle copie.

All'epoca i giornali costavano circa sei centesimi, ma il fondatore di «The Sun» Benjamin Day ebbe un'idea nuova: fissando il prezzo a un solo centesimo, con ogni copia venduta andava in perdita, ma intanto diffondeva la sua testata. Poi monetizzò tale diffusione vendendo inserzioni sul proprio giornale, pubblicità che avrebbero dovuto avere un pubblico più ampio – a livello meramente quantitativo e anche di penetrazione nelle diverse classi sociali – rispetto a quelle presenti sui quotidiani rivali. Il suo obiettivo era ambizioso: «Lo scopo di questo giornale è dare al pubblico, a un prezzo accessibile per chiunque, TUTTE LE NOTIZIE DEL GIORNO e al contempo fornire un mezzo vantaggioso ai pubblicitari».[7] Come spiega Tim Wu, l'unico modo per realizzare un simile progetto era «pubblicare articoli da cui nessuno sarebbe stato in grado di distogliere lo sguardo».[8]

Ogni giorno «The Sun» pubblicava notizie piene di morti, caos, sesso e tradimenti. Day scoprì i primi trucchi per catturare l'attenzione e si concentrò sui temi che oggi definiamo *clickbait*. Imitando i giornali britannici, assoldò una persona che doveva passare tutta la giornata al tribunale penale e scrivere quello che vedeva. Gli articoli scandalistici divennero il perno del giornale. L'articolo in prima pagina del 21 novembre 1859 (con tanto di illustrazione) era dedicato a un cruento omicidio a sangue freddo: «Si chinò sulla vittima sdraiata e passò la mano sul suo corpo, alla ricerca del punto preciso in cui sferrare il colpo fatale. Per un istante, rimase con la lama scintillante sospesa sopra la sua testa, poi la affondò nel cuore della persona che aveva accanto. Con un tonfo sordo, il sangue caldo si riversò sull'assassino, che estrasse il coltello dal torace della vittima e lo scagliò nei meandri della foresta».[9] Ciò che oggi, soprattutto negli Usa, consideriamo una notizia da «tabloid» è in buona parte un'invenzione di Day.

Per «The Sun» l'importante era massimizzare la diffusione, anche a scapito dell'affidabilità del prodotto. In fondo il prodotto non era *davvero* il giornale ma il pubblico e, per far quadrare i conti della nuova impresa, Day doveva assicurarsi un pubblico più ampio possibile.

Day mutuò dai britannici anche un modello di impresa che sfruttava gli incentivi attenzionali per vendere il quotidiano stesso. Vendeva il «Sun» all'ingrosso ai ragazzini che consegnavano i giornali, i quali poi, per ogni copia venduta, racimolavano un piccolo profitto. Nacque così la figura dello strillone, che vagava per le strade urlando: «EDIZIONE STRAORDINARIA! EDIZIONE STRAORDINARIA!».

È evidente che questo modello, sorta di multilevel marketing attenzionale, arrivò poi a generare gli incentivi che avrebbero portato i venditori dei vari quotidiani a offrire gridando, come sirene di notizie, i rispettivi prodotti sul marciapiede.[10] E funzionò. Le innovazioni di Day fecero scuola e nel corso dell'Ottocento diedero vita a un'industria della carta stampata, fondata sulla pubblicità, che fu la prima versione dei mass media. In fondo, questa strategia economica – regalare il prodotto o venderlo a un prezzo simbolico e guadagnare dalla vendita del pubblico ai pubblicitari – sarebbe diventata il modello d'impresa dominante per quasi tutti i mezzi di comunicazione dei due secoli successivi: stampa, radio, tv e social network.

Ma al cuore di questo modello imprenditoriale in grande crescita e basato sulla pubblicità, restava una domanda profondamente dibattuta: era efficace anche per i pubblicitari che compravano l'accesso al pubblico? Come è possibile sapere nello specifico quanta attenzione si acquista?

Agli albori del capitalismo industriale, chi acquistava il lavoro salariato degli operai si ritrovò alle prese con un interrogativo analogo: come si fa a essere sicuri di ciò che si compra? In breve tempo sorsero varie innovazioni per misurare e controllare il lavoro degli operai e per far sapere ai capi in maniera più o meno accurata che cos'avevano comprato. La produzione domestica – per esempio quella tessile – venne rimpiazzata dalle fabbriche centralizzate, nacquero gli orari dei turni per suddividere il tempo in blocchi omogenei e per conteggiare le ore arrivarono gli orologi marcatempo e i cartellini da timbrare. Le quote di produttività permisero ai dirigenti di comunicare alla proprietà la quantità esatta di lavoro prodotta dalle varie squadre di operai. Ci volle poco perché i capi risolvessero quasi completamente il problema di sapere quanto lavoro venisse svolto.[11]

L'attenzione seguì una parabola diversa. Per tutto il diciannovesimo secolo, mentre l'industria dei quotidiani e delle riviste diventava il motore principale della cultura di massa e della cattura dell'attenzione, tra editori e pubblicitari si innescò un tiro alla fune per stabilire come misurare e verificare l'attenzione del pubblico. Se il prodotto in vendita era davvero l'attenzione del pubblico, be', era un prodotto bizzarro. Si può ispezionare un carico navale di greggio, si può persino affondare il dito nel barile, ma non si può fare la stessa cosa con l'attenzione del pubblico. Non puoi essere presente nel momento in cui le persone notano la tua inserzione. O magari non la vedono nemmeno perché, pur avendo comprato la rivista, poi non la leggono. O magari si distraggono proprio nel momento in cui l'inserzione entra nel loro campo visivo, o forse non arrivano mai neanche ad aprire il giornale perché, anche se nelle statistiche di distribuzione la copia in questione è stata conteggiata, in realtà è finita subito nella spazzatura.

C'è un vecchio adagio del marketing, una citazione apocrifa attribuita di volta in volta a vari industriali ottocenteschi, che recita così: «Metà dei soldi che spendo in pubblicità sono buttati; il problema è che non so quale delle due metà». Questa boutade racchiude le due fonti durature di incertezza nei mercati dell'attenzione. La prima è incentrata sul fatto che la pubblicità è più un'arte che una scienza e quindi non si sa quali messaggi persuadano davvero a comprare il tuo prodotto le persone di cui sei riuscito ad attrarre l'attenzione. L'altra fonte di incertezza, però, è la domanda fondamentale che rispunta continuamente durante la crescita e lo sviluppo dei mercati dell'attenzione e cioè il semplice dubbio riguardo al fatto che l'attenzione acquistata dai pubblicitari sia connessa o meno a un essere umano.

Questa domanda non ha mai smesso di ossessionare l'industria dell'attenzione. I rating Nielsen, a partire dagli anni Trenta, cominciarono a misurare l'audience radiofonica.[12] Un campione di persone riceveva dei diari sui quali annotava i programmi ascoltati. Negli anni Cinquanta Nielsen adottò tale metodo anche per la televisione e alcuni spettatori selezionati si ritrovarono a scrivere sul diario ciò che avevano guardato.[13] Ma chi era in grado di stabilire quanto veritieri e precisi fossero questi resoconti? La memoria umana è caotica. Nel 1987 Nielsen sostituì i diari con dei misuratori attaccati ai televisori del pubblico campione.[14] (Oggi è composto, negli Usa, da circa centomila persone.) Rispetto ai diari, la misurazione diretta è ovviamente un enorme passo avanti, ma il margine di errore resta ampio. Il fatto che a una data ora la televisione sia accesa e sintonizzata su un certo canale non significa che ci sia qualcuno presente a guardarla... O magari qualcuno che guarda c'è, ma è distratto.

Nielsen divenne un monopolio naturale per una ragione che mi sembra sensata: nel settore c'era bisogno di un'unica forma standard di misurazione. Dietro le quinte, però, lo strapotere di Nielsen nel campo dei rilevamenti dell'audience si affidava ad algoritmi brevettati e metodi statistici su cui né i pubblicitari né le emittenti potevano avere voce in capitolo. Nel corso della sua storia, Nielsen è rimasta coinvolta in una serie infinita di dispute legali in merito alla precisione dei suoi rilevamenti. Nel 2021, tanto per fare un esempio recente, un conglomerato televisivo prese l'epocale decisione di sospendere l'accreditamento a Nielsen e dichiarò di aver avuto prova di una notevole sottostima da parte di Nielsen dello share registrato durante la pandemia.[15] Un altro network presentò un simile reclamo e pretese una verifica indipendente dei dati di Nielsen da parte di Ernst & Young.[16] Nel 2022 un gruppo di emittenti denunciò Nielsen per presunti errori nel calcolo dell'audience delle proprie trasmissioni.[17] Insomma, anche nel 2025, non c'è una risposta definitiva a questa semplice domanda: i rilevamenti dello share di Nielsen sono precisi?

Si tende a pensare che con il passaggio al digitale questi problemi si siano completamente risolti. Chi paga per l'inserzione dovrebbe sapere esattamente quante persone la vedono e poi quante persone ci cliccano sopra. Ed è vero che la tecnologia contribuisce a risolvere la questione. Quasi tutta l'architettura odierna di internet si fonda sulla *ad-tech*, l'enorme e complesso mercato dell'attenzione digitale che si è sviluppato negli ultimi decenni ed è la logica conseguenza della mercificazione dell'attenzione. È un sistema più vasto e più rapido dei rilevamenti Nielsen o di altre forme di misurazione e vendita dell'audience e con il passare del tempo è riuscito a rendere conto di segmenti di attenzione sempre più piccoli: il banner che visualizzi è stato venduto all'asta nei pochi decimi di secondo impiegati dalla pagina per caricarsi. Tim Hwang, un filosofo della tecnologia che ha lavorato dappertutto, da Google a Substack ad Harvard, scrive che «le prime generazioni di pubblicitari compravano e vendevano attenzione, ma non a una velocità, in dosi e con una granularità paragonabili a quelle degli odierni mercati della pubblicità programmatica. Oggi la specificità del sistema pubblicitario online risiede nella capillarità con cui ha permesso la condensazione di una molteplicità di micromomenti di attenzione in beni divisi e liquidi facilmente acquistabili e vendibili nel mercato globale».[18]

Ma se si scava sotto la superficie del giro d'affari multimiliardario dell'industria globale della pubblicità digitale, che oggi è il vero motore finanziario complessivo di internet, si scopre che molte delle domande e dei problemi che hanno insidiato questo settore economico fin dai suoi albori in realtà sono rimasti tali. A ben guardare, osserva Hwang, nel suo insieme il mercato delle *ad-tech* manifesta svariate e inquietanti somiglianze con la situazione complessiva del mercato immobiliare statunitense prima della grande crisi del 2008.

Il problema della crisi epocale del 2008 era la crescita indiscriminata dei *subprime*, mutui che venivano suddivisi e ricombinati in titoli che banche e investitori trattavano come se fossero sicurissimi e invece non lo erano affatto. La mercificazione e la complessità ingegneristica raggiunsero un tale grado di astrazione da far sì che i mercati non sapessero più che cosa stavano scambiando. Interi palazzi erano stati costruiti su un terreno che in teoria avrebbe dovuto essere solido come il granito e invece si rivelò un pantano di sabbie mobili.

Oggi sta succedendo qualcosa di analogo secondo Hwang, che parla di «attenzione *subprime*». La mercificazione dell'attenzione è tanto diffusa che i mercati che comprano e vendono attenzione si sono ormai totalmente affrancati, attraverso transazioni computerizzate sempre più complesse e incomprensibili, dall'autentica attenzione di esseri umani reali che in teoria dovrebbe essere l'oggetto della compravendita. Come il mercato immobiliare una ventina d'anni fa, un simile contesto offre incredibili opportunità di fregare il sistema. È ormai tristemente noto che Meta, l'azienda che insieme a Google rientra nel duopolio che si accaparra circa il 50 per cento degli introiti pubblicitari complessivi di internet, è stata più volte sorpresa a comunicare agli inserzionisti dati enormemente gonfiati delle proprie rilevazioni dell'attenzione. Il famigerato *pivot to video* (passaggio al video) di Facebook (ora Meta) del 2015 si è rivelato un tremendo fallimento. Secondo un'inchiesta indipendente, i minuti trascorsi dagli utenti reali a guardare i video ammontava solo a un quinto del minutaggio sbandierato da Facebook ai pubblicitari.[19] (Facebook negò questa tesi ma poi, al processo per il risarcimento danni, patteggiò.)

Tanto per essere chiari, non è solo un problema di Facebook. Varie prove lasciano intendere che un'enorme porzione dell'attenzione comprata e venduta su internet è in realtà consumata da bot e da altri programmi concepiti proprio per truccare questi mercati e questi rilevamenti. Nel 2018 uno studio di Adobe appurò che quasi il 30 per cento di tutto il traffico online mostrava «netti segnali non-umani».[20] Una simile percentuale, osserva Hwang, attesta livelli di frode assolutamente intollerabili. «Immagina un supermercato con un livello di frode dell'inventario paragonabile a quello esistente nel mercato della pubblicità programmatica. Su alcuni scaffali, un prodotto su cinque è un falso: torni a casa e scopri che varie confezioni sono vuote.»[21]

Facciamo finta che non ci siano frodi e che non siano i bot a far volare le visualizzazioni. Poniamo che ogni visualizzazione o ogni clic provengano da un vero essere umano che presta attenzione all'annuncio. La mercificazione dell'attenzione comporta una standardizzazione e una misurabilità che precludono qualunque varianza nei rilevamenti qualitativi. È questa *l'essenza* della mercificazione: sostituire i giudizi qualitativi con dei giudizi quantitativi. Ogni porchetta di maiale, grammo d'oro e barile di greggio è identico a tutti gli altri. Ma tutti i lassi di tempo di dieci secondi passati a guardare uno schermo sono identici a tutti gli altri lassi di tempo di dieci secondi passati a guardare uno schermo? Sembrerebbe proprio... di no. Basta riflettere brevemente per rendersi conto che tale assunto è palesemente errato. C'è lo *scrolling* distratto, quasi in trance, con cui scorriamo TikTok o le storie di Instagram, e poi la concentrazione intensa e quasi ossessiva con cui guardiamo, per esempio, il video di nostro figlio di otto anni che segna un canestro decisivo alla fine del quarto tempo della partita, oppure gli ultimi secondi dell'ultima puntata del nostro programma preferito.

Tanto i venditori quanto i compratori di attenzione, nel corso degli anni, hanno riconosciuto l'esistenza delle differenze qualitative dell'attenzione. Oggi i tassi differenziali della pubblicità televisiva sono legati a giudizi sulla qualità dell'attenzione prestata a una certa trasmissione. Se un programma ha un seguito appassionato o ha intercettato lo spirito dei tempi, può richiedere una quota maggiore per la pubblicità.

Detto ciò, nel mercato contemporaneo dell'*ad-tech* la segmentazione differenziale dei prezzi si fonda quasi interamente sulle *categorie* di cui viene acquistata l'attenzione – i giovani, i ricchi eccetera – invece che sulla qualità dell'attenzione catturata. Per sorreggere la logica della mercificazione e le dinamiche di mercato con cui inevitabilmente si esplica, l'intercambiabilità dell'attenzione è un requisito fondamentale. Quindi buona parte dell'universo *ad-tech*, l'infrastruttura tecnologica basata sul mercato che innerva quasi tutto il web, si fonda sul concetto che ogni secondo sotto gli occhi di una determinata persona è identico a ogni altro secondo sotto gli occhi della stessa persona. Tutto è una merce impacchettabile e vendibile in un'asta di un nanosecondo ai pubblicitari che vogliono la nostra attenzione.

Siamo finalmente giunti alla causa dell'esperienza dell'alienazione nell'era dell'attenzione. La nostra attenzione viene mercificata in minuscole schegge di tempo e venduta all'asta. Alcune delle aziende più ricche del mondo affidano alla *crème de la crème* degli ingegneri il compito di accaparrarsi il maggior quantitativo possibile di questa merce per poi venderla. Che cosa comporta il fatto che la sostanza stessa della nostra consapevolezza, il luogo in cui si rifugia la nostra mente, viene confezionato e venduto come se fosse intercambiabile con l'attenzione di chiunque altro? Come bisognerebbe chiamare una merce del genere?

Nel suo eccellente libro sulla mercificazione dell'attenzione, la storica dell'economia Zoe Sherman adotta un termine coniato dall'economista Karl Polanyi e definisce l'attenzione «una merce fittizia». Le merci, scrive Polanyi, sono «oggetti prodotti per la vendita nel mercato».[22] Ma le merci fittizie (come per esempio il lavoro) vengono scambiate e prezzate *come* merci in un'economia di mercato ma in realtà non sono state prodotte appositamente *per* il mercato. La nostra attenzione e il nostro lavoro esistevano ben prima di qualunque forma di mercato e sono state trasformate in merci comprabili, vendibili e scambiabili.

Anche se per rendere scambiabile una merce c'è sempre bisogno di un qualche processo – prima di essere versato nel barile, il petrolio va estratto dal suolo –, Polanyi sostiene che nel caso delle merci fittizie tale processo implica una trasformazione complessiva della società. Per fare del lavoro una merce bisogna riconfigurare la società, creare dei nuovi regimi legali, tecnologici e istituzionali in grado di prendere l'attività fondamentale del lavoro umano e farne un'unità misurabile dotata di prezzo.

Polanyi è convinto che, per quanto vasta, questa trasformazione non possa mai essere completa. Non saremo mai in grado di prendere qualcosa di essenzialmente umano come «il lavoro del nostro corpo e della nostra mente» e di tramutarlo *del tutto* in una merce sul mercato senza, di fatto, distruggere l'umanità stessa. «Per permettere al meccanismo del mercato di essere l'unico regista del destino degli esseri umani e del loro ambiente naturale [...] bisognerebbe demolire la società» scrive. «Perché la cosiddetta merce chiamata "forza lavoro" non può essere spostata, usata indiscriminatamente né restare inutilizzata senza arrecare conseguenze all'individuo umano che risulta essere il portatore di questa particolare merce. Nel disporre della forza lavoro di un uomo, il sistema si ritroverebbe a disporre dell'entità fisica, psicologica e morale dell'"uomo" a cui è attaccata.»[23]

Ed è proprio così che la penso riguardo alla mercificazione dell'attenzione. Certo, le nostre visualizzazioni e le nostre brevi occhiate alla pubblicità sono una merce, il cui prezzo viene stabilito dal mercato in cui vari attori negoziano vendendo e comprando. Ma nell'era dell'attenzione, in cui la mercificazione si fa sempre più totalizzante e la cattura dell'attenzione sfiora un'efficienza disumanizzante, rischiamo di sbarazzarci completamente dell'«entità fisica, psicologica e morale» che costituisce il nucleo di noi stessi. È semplicemente impossibile separare l'attenzione come bene di mercato dalla nostra esperienza soggettiva che ne fa uno degli elementi fondamentali della nostra vita cosciente, di ciò che significa essere un «io» situato in un corpo umano che si sposta nel mondo.[24]

Il concetto di «merce fittizia» è utile per capire come mai l'era dell'attenzione genera un senso insistente di alienazione. È evidente che per il mercato la nostra attenzione ha un valore. È evidente che la nostra attenzione ha un prezzo, attribuito dal fiorente e sofisticato mercato composto dai compratori e dai venditori dell'attenzione. Ma questi fatti economici non potranno mai essere completamente disgiunti da una verità più profonda sull'essenza di questa merce fittizia, al di là della sua funzione economica. Per *noi* la nostra attenzione, come il nostro lavoro, resterà sempre qualcosa di irriducibilmente diverso rispetto a ciò che costituirà per un attore del mercato che la acquista a un certo prezzo.

Lavoro e attenzione. Per qualunque progetto sociale o inerente alla civiltà, non si può prescindere dall'impiego di queste due forze, presenti ogni volta che sono presenti gli esseri umani. Ma nella versione odierna del capitalismo, lavoro e attenzione sono diventati merci e un tale processo non è privo di conseguenze e implicazioni bizzarre.

L'esperienza fondamentale dell'età dell'attenzione è una specifica forma di alienazione. È la sensazione che la nostra stessa vita interiore, la direzione dei nostri pensieri, proceda contro la nostra volontà. Tale situazione dipende dallo sviluppo sofisticato dei mercati dell'attenzione, che hanno messo a punto delle strategie per estrarre e mercificare in maniera sempre più efficiente una parte sempre maggiore della nostra attenzione. Ma la nostra attenzione non è una merce come le altre, è una merce fittizia: oltre che un bene di mercato con un prezzo, è un aspetto inseparabile della nostra umanità. L'alienazione che avvertiamo sorge dalla tensione tra l'attenzione come merce di mercato e l'attenzione come sostanza delle nostre vite.

Anche come bene di mercato, l'attenzione si comporta in maniera peculiare. Se in un mercato funzionante e liquido cresce la domanda di mandorle e l'offerta rimane invariata, i prezzi salgono. L'aumento dei prezzi incentiva i coltivatori ad aumentare la produzione di mandorle e convertire le colture meno redditizie in colture di mandorle. In seguito all'aumento dei produttori di mandorle, l'incremento dell'offerta fa riabbassare i prezzi. Lo stesso discorso vale per una merce industriale come il litio. Quando la produzione di massa di batterie elettriche ha fatto schizzare alle stelle la domanda di litio, gli investitori hanno subito stanziato i propri fondi per espandere l'estrazione mineraria di litio e aumentare così l'offerta.

Se dalle merci tradizionali si passa alle merci fittizie, la situazione comincia a farsi più complessa, ma la struttura fondamentale non cambia. Prendiamo il lavoro. Quando l'offerta di forza lavoro è fissa e la domanda sale, il prezzo del lavoro – i salari – cresce a sua volta. In simili circostanze spesso si assiste al reinserimento nel mercato del lavoro di persone che prima ne erano rimaste fuori (preferivano non lavorare e restare a casa) e che sono state attirate dall'aumento dei salari. Il loro rientro nel mercato del lavoro crea un aumento dell'offerta.

E l'attenzione? Ovviamente nessun agricoltore può coltivare nuovi occhi che guardino i nostri schermi e non esistono nel sottosuolo giacimenti di attenzione umana. C'è un certo numero di esseri umani, con a disposizione una determinata quantità di ore di veglia e un quantitativo fisso di attenzione da catturare. Quando i capitalisti dell'attenzione vogliono aumentare l'offerta, non sono in grado di creare nuova attenzione; devono perciò escogitare nuovi metodi per prendersi la nostra attenzione.

E ce la mettono proprio tutta. Negli ultimi quindici anni, soprattutto con l'avvento dello smartphone, chi vuole estrarre e vendere la nostra attenzione ha lavorato incessantemente all'incremento dell'offerta. La prima strategia fondamentale è consistita nell'aumentare in maniera esponenziale i momenti in cui la nostra attenzione poteva essere catturata: a svolgere questo compito è stato soprattutto lo smartphone. Il telefono ci segue e ci accompagna costantemente. A differenza della radio, dell'autoradio, del televisore o di un cartellone fisso in un determinato luogo, il telefono può essere sempre con noi e così, almeno potenzialmente, l'offerta dei nostri secondi di attenzione è arrivata a coincidere con le nostre ore di veglia. (Quotidiani e riviste esercitavano questo stesso vantaggio nei confronti della televisione e dei film, ma ormai gli smartphone hanno fatto terra bruciata.)

Oggi, dopo un investimento stimato di 20 miliardi di dollari, Apple ha introdotto il visore Vision Pro, che è un tentativo di espandere ulteriormente le riserve di attenzione. Invece di richiederti di guardare il telefono, permettendoti di vedere contemporaneamente ciò che hai di fronte e l'interfaccia digitale delle varie app, Vision Pro punta a fare dell'universo attenzionale Apple la tua modalità di esistenza quotidiana, durante la quale la tua attenzione resterà sempre nelle loro mani. Buona parte dell'ondata iniziale di disgusto generata da questo prodotto va considerata una reazione profonda ai suoi evidenti effetti alienanti.

Gli smartphone e i visori digitali puntano ad aumentare le riserve di attenzione, cioè a incrementare le potenziali ore di veglia in cui l'attenzione può essere estratta. Parlo di «ore di veglia» perché c'è un'altra frontiera in cui espandere le risorse di attenzione, ossia il sonno. A chiunque sia mai capitato di restare sveglio a guardare il *feed* sul telefono non sarà difficile realizzare l'efficacia con cui gli estrattori dell'attenzione sono riusciti a espropriarci di dosi massicce di sonno. Secondo un recente studio, il 93 per cento degli individui appartenenti alla Generazione Z ha ammesso di aver ritardato il momento di andare a letto per utilizzare i social network.[25]

Oltre a massimizzare il numero di minuti al giorno in cui si può catturare l'attenzione di un individuo, si può anche espandere il numero di individui di cui catturare l'attenzione. Durante i primi quindici anni di esistenza degli smartphone, la crescita è stata rapida. Nel 2011, a soli quattro anni dall'introduzione dell'iPhone, il 35 per cento degli statunitensi possedeva uno smartphone. Nel giro di un decennio si arrivò all'85 per cento. Oggi però tale crescita si è fermata.[26] Anche se a livello globale l'adozione degli smartphone continua a salire, nei mercati maturi ha già raggiunto il limite e dunque in questi mercati (come quello Usa) è assolutamente impossibile creare una nuova eccedenza di minuti di attenzione mettendo uno smartphone nelle mani di chi prima non ne possedeva uno.

Un altro modo per tentare di procurarsi ulteriori riserve di attenzione è allargare l'insieme complessivo di persone da cui estrarla e cioè includervi anche i bambini piccoli e persino i neonati. Qualunque genitore che sia stato perseguitato per mesi dalle melodie di CoComelon sa che esiste un'infinità di contenuti, soprattutto su YouTube, per neonati e bambini sotto i tre anni.[27] Il canale YouTube di CoComelon conta quasi 180 milioni di iscritti e 182 miliardi di visualizzazioni.[28]

Ma a un certo punto ci si scontra con il tetto dell'offerta. Soprattutto se si cerca di catturare l'attenzione di una categoria specifica: per esempio, quella degli statunitensi adulti benestanti. È difficile aumentare un simile bacino di pubblico e gli individui che lo compongono hanno già tutti lo smartphone. Dunque, se l'offerta di attenzione è sostanzialmente stabile, più saranno i concorrenti e più competitivo diventerà tale mercato. La strategia per incrementare la propria quota non consisterà più nell'ampliamento della domanda, ma nello strappare ai concorrenti porzioni sempre più sostanziose di attenzione.

La storia della mercificazione dell'attenzione ci mostra che la domanda continua a salire e i vari attori trovano nuovi modi di catturare l'attenzione e di venderla ai pubblicitari, ma la crescita indiscriminata della compravendita dell'attenzione del pubblico ha un ineludibile effetto controproducente: a livello complessivo, l'aumento della competizione pubblicitaria deprezza il valore di ogni singola inserzione.

È un concetto piuttosto intuitivo. Se passi la giornata a girare in macchina per un'isola deserta senza vedere mai pubblicità da nessuna parte e poi ti imbatti in mezzo al nulla in un gigantesco cartellone della Lexus, a) ci presti attenzione e b) non te lo dimentichi. Immaginiamoci invece come sarebbe vedere lo stesso cartellone, delle stesse dimensioni, a Times Square. Forse non lo noteremmo nemmeno.

In un mercato efficiente, in assenza di altri disequilibri, l'aumento della competizione dovrebbe produrre effetti positivi. Se in un villaggio c'è un solo venditore di scarpe, i cui prodotti sono scadenti e troppo costosi, l'apertura di un secondo negozio di scarpe con prezzi inferiori e modelli migliori comporta un evidente vantaggio per i consumatori. Per non perdere i clienti, il primo calzolaio dovrà aumentare la qualità, abbassare i prezzi o fare entrambe le cose.

È la logica fondamentale della competizione di mercato, che in teoria e spesso anche in pratica eroga ai consumatori beni e servizi migliori e meno costosi. Ma quando si compete per l'attenzione, i risultati sono bizzarri, a volte perversi e spesso alienanti.

Agli albori del capitalismo industriale, quando Marx formulava la sua teoria del valore incentrata sul lavoro, gli operai erano perseguitati da un paradosso. Il loro lavoro era in assoluto la cosa più preziosa sul mercato, eppure il suo prezzo di mercato era risibile. Anche se il sistema capitalistico industriale era interamente fondato sul lavoro di massa, la quota di valore di ogni singolo individuo lavoratore era minuscola. Il lavoro creava un valore ingente ma, al contempo, valeva pochissimo.

L'attenzione ha caratteristiche molto simili. Per quanto riguarda il prezzo, il baricentro di gravità dei mercati dell'attenzione ha seguito una traiettoria prevedibile. Con l'aumento dell'ampiezza e dell'efficienza dei raccolti dell'attenzione, il prezzo di ogni singola visualizzazione diminuisce. Oggi, per un prezzo molto più basso, si possono raggiungere molte più persone di cent'anni fa. Come nel caso del lavoratore che per uno stipendio da fame si ritrova inchiodato alla catena di montaggio, ciò di cui viene abbassato il prezzo di mercato non è un oggetto, o il petrolio, o il mais, ma la cosa per noi in assoluto più preziosa: ciò a cui rivolgiamo la mente, quello che pensa, i luoghi in cui vaga, il modo in cui parliamo a noi stessi e gli oggetti che afferriamo con la luce della consapevolezza. Con il passare del tempo, la logica mercificante del mercato dell'attenzione abbassa il prezzo di questa risorsa e dunque deprezza la sostanza stessa della nostra vita.

Anche se per lavoro ti occupi di raccogliere, vendere o acquistare l'attenzione degli altri (un insieme di professioni ormai sempre più diffuse), la tua relazione primaria con l'attenzione è mediata dalla tua esperienza privata. Vivi costantemente all'interno della tua mente e quindi, indipendentemente dalle conseguenze economiche della competizione per l'attenzione, la tua esperienza fondamentale dell'attenzione consiste nel suo effetto su di te e sui tuoi sensi. Fin dagli albori del mercato dell'attenzione, le persone hanno capito che i mercati competitivi dell'attenzione tendono a sfociare in una corsa al ribasso.

Secondo me si tratta di un concetto che, almeno a livello intuitivo, quasi tutti comprendono. Se pensi a un luogo in cui è in atto una battaglia senza esclusione di colpi per la tua attenzione, che cosa ti viene in mente? Piazze come Times Square, un casinò o una sfilata di carnevale. Quando la competizione per l'attenzione si fa spietata, in un caos privo di regole, si è portati a registrare un sovraccarico sensoriale. Tutti usano gli stessi trucchi per mungere il nostro apparato percettivo e catturare la nostra attenzione: rumori intensi, luci lampeggianti, colori accesi.

Non c'è dubbio che simili atmosfere hanno il loro fascino, ma solo a piccole dosi. Nessuno vuole assistere alla perenne trasformazione in casinò del proprio campo visivo. Ed è proprio questa la costante minaccia esercitata dai mercati competitivi dell'attenzione. Nella storia dell'economia dell'attenzione, un simile problema della corsa al ribasso si è verificato molto spesso.

A Parigi, all'inizio del Novecento, i pittori commerciali cominciarono ad affiggere in giro per la città manifesti per pubblicizzare gallerie o mostre. Tale strategia si rivelò talmente efficace che presto i manifesti coprivano ogni superficie pubblica disponibile, finché i parigini decisero di regolamentare e frenare quella forma ormai galoppante di inquinamento visivo.[29]

Poiché il mio lavoro consiste nel mantenere l'attenzione altrui, ho una certa dimestichezza con queste dinamiche. Come ho già osservato, «a che cosa prestano attenzione gli esseri umani?» è una domanda estremamente aperta. Quest'interrogativo è un continuo mistero e le varie risposte possibili tendono a essere sorprendenti, scioccanti e meravigliose. Quando però ti ritrovi tagliato fuori dall'attenzione – quando cioè la risposta alla domanda citata non sei tu – cominci a vacillare e a farti prendere dalla disperazione.

Nel mio campo, esiste una sola unità di misura fondamentale: i rilevamenti dello share. Vengono inviati all'emittente ogni giorno alle 16:15. Noi li chiamiamo «i numeri». Per esempio: «Com'erano i numeri del primo blocco?». Oppure: «Mamma mia, li hai visti i numeri di ieri sera?». Nel mondo della tv a pagamento, sono i numeri a determinare il successo. Per buona parte della mia carriera televisiva, i rilevamenti si sono presentati nella forma di una tabella a colonne bianche e rosse con i numeri, per ogni quarto d'ora, dell'intera programmazione giornaliera di Msnbc, Cnn e Fox. Vengono riportati sia gli spettatori totali sia il sottoinsieme anagrafico tra i venticinque e i cinquantaquattro anni, quello più ambito dai pubblicitari.

È come ricevere un voto ogni giorno ed essere però costretti a girare per la scuola con il voto scritto in fronte. Tutti vedono i numeri e tutti sanno chi ha avuto uno share soddisfacente e chi invece cola a picco. Quando nell'estate del 2013 iniziai a condurre il mio programma in prima serata, i rilevamenti erano pessimi. Ma soprattutto i numeri erano più bassi di quelli registrati nell'ora precedente e poi, quando cominciava la trasmissione successiva, condotta da Rachel Maddow, ricominciavano a crescere. Questa particolare configurazione, detta «amaca» per indicare lo sprofondamento centrale tra due risalite agli estremi, è un grave segnale di fallimento.

Quasi tutti i telespettatori del mio programma (e tutti i membri del pubblico campione di Nielsen) sono seduti con il telecomando accanto e a ogni istante possono cambiare canale. Ogni volta che guardo la tv lineare, seguendo il palinsesto, alla prima interruzione pubblicitaria la mia mente inquieta e distratta, condizionata dalla stimolazione costante, si tuffa sul telecomando o sullo smartphone. Uno studio ha rilevato che due terzi dei telespettatori, durante le pause pubblicitarie, prendono in mano il telefono.[30] Insomma, bastano due secondi per perdere una parte del pubblico. L'attenzione degli spettatori non è mai stabile.

Inoltre, a un certo punto – forse in uno di quei momenti sul divano in cui guardavo la tv con il proiettore, mi tenevo sulle ginocchia il portatile che mostrava una partita di basket e intanto scorrevo il *feed* di Twitter –, realizzai che, durante le cinque sere a settimana in cui alle ore venti faccio il mio lavoro, non competo solo con gli altri due grandi conglomerati televisivi statunitensi. Loro, le altre colonne della tabella dei rilevamenti che tutti i giorni arriva per e-mail a ogni dipendente dell'azienda, sono soltanto dei punti di riferimento con cui ci confrontiamo. Ma è un'illusione. Perché in realtà, in misura sempre maggiore con il passare degli anni da quando ho cominciato a fare il conduttore televisivo, non competo solo con le altre trasmissioni in onda in tempo reale, ma con qualunque contenuto disponibile su qualunque media: con ogni film mai girato, con tutti i programmi televisivi mai realizzati, con ogni video su TikTok o Instagram, con ogni app o videogioco esistente.

Quasi tutte le notizie per cui i programmi della televisione generalista (o anche i telegiornali notturni delle emittenti locali) vengono criticati – la scomparsa di una donna bianca di bell'aspetto, un aereo scomparso o la ripresa del podio vuoto da cui dovrà parlare il candidato Trump – sono il prodotto di un'intensa competizione e del desiderio di catturare e mantenere l'attenzione del pubblico. Questa è una spiegazione, peraltro, e non vuole essere una giustificazione di simili scelte editoriali.

Attingendo alla mia esperienza personale, posso dire che quasi certamente è stato proprio nei momenti in cui avvertivo maggiormente la pressione competitiva che ho fatto le mie puntate peggiori. Quando ti preoccupi troppo di perdere l'attenzione, cominci a smaniare, a cadere nella disperazione e a prendere i telespettatori per il bavero della giacca. Ascoltate! Grande notizia! Questo sì che è importante! Cerchi di gonfiare ogni parola dello script – per rendere tutto più importante, più spaventoso, più sorprendente – e, poiché la disperata ricerca di numeri ti fa accantonare ogni altro giudizio o preoccupazione, finisci con l'inseguire notizie di dubbia rilevanza.

L'effetto gregge, evidente nel modo in cui vengono coperte le notizie, è quasi sempre un altro sintomo di questa stessa pressione competitiva. A un primo sguardo sembrerebbe contraddittorio: si potrebbe pensare che, in contesti competitivi, i diversi attori siano portati a distinguersi e a differenziarsi, invece che a uniformarsi. Ma non è così che funziona. Quando trova un argomento gradito ai telespettatori, un'emittente tende a spremerlo fino al calo dello share. Questo segnale, uno dei pochi elementi certi nel caos generale, è il motivo principale per cui sui media si assiste all'intensa condensazione del ciclo della notizia, un processo alchemico che rende una notizia il tema principale di tutto il comparto mediatico e poi, con la stessa rapidità con cui è apparsa, la fa svanire.

Nel lontano 2014 scarseggiavano le notizie in grado di generare quasi a colpo sicuro grandi rialzi di share. Era un momento di stanca. Poi però, a marzo, un aereo di Malaysia Airlines, partito da Kuala Lumpur e diretto a Pechino, scomparve nel Mar Cinese meridionale. Nessuno sapeva cosa fosse successo e i resti del velivolo non erano stati trovati. L'aereo era svanito nel nulla.

La semplice carenza di informazioni trasformò la scomparsa dell'aereo in una manna dal cielo per i rilevamenti dell'audience. I numeri di Nielsen forniscono una misurazione spoglia, ma quando qualcosa buca lo schermo è evidente e tutti gli addetti ai lavori capirono che quella notizia destava l'attenzione del pubblico e la manteneva. In qualche modo, la scomparsa dell'aereo riuscì a tenere viva l'attenzione per settimane. Mio figlio nacque venti giorni dopo il fatto, io presi due settimane di congedo e, quando rientrai, telegiornali e programmi parlavano ancora dell'aereo.

A un certo punto, la copertura della notizia sconfinò nel ridicolo. Su un aereo scomparso non c'è molto da dire. Era svanito e nessuno sapeva dove fosse finito. Era un mistero da risolvere, certo, oltre che un'immensa tragedia per le famiglie dei passeggeri e, naturalmente, una storia intrigante. Ma sul piano oggettivo, l'importanza che stavamo dando a una notizia del genere era assolutamente insensata. Sui social la gente cominciò a protestare: «Basta parlare dell'aereo!». Il trattamento mediatico della notizia divenne a sua volta fonte di sarcasmo, satira, battute e dibattiti e generò tutta una serie di nuovi ecosistemi attentivi che erano delle ramificazioni della notizia iniziale.

Questa dinamica, in cui la gente è catturata da una notizia ma si lamenta dell'eccessiva attenzione tributatale dai media, sarebbe poi diventata il marchio di fabbrica di Donald Trump: una forma specifica di alienazione in cui il pubblico si ribella contro i media che, stando al responso dei numeri, gli danno esattamente ciò che vuole.

Perché tra ciò che cattura la nostra attenzione – le sirene – e ciò che, in quanto esseri dotati di consapevolezza, vogliamo davvero guardare, esiste un perenne conflitto. La competizione premia chi, nel giro d'affari dell'attenzione, escogita metodi ingegnosi per toglierci la cera dalle orecchie e lasciarci inseguire il richiamo delle voci.

Basta guardare Fox News. Esiste dal 1996 e da allora, quanto a share, è sempre stata la leader indiscussa del comparto informazione della televisione a pagamento negli Usa.[31] Un tale successo dipende più dal posizionamento di mercato che dalla qualità dei programmi. In un Paese con decine di milioni di conservatori, molti dei quali nutrono una sfiducia crescente per la cosiddetta informazione mainstream e non guardano, non leggono e non interagiscono minimamente con i cosiddetti «media progressisti», Fox esercita una specie di monopolio. Un monopolio estremamente redditizio e che però l'emittente non dà per scontato. Nonostante a livello di audience Fox non abbia concorrenti da più di dieci anni, la gestione del canale tradisce un'ossessione patologica per lo share.

Tale ossessione portò alla ribalta gli analisti dei rilevamenti, che divennero un elemento chiave della programmazione, entrarono a far parte del direttivo e poterono elargire suggerimenti sulla creazione dei palinsesti e sulla copertura delle notizie. A Fox News si convinsero che un tale approccio alla programmazione, mutuato dalla generazione di fanatici delle statistiche che rivoluzionò il mondo del baseball e permise di cogliere vantaggi tattici prima ignorati, fosse la carta vincente. Gli analisti dello share sceglievano gli ospiti che generavano più audience e avevano anche voce in capitolo su questioni relative alla segmentazione dei programmi. (In tanti anni di esperienza alla Msnbc, non ho mai assistito a niente di simile.)[32]

Simili strategie funzionarono molto bene fino alla sconfitta di Donald Trump alle elezioni del 2020. La notte delle elezioni, il *decision desk* di Fox, un piccolo direttivo barricato negli studi televisivi ed evidentemente protetto da qualunque calcolo dello share, fece il suo lavoro e annunciò la vittoria di Biden in Arizona prima di altre emittenti. Questa notizia fece infuriare il pubblico di Fox, che non voleva accettare la sconfitta di Trump. Nelle settimane dopo le elezioni, per la prima volta nella sua storia, Fox cominciò a perdere telespettatori a vantaggio di emittenti ultraconservatrici come Newsmax e One America News e il 7 dicembre 2020 arrivò persino a totalizzare per un'ora consecutiva un'audience più bassa rispetto a Newsmax.[33]

Per Fox fu una crisi inaudita. Gli addetti ai lavori, leggendo i rilevamenti quotidiani, provavano un misto di stupore e gioia maligna. I telespettatori si allontanavano da Fox, che improvvisamente si ritrovò per la prima volta ad affrontare una vera competizione per catturare l'attenzione del pubblico.

A Fox impazzirono. Mail e messaggi messi agli atti durante i procedimenti causati dalla querela per diffamazione sporta da Dominion, azienda produttrice di macchine elettorali (Fox patteggiò e accettò di pagare un risarcimento di 787 milioni di dollari), attestano che conduttori, produttori e dirigenti, tutti terrorizzati all'idea di perdere telespettatori, erano pronti a fare qualunque cosa per riconquistare il proprio pubblico. La soluzione era evidente: dovevano dire ai telespettatori ciò che dicevano le emittenti concorrenti, ovvero che le elezioni erano truccate e che si trattava del peggior crimine nella storia della democrazia Usa.[34] Fu una strategia scelta a tavolino. Una settimana dopo le elezioni, quando i rilevamenti dell'audience erano in caduta libera, Sean Hannity mandò una comunicazione furibonda ai produttori. «La differenza tra i dati dello share di martedì e i dati di mercoledì è che non avevamo nulla di nuovo da dire e secondo me ci siamo andati troppo cauti» spiegò Hannity riferendosi al calo di pubblico da un giorno all'altro. Poi suggerì anche una via d'uscita: «Dobbiamo insistere con la storia di Dominion».[35]

In molti casi, se non addirittura quasi sempre, una bugia cattura l'attenzione meglio della verità ed è per questo che i mercati competitivi dell'attenzione, nel mondo dei media, tendono a causare continue distorsioni della verità. Pensa alla cassa dei supermercati negli Usa, o alle edicole in Europa, luoghi intensamente competitivi, in cui ogni testata presente deve attrarre immediatamente l'attenzione e innescare l'acquisto. In ogni organo di stampa, la prima pagina è la parte più scandalistica e quella che più si distacca dalla realtà dei fatti.

Questo fenomeno risale agli albori dei mercati competitivi dell'attenzione. Nel 1835 «The Sun», desideroso di attrarre nuovi lettori che incrementassero gli introiti pubblicitari, pubblicò una serie di sei articoli di prima pagina incentrati su una notizia bomba: era stata scoperta la vita sulla luna.[36] I resoconti particolareggiati della fiorente fauna lunare – unicorni e castori e una razza di dominatori alieni mezzi umani e mezzi pipistrelli –, che si diceva provenissero da una rivista scientifica scozzese e facessero affidamento su un potentissimo telescopio sudafricano, fecero furore. Nei desolati giorni di agosto in cui uscì la notizia, «The Sun» andò a ruba. Data la natura competitiva dei mercati dell'attenzione, altri quotidiani risposero pubblicando a loro volta degli articoli sullo stesso argomento, che cercavano di intestarsi oppure di contestare lo scoop del «Sun», ma sempre nel tentativo di sfruttare a proprio vantaggio la notizia e di monetizzare.

La versione attuale di questa dinamica è il post virale sui social che rivela un presunto segreto epocale, ma poi arriva qualcuno e dice: «In realtà è tutto falso». Spesso, nel frattempo, l'utente da cui è partito tutto ha eliminato il post. O magari non lo cancella. Ha comunque ottenuto il risultato sperato, ovvero attirare l'attenzione. Nel giornalismo esiste un'espressione cinica per indicare questo genere di notizie: «Troppo bella per andarla a controllare». Una notizia troppo bella per andarla a controllare contiene dei dettagli talmente interessanti e intriganti che, per non rovinarne l'effetto, quasi ti passa la voglia di scoprire se è vera o meno. (Ovviamente, anche a costo di penalizzare il divertimento, il lavoro di noi giornalisti consiste proprio nell'andare a controllare.) Una delle grandi lezioni che si imparano facendo il cronista, soprattutto quando si è alle prime armi, è che quasi tutte le notizie sono più confuse, più complesse e spesso anche più banali di quello che lascia intendere la loro presentazione sensazionalistica, soprattutto se da parte di una sola fonte. Ma l'economia dell'attenzione privilegia le notizie troppo-belle-per-andarle-a-controllare, perché sono proprio tali contenuti – ciò che un tempo si chiamava tabloid e oggi *clickbait* – a catturare l'attenzione.

La competizione predilige l'attenzione involontaria, Times Square e i manifesti parigini che ricoprono ogni centimetro quadrato di spazio pubblico a disposizione, la schermata dell'iPhone gremita di notifiche da decine di app diverse. Predilige anche gli scandali e spesso le bugie. Più un mercato dell'attenzione diventa competitivo, più tali tendenze si estremizzano. Nel complesso, nonostante differenze anche importanti da un organo di stampa all'altro, da una piattaforma all'altra, da una notizia all'altra, è questa la direzione a cui portano gli incentivi della competizione attentiva, una specie di forza gravitazionale che trascina qualunque cosa nella sua orbita.

Penso che sia ora di fermarci un attimo e riformulare le tesi che ho espresso in questo capitolo. Ho cominciato parlando dell'alienazione e della sua versione specifica e onnipresente nell'era dell'attenzione, in cui la sperimentano persone di ogni estrazione, compresi gli ex talebani diventati impiegati. Perché la nostra esperienza della contemporaneità digitale iperconnessa ci fa sentire così? Secondo me, si tratta di una conseguenza della mercificazione della nostra attenzione. L'attenzione è uno strano tipo di merce o, per citare Polanyi, «une merce fittizia». Il processo della sua mercificazione, simile a quello che ha investito il lavoro salariato, è la trasformazione di un'esperienza soggettiva ineffabile in un mero bene dotato di prezzo.

Mutuando certi aspetti dell'analisi marxiana del lavoro salariato, abbiamo riscontrato il sorgere dell'alienazione, la sensazione che qualcosa di integro ci sia stato sottratto contro la nostra volontà. A mio avviso, la natura del capitalismo dell'attenzione con il passare degli anni comporterà l'avvento di modalità sempre più alienanti di estrazione dell'attenzione. Quando aumenta la competizione per l'attenzione, i concorrenti sono portati a escogitare metodi ancora più insidiosi per estrarla, sfruttare il fatto che attraverso il richiamo delle sirene tale attenzione può essere requisita con la forza e approfittarsi così della facoltà dell'attenzione involontaria. Quest'esperienza produce una sorta di vertigine e un senso di spaesamento.

Per descrivere tale condizione, Bo Burnham, un performer che ha fatto della critica all'era dell'attenzione il tema fondamentale del suo lavoro, utilizza la metafora della colonizzazione. «Un tempo colonizzavamo la terra ed era così che ci si espandeva e che si guadagnava» dice. «Adesso invece cercano di colonizzare ogni minuto della tua vita... Vogliono prendersi ogni minuto della tua vita.»[37]

Nello stesso periodo in cui Musk stava comprando Twitter, un video di Burnham che faceva discorsi come quello che ho appena citato diventò virale. Il video venne spezzettato in segmenti e messo in un tweet, che ottenne centinaia di migliaia di like, venne visto da milioni di persone e quindi generò un enorme *engagement*, poi monetizzato da Twitter grazie alle inserzioni pubblicitarie. Ogni frammento della nostra attenzione è una buona occasione per perseguire lo stesso processo commerciale di cattura dell'attenzione.

Un aspetto fondamentale dell'alienazione, per Marx e per molti pensatori dopo di lui, è il senso di isolamento. Il senso di esautoramento dalla nostra natura più profonda e dal possesso dei nostri corpi tende a farci sentire distanti dagli altri. Per Marx questa situazione aveva delle conseguenze pratiche immediate: ogni lavoratore considerava il proprio destino un tormento individuale e non un effetto del capitalismo. E quindi il primo passo da compiere – proletari di tutto il mondo, unitevi! – era agire collettivamente.

L'alienazione dell'era dell'attenzione si fonda su una sensazione costante di isolamento sociale. Questa condizione è una conseguenza dello sviluppo delle tecnologie dell'attenzione, che riescono ormai a individuare in maniera specifica ciò a cui prestiamo attenzione e fanno sì che la cultura di massa – l'elettricità dell'attenzione collettiva – diventi sempre più difficile da sostenere.

La gioia estatica dell'attenzione collettiva è quella che si prova a teatro, o a un concerto allo stadio, o in un palazzetto gremito durante una partita di basket. Non richiede soltanto qualcosa su cui orientare l'attenzione, ma anche il radicamento in un universo sociale in cui è il potere stesso dell'attenzione orientata a generare sensazioni indimenticabili. Molte persone ricordano per tutta la vita il loro primo concerto e ciò che rende tanto sublime tale esperienza è proprio il carattere specifico e rafforzato dell'attenzione: ti concentri sulla band o sul cantante sul palco e senti che chiunque altro, attorno a te, si sta concentrando con la stessa intensità sulla stessa cosa ed è così che si crea un legame di gruppo. È come una centrale elettrica solare, con migliaia di pannelli che riflettono la luce nello stesso punto.

Questo è anche uno degli aspetti più potenti dei riti religiosi. Per quasi tutto l'arco di tempo in cui è esistita la nostra specie, le pratiche religiose collettive, i riti, le cerimonie e la devozione erano il fulcro centrale dell'attenzione collettiva oltre che uno spettacolo condiviso. È questa la forma primigenia del «prestare attenzione assieme». Rifacendosi a una celebre affermazione di Émile Durkheim, si può affermare che una parte centrale della pratica religiosa consiste nell'osservazione collettiva dei rituali. I rituali fanno da collante della comunità, rafforzano le credenze di gruppo e producono un senso di comunione.[38] Per il 99 per cento del tempo in cui gli esseri umani hanno vissuto sulla terra, l'*unico modo* per partecipare, anche da spettatori, a un rituale o a uno spettacolo o a una competizione atletica era essere presenti di persona, insieme agli altri. Adesso, la nostra attenzione è quasi completamente concentrata sullo schermo che fissiamo da soli.

La primissima tecnologia attentiva «individuale» fu la scrittura. Ogni letteratura affonda le radici nelle tradizioni orali, trasmesse da una persona all'altra, da un individuo a una folla di ascoltatori oppure condivise collettivamente. Scrivere e leggere, invece, hanno trasformato questa forma collettiva di comunicazione in qualcosa di individuale. Per alcune migliaia di anni dopo la sua invenzione, la scrittura è rimasta una tecnologia e una competenza per pochi eletti.

L'avvento della stampa e dell'editoria di massa resta uno dei cardini della modernità. Ha permesso a un numero sempre crescente di persone di svagarsi senza bisogno della presenza altrui. Ancora oggi tendiamo a considerare chi legge molto – e si trincera dietro la parola scritta a scapito dei rapporti umani – timido e asociale. Per centinaia di anni i libri, e poi anche le riviste e i quotidiani, in quanto forme di fruizione solitaria si sono distinti dagli altri modi in cui le persone occupavano la propria attenzione: chiacchierando, socializzando, facendo musica e creando performance. Naturalmente la lettura può anche essere un'attività collettiva – in chiesa si leggono assieme delle preghiere –, ma per buona parte della sua storia va considerata una pratica solitaria.

Quando all'inizio dell'Ottocento esplose la diffusione delle riviste, molte delle critiche oggi rivolte contro i telefoni – telefoni e riviste hanno in comune la capacità di sigillare l'attenzione dei fruitori in una bolla che li sottrae al mondo esterno – all'epoca prendevano di mira il proliferare di materiali a stampa che monopolizzavano l'interesse dei ceti neoalfabetizzati.

Quotidiani e riviste nacquero da una certa logica ineludibile del mercato dell'attenzione: erano meno dispendiosi dei libri da produrre ed erano concepiti esattamente per catturare e per continuare a catturare l'attenzione del lettore con una molteplicità di articoli, illustrazioni e titoli. Sul piano attentivo, rispetto ai libri costituivano un progresso, proprio come Twitter, con il suo limite di caratteri, è un passo avanti nei confronti dei giornali pieni di articoli da ottocento parole l'uno.

Se per alcuni secoli la parola scritta rimase una forma specifica e distinta di attenzione solitaria, negli ultimi cento anni è diventato evidente, se non altro, che la logica implacabile del capitalismo dell'attenzione porta ogni medium, ogni forma di cattura dell'attenzione, a essere portatile come i quotidiani. Con ogni nuova tecnologia e innovazione, l'esperienza dello spettacolo condiviso cede ulteriormente all'attenzione isolata. Ciò che un tempo era esperienza collettiva diventa pratica solitaria.

La musica è un mezzo antico per generare attenzione collettiva – suonare assieme il tamburo, cantare e ballare – e radunare folle. In questo aspetto la musica non è cambiata addirittura per centinaia di migliaia di anni: è sempre stata suonata da un gruppo di persone per un pubblico collettivo che poteva essere ridotto, come una famigliola che ascolta il padre strimpellare il violino in una notte di luna piena sulla prateria, oppure molto vasto, come le centinaia di migliaia di hippie ricoperti di fango che nella fattoria di Max Yasgur ascoltavano Jimi Hendrix fare a brandelli l'inno nazionale.

Tutto cambiò quando nel 1979 la Sony introdusse il Walkman, il primo dispositivo portatile di massa per l'ascolto individuale. Il Walkman era il frutto del lavoro di Masaru Ibuka, leggendario cofondatore di Sony, che aveva incaricato i suoi ingegneri di costruire un riproduttore portatile che gli permettesse di ascoltare l'opera durante i voli intercontinentali.[39] Il successo fu immediato. Nonostante il prezzo molto elevato (per l'epoca) di centocinquanta dollari, nei negozi i Walkman andavano a ruba. Ma l'isolamento attenzionale che creava negli ascoltatori innescò un contraccolpo. Il direttore di un grande magazzino chic di Manhattan parlò della «malattia degli anni Ottanta».[40] Un dirigente della casa discografica Cbs sancì che si trattava «della fine della socialità. È come una droga: infili il Walkman nelle orecchie e cancelli il resto del mondo».[41] «A forza di cercare di esercitare, ovunque andiamo, una sorta di controllo preventivo della nostra atmosfera emotiva» scrisse un critico, «non rischiamo così di dare l'ennesima dimostrazione della nostra sempre crescente determinazione a non rivolgerci la parola l'un l'altro?»[42] Una città del New Jersey arrivò persino a bandire il dispositivo; l'ordinanza rimase in vigore fino al 2016. La Sony era talmente preoccupata dai rischi dell'isolamento eccessivo da inserire nel primo modello di Walkman due ingressi per le cuffie e un bottone per parlare, se ci si sentiva soli, con il compagno di ascolto.[43] Secondo il «New York Times», «il tasto arancio era come un pulsante antipanico, una funzione di "condivisione" pensata per le emergenze» e uno dei fondatori di Sony disse che «la nostra azienda era titubante all'idea di mettere in commercio un prodotto che potesse venire considerato un incentivo all'egoismo».[44]

Oggi rileggendo questi commenti sorridiamo e proviamo quasi tenerezza. La tecnologia di base dagli auricolari è diventata talmente onnipresente che non registriamo più nemmeno l'effettiva stranezza di imbatterci in qualcuno i cui sensi e la cui attenzione, nonostante ci si trovi in una situazione pubblica, sono completamente monopolizzati da un dispositivo personale. Ormai fa parte della vita. Il Walkman ha passato il testimone all'iPod e poi all'iPhone. Non mi capita quasi mai di camminare per New York per più di cinque minuti senza mettermi gli auricolari.

Anche gli spettacoli visivi hanno seguito un'analoga traiettoria che dall'attenzione collettiva li ha portati a quella individuale. Decine di migliaia di anni di performance dal vivo con il pubblico sono sfociati all'inizio del Novecento e quasi senza soluzione di continuità nel cinema, che prevede il raduno collettivo degli spettatori e la concentrazione della loro attenzione in un unico punto.

Poi è arrivata la tv. La televisione fu la prima tecnologia a introdurre la visione solitaria. Quando dopo la fine della Seconda guerra mondiale cominciarono le prime vere trasmissioni pubbliche, il nuovo medium iniziò subito a intaccare il giro d'affari degli altri mercanti dell'attenzione che offrivano spettacoli alle folle. Nel 1948, per altre ragioni, la Federal Communications Commission (Commissione federale per le comunicazioni) degli Usa bloccò la creazione di nuove licenze televisive e spaccò il Paese in città televisive (con all'attivo canali registrati) e città non televisive. Le differenze furono nette. «Nel 1951 in tutte le città televisive si assistette a un calo tra il 20 e il 40 per cento degli spettatori al cinema. Nelle città non televisive, il pubblico dei cinema rimase stabile o aumentò. Le aree ben fornite di canali televisivi riportarono chiusure di massa delle sale cinematografiche.»[45]

Inizialmente, però, anche la tv comportava un'esperienza collettiva. Possedere un apparecchio era una rarità e le poche famiglie che ne avevano uno invitavano gli amici a guardare le trasmissioni a casa loro. Tale situazione era molto diffusa nei Paesi più poveri, in cui la televisione era davvero un lusso per pochi. Nel romanzo *L'amica geniale* di Elena Ferrante, quando la migliore amica della protagonista, che è anche la voce narrante, riceve una televisione in regalo dal ragazzo che vuole corteggiarla, casa sua si trasforma improvvisamente in un piccolo cinema in cui i vicini si radunano tutte le sere. «Dalla scatola spuntò un oggetto di cui tutti noi nel quartiere avevamo sentito parlare, ma che nessuno aveva in casa: una televisione, un apparecchio, cioè uno schermo su cui si vedevano le immagini, proprio come al cinema... E adesso metà degli abitanti del quartiere, compresi mia madre, mio padre, le mie sorelle e i miei fratelli, veniva a casa Cerullo ad assistere al miracolo.»[46]

Anche quando da novità di quartiere la tv divenne una presenza fissa nelle case (negli Stati Uniti nel 1970 il 95 per cento delle case ospitava almeno una televisione), molto spesso, se non quasi sempre, la si guardava in gruppo.[47] In molte case, vedere assieme la tv era una delle principali attività che si svolgevano con la famiglia, come andare in chiesa o mangiare assieme. Quando ero bambino, dopo aver finito i compiti e sparecchiato la tavola, io, mio fratello e i miei genitori ci sedevamo in soggiorno e guardavamo assieme la tv: *Law & Order*, *Seinfeld* o i *Simpson*. Crescendo, cominciai a guardare programmi per adulti, trasmessi a ore più tarde, finché a un certo punto mi ritrovai con mio padre, dopo che mia madre era andata a letto, a guardare Charlie Rose.

Questi ricordi mi riempiono di nostalgia... Ridere assieme per una battuta, chiacchierare durante la pubblicità... Guardare la tv in famiglia era un modo di prestare assieme attenzione alla stessa cosa e fungeva da collante sociale, soprattutto durante l'adolescenza, quando parlare con i genitori non è sempre facile. Sì, la nostra attenzione era fissa sullo schermo, ma l'attenzione di ognuno di noi era concentrata nello stesso punto e quindi eravamo insieme.

L'avvento degli schermi – tablet, smartphone, tv ultrapiatte a prezzi sempre più scontati da mettere in ogni stanza – cambiò le nostre abitudini. Come era già accaduto all'ascolto della musica grazie al Walkman e poi agli smartphone, prestare attenzione ai film e alle serie televisive passò dall'essere un'attività di famiglia a una pratica individuale. Oggi, durante lo *screen time*, tutti i bambini si concentrano sul proprio dispositivo individuale e ognuno guarda qualcosa di diverso.

So che con questi discorsi sembro un nostalgico, un passatista e quasi un luddista. Non voglio esagerare. Perché c'è anche l'altra faccia della medaglia: la consuetudine del «guardare assieme» diede origine alla cosiddetta «cultura televisiva generalista», un vasto insieme di riferimenti culturali condivisi per un pubblico di decine di milioni di telespettatori. Non si può certamente affermare che un simile orientamento culturale sia di per sé migliore rispetto a una cultura più ristretta e, in fondo, per ampie fasce di pubblico statunitense – persone di colore, persone non eterosessuali e famiglie di migranti – la mancanza quasi assoluta di rappresentazione portò a un'alienazione di segno opposto.

La proliferazione degli schermi ha causato o accompagnato una proliferazione di cose diverse da guardare: se punti a catturare l'attenzione di un solo membro della famiglia e non dell'interno nucleo, che cosa può avere senso produrre? La logica inesorabile dei mercati dell'attenzione porta all'individualizzazione della forma e dei contenuti: del dispositivo fisico che cattura l'attenzione e del prodotto che ci viene mostrato. Questi due livelli agiscono in sinergia: la transizione dallo schermo cinematografico, alla tv, al tablet, all'iPhone facilita il passaggio da una cultura generalista a sottoculture sempre più frammentate.

La conclusione logica di questo processo di individualizzazione è il *feed*, l'esperienza algoritmica «su misura» di un'app come TikTok, che al suo bacino di un miliardo di utenti mostra sempre e soltanto contenuti personalizzati. Se ascolti un nuovo singolo da solo con il tuo Walkman, stai comunque prestando attenzione alla stessa cosa a cui presta attenzione chiunque ascolti tale canzone. Un analogo discorso vale per una serie di cui guardi dieci puntate di fila su Netflix con l'iPad. Ma la sequenza di cose a cui presti attenzione attraverso il *feed* di Instagram o di TikTok è unica.

L'individualizzazione ormai è tanto estrema da far sì che, per uno stesso utente, i contenuti cambino a seconda del momento e del suo umore. Ricordo distintamente che, subito dopo aver scaricato TikTok anche per fare delle ricerche per questo libro, mi ritrovai una sera a casa da solo, cosa per me molto rara, decisi di mangiare mezzo orsetto gommoso alla marijuana e mi misi a giocherellare distrattamente con il telefono. Il tratto distintivo di TikTok consiste nello strapotere del suo algoritmo. Volendo puoi scegliere di seguire singoli utenti, ma appena entri nell'app, cominciano ad aprirsi dei video e, a seconda di quanto a lungo tu li guardi, l'algoritmo scopre quello che ti piace e, con precisione davvero inquietante, ti mostrerà in futuro contenuti in linea con i tuoi gusti, con le tue preferenze e le tue avversioni. A un certo punto, quella notte, mi resi conto di aver passato un'ora intera su TikTok a guardare un video dopo l'altro di panini prelibati che venivano farciti e poi tagliati a metà. E poi realizzai che l'algoritmo... aveva capito che ero fatto! Il leggendario scrittore di fantascienza Arthur C. Clarke scrisse che «ogni tecnologia sufficientemente evoluta è indistinguibile dalla magia» e quello, per me, fu un momento dal sapore magico.[48] Sapevo che era tutto frutto dell'algoritmo, ma avevo l'impressione che il dispositivo che tenevo tra le mani avesse scoperto qualcosa su di me senza che io glielo avessi mai detto.

Lo sviluppo di simili tecnologie digitali ha trasformato la fruizione visiva in una pratica sempre più privata e solitaria. Mi pare arduo negare l'esistenza di un legame tra l'ascesa del senso di solitudine nella modernità e il processo di individualizzazione sempre più specifico della nostra attenzione. Nell'era dell'attenzione l'intrattenimento è diventato sempre più atomizzato e io nel corso della mia vita ho assistito a tale mutamento. Questa dinamica competitiva, la stessa dinamica che spinge i mercanti dell'attenzione a requisire la nostra attenzione contro la nostra volontà per estrarla, predilige una forma di attenzione *solitaria* e alienante.

Ma il bisogno umano di legami sociali e soprattutto di spettacoli collettivi, cioè il bisogno di prestare attenzione assieme, è tanto potente che la storia non finisce qui. L'idea stessa di rete sociale si fonda sulla condivisione e sulla connessione. Siamo sinceri: condividere è spesso una grande gioia. Passare qualcosa che ti appassiona ad altre persone a cui vuoi bene e che possono a loro volta entusiasmarsi per ciò che hai condiviso con loro è un modo autentico di creare legami. Certo, non possiamo trovarci tutti nella stessa stanza e ognuno di noi fissa il proprio schermo individuale, ma possiamo colmare questa distanza con i like, i commenti, i messaggi e il tasto di condivisione. È una manifestazione dell'impulso primordiale a guardare assieme che, pur in un panorama tecnologico sempre più atomizzato, continua a fare breccia.

Quando nel 2022 morì la regina Elisabetta, la regnante rimasta più a lungo in carica nella storia britannica, i media in lingua inglese, non solo nel Regno Unito, optarono per una copertura totalizzante. Molti statunitensi lo trovarono eccessivo: non avevamo fatto una rivoluzione proprio per evitare queste forme di lutto collettivo per un re o una regina?

Ma una cultura può essere semplicemente definita come l'insieme di cose a cui tutti prestano attenzione e di tutto ciò a cui prestiamo attenzione assieme. Negli Usa il Super Bowl attrae più telespettatori di qualunque altro evento. Se dovessimo mostrare un solo elemento rappresentativo della cultura statunitense, magari a un extraterrestre o a un visitatore straniero che non ha mai avuto a che fare con nessun altro aspetto del nostro Paese, secondo me sarebbe giusto partire dal Super Bowl. In questo senso, la copertura ossessiva della morte e del funerale della regina Elisabetta era la rappresentazione perfetta dell'essenza di quello che è diventata la monarchia nell'era dell'attenzione: semplicemente qualcosa a cui prestare attenzione assieme e che, attraverso uno spettacolo, unisce gli spettatori. La monarchia postmoderna è «un contenuto», tanto per usare la parola oggi in voga nel contesto aziendale. In fondo, se si adotta una simile prospettiva, non è poi così strano che, non appena Harry e Meghan rinunciarono al proprio ruolo ufficiale all'interno della famiglia reale, si siano trasferiti negli Stati Uniti e abbiano firmato vari contratti per la produzione di podcast e serie tv incentrati sulle loro vite.

Il capitalismo dell'attenzione ha preso l'esperienza olistica degli spettacoli di massa, l'unità sociale generata dal prestare attenzione assieme, l'estasi partecipativa di una folla orientata nella stessa direzione e assorbita dalle stesse percezioni sensoriali, e l'ha suddivisa in processi compositi fruibili individualmente e da soli: guardare qualcosa e poi condividerlo. Un meme virale è il nostro modo attuale di «prestare attenzione assieme», ma in forma dimidiata. L'emozione collettiva di assistere in gruppo a un'opera lirica, a un concerto o di cantare assieme a messa si è destrutturata in un processo diviso in due fasi, che si svolgono sempre in solitudine. Prima guardo e poi condivido. Guardo e poi condivido. Poi ridiamo assieme, ma lontani.

Dal punto di vista imprenditoriale, l'aspetto geniale di quest'innovazione consiste nella creazione di due opportunità distinte per la cattura e la monetizzazione dell'attenzione. La gioia o l'indignazione del momento in cui guardiamo qualcosa e poi la voglia di condividere la nostra reazione emotiva. Avvertiamo il bisogno di condividere perché siamo umani e perché, nel momento in cui vediamo qualcosa che cattura la nostra attenzione, siamo soli. *La nostra solitudine è in buona parte una conseguenza del mercato e delle tecnologie dell'attenzione*, ma noi non vogliamo sentirci soli. Quindi mandiamo il meme a un amico e aspettiamo che lui commenti: «Haha». E questo comunque ci procura gioia. Ma non mi pare folle affermare che tale situazione complessiva assomigli al palliativo sintetico di un'energia vitale impossibile da sostituire.

La cultura di massa si è sbriciolata in un frattale di sottoculture, un discorso dominato dai trend e dalla viralità, in un'attenzione collettiva che viene sedotta, respinta e spremuta in ogni istante delle nostre ore di veglia e poi ricostituita in un intero che ci sembra molto più piccolo della somma delle sue parti.

6
L'alba dell'era dell'attenzione

Nel 1980 il futurologo Alvin Toffler pubblicò il suo bestseller *La terza ondata*,[1] in cui suddivise la storia della civiltà umana in tre periodi. La prima fase era contrassegnata dalla rivoluzione neolitica, che secondo molti antropologi cominciò circa dodicimila anni fa. Fu allora che i cacciatori-raccoglitori crearono le prime società agricole stanziali che coltivavano il proprio cibo. Di solito consideriamo tale fase l'inizio della civiltà. Questa struttura fondamentale – radicata nell'agricoltura come attività centrale e nell'impiego del sole e del lavoro umano quali due fonti principali di energia – resse fino al Settecento, quando giunse la seconda ondata, segnata dalla Rivoluzione industriale. A causare tale svolta evolutiva fu il processo di meccanizzazione innescato dallo sfruttamento dei combustibili fossili. All'improvviso potevamo utilizzare una forma di energia solare immagazzinata sottoterra per miliardi di anni. Quasi tutti gli aspetti della vita moderna sono epifenomeni di questo grande mutamento.

E poi, ancora in seguito, dopo la Seconda guerra mondiale (a partire, secondo Toffler, dalla fine degli anni Cinquanta) arrivò la terza ondata, l'epoca in cui il potere del computer e la manipolazione delle informazioni trasformarono sul piano socioeconomico l'esistenza umana. In molti hanno cercato di dare un nome a quest'era ma, scrive Toffler, «nessuno dei termini proposti riesce a trasmettere anche solo una parte della reale potenza, della vastità e del dinamismo dei cambiamenti che ci vengono rapidamente incontro e delle tensioni e dei conflitti che generano».[2]

Ormai quest'abbozzo di periodizzazione viene dato per assodato; è così che pensiamo al progresso umano. Sappiamo tutti che la nostra epoca viene spesso detta «era dell'informazione»,[3] che ormai è l'informazione a essere al centro della società umana e che il nostro è un contesto diverso rispetto all'epoca industriale dei motori a carbone e delle catene di montaggio delle fabbriche e anche rispetto alle civiltà agricole preindustriali.

Il primo tratto distintivo dell'era dell'informazione è il radicale aumento della quantità di dati a cui abbiamo accesso. Misurare e contare le informazioni è una questione bizzarra; a seconda di come definiamo il concetto di «informazione», a ogni istante abbiamo a che fare con un numero di informazioni praticamente infinito: per esempio, ogni foglia dell'albero che guardo mentre scrivo è un'informazione. Perciò, è meglio parlare di dati. Ci sono molti modi di intendere la differenza tra dati e informazioni, ma io propendo per l'idea che i dati siano un certo tipo di informazione: quella generata o codificata dagli esseri umani. In questo senso, i dati hanno anche il vantaggio di poter essere contati e quantificati (in gigabyte su un hard drive, in parole in un libro) attraverso un processo che non sarebbe possibile applicare a un ettaro di foresta pluviale amazzonica. Infatti, se pensiamo in termini di dati, è evidente che oggi il quantitativo di dati a cui abbiamo accesso e che dobbiamo processare, rispetto al periodo precedente all'era dell'informazione, si è moltiplicato a livello esponenziale.

Prima dell'era dell'informazione, la quantità di dati a cui avevamo accesso era limitata. A casa, avevamo accesso all'informazione fisica contenuta al suo interno: carte e documenti personali, libri ed enciclopedie. Per ricevere informazioni aggiornate sulla possibile chiusura della scuola a causa di una nevicata, potevamo accendere la radio o la tv, chiamare dei conoscenti o un numero verde. Nell'era dell'informazione siamo sempre connessi a internet e quindi abbiamo effettivamente accesso a una quantità infinita di dati. Ciò che un tempo era assolutamente limitato ora è illimitato. Prova a immaginare che qualcosa di simile accada in altri contesti: prima avevi una quantità finita di denaro, ma poi è successo qualcosa che ti ha portato ad averne una quantità infinita. Oppure prima avevi una casa di certe dimensioni e all'improvviso ti sei ritrovato con una casa dalla metratura infinita.

Anche il salto dalla civiltà preindustriale all'era industriale dipese da un grande mutamento dell'accessibilità energetica. L'energia era sempre stata una risorsa estremamente limitata – esisteva soltanto l'energia ricavabile dal sole, dall'acqua e dal lavoro umano –, ma con l'utilizzo dei combustibili fossili l'energia disponibile aumentò in maniera esponenziale e ormai a limitarla era soprattutto il prezzo: quanto carbone e petrolio potevi permetterti di acquistare per fare quello che volevi. Il cambio di passo dall'era industriale all'era dell'informazione ha analogamente cancellato gli antichi limiti dell'informazione, che da estremamente ristretta è diventata assolutamente illimitata.

Va bene, ecco il primo grande cambiamento causato dall'era dell'informazione: le informazioni sono diventate per quasi tutti gli esseri umani una risorsa infinita e istantaneamente accessibile.

Il secondo cambiamento che accompagnò l'accessibilità illimitata a tutta l'informazione esistente fu la centralità economica dell'informazione stessa. L'aspetto principale dell'era dell'informazione è ciò che potremmo chiamare la «produzione non materiale»: l'importanza dei flussi, del processamento e della trasformazione delle informazioni invece che della materia. Il lavoro della produzione industriale comporta un processo che di solito comincia con l'estrazione di materiali grezzi – ricavare il metallo dalle miniere, raccogliere il caucciù dagli alberi – e ne prevede il trasporto sul sito di produzione, in una fabbrica dove poi i materiali vengono ricombinati per la creazione dei prodotti. È un atto di conversione fisica, una transustanziazione laica che riconfigura la materia stessa del mondo sotto i nostri occhi. Un processo talmente sofisticato che sembra quasi una forma di evocazione magica: prima non esisteva nulla e adesso, al termine della catena di montaggio, c'è una macchina. Lo stesso discorso vale per i vestiti o per gli elettrodomestici. La loro derivazione è talmente complessa che questi prodotti non ci sembrano tanto accumulazioni di materia fisica convertita a partire da forme preesistenti quanto oggetti creati *ex nihilo*. Ecco il miracolo dell'era industriale: riorganizzare gli atomi del mondo per agire su larga scala, piegare la chimica e la fisica alla nostra volontà collettiva e donarci gli aerei, la velocità, le stanze fresche sotto il sole cocente, le punte dei trapani, i bob, i gadget e i giocattoli con cui svagarci. Cose, cose e ancora cose.

I prodotti dell'era dell'informazione sono altri. Quale parte del mondo fisico cambia quando pubblichi un tweet, crei una tabella o fai una diretta sui social? Tutte queste attività hanno un sostrato fisico – l'elettricità necessaria per compierle, i materiali grezzi presenti nei telefoni, nei computer e negli schermi che manipolano, trasmettono e mostrano le informazioni –, ma il lavoro principale dell'era dell'informazione si riduce alla manipolazione dei bit, cifre binarie codificate in un circuito.[4]

Per comprendere l'entità di questa trasformazione, basta dare un'occhiata ai dati economici. Spostare atomi richiede molta più energia che spostare bit e la transizione dall'era industriale all'era dell'informazione è contrassegnata da un netto calo di fabbisogno energetico per unità di Pil. Non è difficile capire perché. Mettiamo a confronto un operaio siderurgico con una persona che, in una grande azienda di assicurazioni sanitarie, processa richieste di risarcimento. Soprattutto se riveste una posizione dirigenziale, l'assicuratrice guadagnerà quasi certamente di più dell'operaio siderurgico, il cui lavoro però richiede un input energetico nettamente più intenso rispetto a quello dell'assicuratrice, che trascorre la giornata seduta alla scrivania. Tra il 1973 e il 2019, l'*oil intensity* globale (l'intensità del petrolio, ossia il rapporto tra consumo petrolifero e Pil) è crollata addirittura del 56 per cento.[5] Una differenza notevole, dipesa solo in misura irrisoria da decisioni politiche: infatti non è stata causata, se non in piccola parte, da grandi efficientamenti nell'uso e nella conservazione dell'energia, bensì dalla sostituzione di compiti ad alto dispendio energetico con compiti a basso dispendio energetico. Più un'economia si affida alla produzione industriale – soprattutto nei Paesi più poveri che dipendono in buona parte dalle manifatture – e maggiore sarà il suo dispendio energetico.[6]

Possiamo misurare il passaggio all'era dell'informazione anche osservando le professioni e i lavori più in voga all'interno di un'economia. I molti settori occupazionali legati dalla manipolazione dell'informazione – come nel caso della nostra assicuratrice, si tratta perlopiù di lavori d'ufficio – sono diventati una fonte di impiego sempre più diffusa. Nel 1980 più di 30 milioni di statunitensi svolgevano professioni che potremmo definire di concetto. Nel 2020 tale cifra era più che raddoppiata e altre forme di impiego, come il lavoro manuale, erano rimaste stabili.[7]

Sono nato nel 1979 e ho assistito alla transizione verso l'era dell'informazione, un po' come una persona nata nel 1880 fu testimone del rapido avvento dell'elettrificazione, delle macchine, degli aerei, degli impianti idraulici domestici e dell'aria condizionata. Quando ero bambino, a casa avevamo un telefono a disco; se chiamavi qualcuno che a sua volta stava telefonando, sentivi il segnale di occupato. Avevamo una televisione con sette canali e non avevamo il videoregistratore. Soprattutto, però, essendo un bambino curioso e un po' nerd, ho osservato con curiosità la transizione dal periodo in cui l'informazione era solo quella contenuta nei libri al momento in cui si ha avuto accesso a tutta la conoscenza umana.

Lo stupore che si provava attraversando il portale magico resta per me, nel ricordo, una sensazione viscerale. Faccio parte della prima generazione di utenti devoti e ossessivi di internet, proprio negli anni in cui la rete, da hobby di nicchia per patiti di tecnologie, diventava un'attività diffusa nel grande pubblico. Nel 1992, quando riuscii a convincere i miei genitori ad abbandonare il trito mondo protetto di Aol a vantaggio di una connessione diretta con un *internet service provider* (Isp), ebbi finalmente accesso al World Wide Web con un browser di interfaccia grafica.

Ti siedi davanti allo schermo e cerchi la risposta alla prima domanda che ti viene in mente. Ancora non esistevano nemmeno i primi motori di ricerca, per non parlare di Google e Wikipedia, e ogni viaggio verso un frammento di conoscenza era una piccola avventura, un inseguimento del mistero. A rendere il tutto più appagante subentrava la certezza che la risposta, da qualche parte, c'era. Il senso di scoperta era elettrizzante e assuefacente, ma era un'assuefazione completamente diversa da quella che si prova oggi a scorrere per ore il *feed* di TikTok. La vita digitale si estrinsecava ancora in metafore spaziali – cyberspazio, autostrada superveloce dell'informazione – che catturavano il senso di movimento e di avventura e un'atmosfera agli antipodi della quiete zombie che oggi tendiamo ad associare all'utilizzo protratto dei social network.

Al di là della mia meraviglia infantile, già allora si intuiva, almeno in parte, che quella nuova accessibilità dell'informazione era una condizione trasformativa e importante, perché l'informazione è potere. Tale assunto si manifestava in molti modi: i mercati finanziari potevano fare affidamento su dati aggiornati in tempo reale, i consumatori potevano paragonare i prezzi di vari venditori, gli hacker postavano *security exploit* e codici utilizzabili da tutti gli altri utenti. La centralità delle informazioni e soprattutto la possibilità di calcolarne e processarne grandi quantitativi fu per certi versi un retaggio del lavoro di decifrazione di codici avvenuto ai prodromi dell'era dell'informazione e cioè durante l'epoca d'oro della sorveglianza che coincise con la Seconda guerra mondiale. Non è un caso che i padri dell'era dell'informazione abbiano lavorato nell'intelligence e nella crittografia durante l'ultimo conflitto mondiale. Fu la loro capacità innovativa nel creare e nel decifrare grandi quantitativi di codici a portare alla nascita della teoria dell'informazione, matrice concettuale dei computer moderni. Per questi pionieri l'informazione era *davvero* potere: il nemico aveva delle informazioni di cui ci si doveva impossessare e che, una volta estratte, permettevano di acquisire una leva tattica e un vantaggio militare sul campo.

Il brivido di scoprire nuove informazioni prima inattingibili o addirittura proibite era l'anima della prima fase dell'era dell'informazione. Internet era come una nuova terra da esplorare passo dopo passo e con la testa inclinata all'indietro per osservare il panorama senza perdersi nulla. Trovare tutto all'improvviso così a portata di mano dava un senso di vertigine. Informazioni che un tempo potevano essere reperite solo a prezzo di grandi sforzi – la media dei punti guadagnati da un lanciatore di rilievo dei Cubs nel 1984, sepolta in un vecchio almanacco di baseball dell'Elias Sports Bureau – erano ormai accessibili quasi immediatamente o con una modica quantità di lavoro.

L'iniezione di dopamina generata dalla scoperta di un nuovo frammento di informazione, o di un nuovo angolo del palazzo mentale in costruzione, era autentica. Se eri un bambino dalla curiosità insaziabile e un po' nerd, con l'ossessione di imparare a memoria dati e statistiche, si trattava di un'esperienza quasi euforica, un po' come essere lasciato da solo in totale libertà in un negozio di dolciumi in cui tutto era gratis e nessuno ti diceva che stavi esagerando. Ovviamente, anche oggi abbiamo accesso istantaneo a tutta la conoscenza del mondo, e anzi con l'avvento degli smartphone tale condizione è diventata ancora più onnipresente. Ma prima dei social network, una porzione significativa del tempo che si trascorreva online era dedicata a dare la caccia e a scovare le informazioni come se fossero un tesoro. Credo che oggi i miei coetanei inseguano questa stessa sensazione nella forma sintetica e commercializzata offerta dai social network.

A essere potente non era soltanto l'informazione in sé, ma anche la possibilità di condividerla e scambiarla. Di far incontrare chi aveva delle domande con chi aveva delle riposte. Di abbinare chi cercava qualcosa – sesso occasionale, un coinquilino, un bootleg introvabile di un concerto dei Grateful Dead – con chi era in grado di offrirglielo. Nei primi gruppi di nerd informatici e di entusiasti della rete serpeggiava la convinzione diffusa, quasi da missionari, che il fatto di connettere l'intero pianeta a un'unica rete contenente tutta la conoscenza umana avrebbe inaugurato una nuova Età dei lumi all'insegna della cooperazione globale. «Stiamo creando un mondo in cui tutti potranno entrare, senza privilegi e pregiudizi razziali, economici, militari o di classe sociale» proclamò nel 1996 John Perry Barlow, paroliere dei Grateful Dead e pioniere di internet, nella sua «Dichiarazione d'indipendenza del cyberspazio». Uno dei primi redattori di «Wired», la rivista semiufficiale della rivoluzione digitale, annunciò l'impegno della propria testata per «una rivoluzione senza violenza che creerà un nuovo modo non politico di migliorare il futuro grazie a un'economia libera dal controllo centralizzato, a un consenso libero dalla cabina elettorale, a un senso civico libero dai governi e a comunità libere da confini storici e geografici».[8]

Qual è però il vero valore dell'informazione? Qualunque animale dotato di una certa intelligenza, come un cane, ha costantemente accesso a un campo sostanzialmente infinito di informazioni: tutti gli odori, i movimenti, i colori e le sensazioni. Nessuno di questi dettagli, però, ha un'importanza profonda per l'esistenza del cane. Ciò che conta per il cane, e in fondo per qualunque animale, è capire quali insiemi di informazioni sono cruciali per la sua sopravvivenza. L'eccesso di informazioni – troppe foglie nel campo visivo possono nascondere un predatore – è in realtà un pericolo costante.[9]

L'eccesso di informazioni sembra essere il problema fondamentale dell'era dell'informazione. Quando vediamo lo screenshot del telefono di qualcuno, il circoletto sopra l'icona dei messaggi in segreteria tende a mostrare un numero astronomico di messaggi non ascoltati. Ogni casella e-mail pullula di messaggi non letti. Messaggi, vocali, chiamate spam, inviti a incontri su Zoom... Siamo tutti sfiancati dal peso insostenibile di un eccesso di informazioni inutili.

L'analogia con il cibo ci torna nuovamente utile. Per buona parte della storia umana, la vera sfida consisteva nel trovare cibo a sufficienza: sopravvivere alle alluvioni e alle carestie, escogitare modi di immagazzinare i cereali o di conservare la carne per le stagioni in cui l'agricoltura non dava frutto. Alla fine del Novecento, almeno nei Paesi sviluppati, l'accessibilità di cibi a basso costo, estremamente processati e ad alto contenuto di sciroppo di mais portò al netto aumento delle malattie legate all'obesità. Dopo aver dovuto fare i conti per migliaia di anni con un deserto di calorie, gli esseri umani – almeno in certe aree geografiche e all'interno di determinate classi sociali – dovettero affrontare gli effetti a lungo termine dell'abbondanza.

Un discorso analogo vale oggi per l'informazione: prima morivamo di fame e adesso siamo troppo sazi. Fin quasi dagli albori dell'era dell'informazione si cominciò a intuire e a descrivere questo problema. Nel 1970 Toffler definì «il sovraccarico di informazioni» uno degli aspetti fondamentali del fenomeno su cui era incentrato il suo bestseller intitolato *Lo choc del futuro*. Mutuando uno dei concetti fondamentali dalla teoria dell'informazione, «la capacità di canale», Toffler spiegò che gli esseri umani hanno una capacità limitata – per quanto riguarda i bit di informazione che siamo in grado di processare – e che «sovraccaricare il sistema comporta un grave calo della prestazione».[10] Toffler collegò quest'esperienza di sovraccarico con una forma di ottenebramento mentale paragonabile «ai sintomi riscontrati nei soldati traumatizzati dalla guerra, nelle vittime di catastrofi naturali e nei viaggiatori affetti da choc culturale».[11]

Lo choc del futuro riconosce questa tendenza con largo anticipo ed espone alcune tesi oggi sempre più diffuse sulla proliferazione indiscriminata e sull'accessibilità dell'informazione: le informazioni sono diventate troppe, ne siamo inondati e distratti e stiamo tutti leggermente impazzendo.

Nei decenni successivi, il tema del sovraccarico di informazioni divenne un'ossessione della cultura pop. Nel 1990 i Living Colour pubblicarono il singolo *Information Overload*, il cui testo recita così: «*Sometimes I feel / Like my mind will explode / Sometimes I feel / Like I've got no control...*» (A volte mi sembra / Che mi esploda la mente / A volte mi sembra / Di aver perso il controllo). Nel 1992 Bruce Springsteen eseguì al *Saturday Night Live* il suo nuovo singolo *57 Channels (and Nothin' On)*, un brano sul vuoto cosmico dell'intrattenimento illimitato. Nel video del brano il Boss spara alla propria tv con una pistola calibro 44. L'anno dopo fu la volta dei Duran Duran, che in un singolo eloquentemente intitolato *Too Much Information*, lamentarono il bombardamento di messaggi commerciali in diversi contesti: «*Hey tv child / Look into my eyes / Here by intervention / I want your attention*» (Ehi figlio della tv / Guardami negli occhi / Sono qui per intervenire / Voglio la tua attenzione).

Le nuove esigenze di un mondo travolto da una quantità illimitata di informazioni portarono alla formulazione di riflessioni inedite e spesso profonde sulla capacità della mente umana di processare una tale mole di informazioni.

Nella sua celebre conferenza del 1971, intitolata *Progettare organizzazioni per un mondo ricco di informazioni* e da cui abbiamo già citato nel secondo capitolo di questo libro, l'economista premio Nobel Herbert Simon sostenne che l'attenzione era un concetto fondamentale per comprendere l'era dell'informazione. Il passo in assoluto più citato del testo affronta proprio tale questione:

> In un mondo ricco di informazione, l'abbondanza dell'informazione comporta la scarsità di un altro fattore: la scarsità di ciò che, di qualunque cosa si tratti, l'informazione consuma. Ma ciò che l'informazione consuma è piuttosto evidente: l'informazione consuma l'attenzione dei suoi fruitori. Quindi l'abbondanza di informazioni crea una carenza di attenzione e la necessità di allocare efficientemente ta-

le attenzione nella proliferazione di fonti di informazione che rischiano di consumarla.[12]

Ciò che Simon ha intuito forse prima di chiunque altro è che la salienza crescente dell'informazione in una data società implica necessariamente l'aumento del valore dell'attenzione. Vale a dire: *l'era dell'informazione è per forza anche l'era dell'attenzione.* Poiché l'informazione consuma attenzione, questi due aspetti sono inseparabili. Più informazione c'è, più aumenta la competizione per l'attenzione, che è per definizione scarsa. Più sale la domanda per una risorsa scarsa, più questa diventa preziosa.

A Simon viene spesso attribuita la paternità dell'espressione «economia dell'attenzione» e la sua conferenza è considerata la prima pietra miliare in questo campo di studi. Ma il tema centrale della riflessione di Simon era molto diverso dai nostri timori attuali, sorti come reazione ai tentativi messi in atto da varie forze di mercato – grandi aziende, piattaforme e imprese digitali – di catturare la nostra attenzione. Nel suo breve ed elegante articolo Simon enucleava una tesi ben più profonda e spiegava come mai l'era dell'informazione era e non potrà mai smettere di essere l'era dell'attenzione.

Simon identificò una criticità legata al processamento delle informazioni che perseguita qualunque organizzazione esistente, indipendentemente dalle sue dimensioni, dai ristoranti a conduzione familiare alle aziende elencate nella lista di Fortune 500, dai comitati di quartiere alla marina imperiale. L'abilità di un computer di processare informazioni sembrerebbe offrire a qualunque organizzazione uno strumento di utilità straordinaria per un problema di difficile soluzione: in teoria, l'automazione del processamento delle informazioni dovrebbe rendere le organizzazioni più efficienti e liberare molte risorse da orientare poi su altri impieghi. Nella pratica, però, questo non avviene quasi mai. Perché la diffusione della computazione meccanica, una sorta di macchina del moto perpetuo, tende a *incrementare* la necessità di processamento delle informazioni.

Questo è il problema individuato dall'articolo di Simon. Per qualunque organizzazione, la questione del processamento delle informazioni non è riducibile, di fatto, alla quantità di informazioni processabile da un determinato sistema... Che si tratti di un computer o di un gruppo di esseri umani. Il punto invece è capire se un certo sistema di processamento delle informazioni *riduce* effettivamente la domanda attenzionale complessiva di un'organizzazione:

> Un sottosistema di processamento delle informazioni (un computer o una nuova unità organizzativa) ridurrà la richiesta netta dell'attenzione complessiva di un'organizzazione solo se sarà in grado di assorbire un maggior quantitativo delle informazioni precedentemente ricevute da altre fonti rispetto a quante ne produce e cioè solo se *ascolta e pensa più di quanto parla.*[13] (Il corsivo è mio.)

Questa è una di quelle idee che una volta comprese risultano ovvie, ma resta un'intuizione epocale. L'utilità per un'organizzazione di un determinato sistema di processamento delle informazioni non consiste nella quantità di informazioni generate e nemmeno nell'ammontare puro di informazioni che è in grado di processare. In realtà, «la questione cruciale *è quanta informazione permetterà di trattenere da altre parti di tale sistema*». In altri termini, «per costituire un risparmio di attenzione per un'organizzazione, un sistema di processamento dell'informazione (Spi) deve essere un condensatore di informazioni».[14]

Questa prospettiva smentisce il modo in cui moltissime organizzazioni smaltiscono le informazioni e distribuiscono le proprie risorse. Simon fa l'esempio di un ministero degli Esteri che deve processare le informazioni ricavate dall'intelligence. Il problema, dal punto di vista di quest'ipotetico ministero, non è la *carenza* di comunicazioni né la *carenza* di informazioni trasmesse. «Quando il mondo era in subbuglio, le telescriventi con i messaggi in arrivo sono spesso rimaste indietro. Soluzione: sostituire le telescriventi con delle stampanti di linea molto più potenti.

Nessuno (neanche il ministro degli Esteri) sembra essersi chiesto se l'Spi che riceveva e processava i messaggi delle telescriventi sarebbe stato preparato, disposto e capace di processare la quantità molto più vasta di messaggi delle stampanti di linea.»[15] Avendo collaborato con un'agenzia governativa afferente al dipartimento Affari esteri degli Stati Uniti, Simon attingeva alla propria esperienza diretta.

Tutte le organizzazioni, in quest'epoca contraddistinta da una sovrabbondanza di informazioni, lavorano a tempo pieno nel tentativo di risolvere il problema della scarsità dell'attenzione. Volente o nolente, la struttura di ogni sistema, soprattutto via via che la capacità di comunicare e generare informazioni aumenta, deve risolvere il problema dell'attenzione. Tale assunto resta valido anche per chi non è consapevole.

Prendiamo, per esempio, l'organizzazione più potente del mondo: il governo federale statunitense. Nei Paesi in cui c'è una sola persona a capo del ramo esecutivo nel suo complesso, il tempo e l'attenzione di questo individuo costituiranno le risorse più preziose di tutto il governo. La Casa Bianca si affida dunque (o dovrebbe affidarsi) a una forma spietata di delega dei poteri e di protezione del tempo del presidente, in modo che solo una minuscola frazione delle informazioni effettivamente processate dall'organizzazione arrivi fino a lui.[16]

Il limite assoluto della disponibilità attentiva del presidente si riduce a causa della crescita esponenziale, con il passare degli anni, della mole di informazioni che il governo si trova a dover processare. Ai tempi di George Washington, lo striminzito e traballante governo federale aveva un solo presidente e anche oggi il presidente è uno. Indipendentemente dalla complessità del mondo e dal quantitativo di informazioni che il governo statunitense è in grado di processare, c'è sempre un solo presidente, che può fare solo un certo numero di riunioni, prendere solo un certo numero di decisioni e processare solo un certo numero di rapporti.[17] Ogni sforzo della Casa Bianca deve puntare a preservare l'attenzione del presidente, che è la risorsa in assoluto più preziosa. Ecco perché ogni questione specifica, prima di arrivare sulla scrivania del presidente, deve superare vari passaggi intermedi.

Paradossalmente, Steve Jobs, l'inventore del dispositivo che nella storia dell'umanità ha creato più distrazioni, cioè l'iPhone, comprendeva questa necessità fondamentale forse meglio di qualunque altro dirigente. Rievocando gli anni in cui lavorava al suo fianco, il leggendario progettista di Apple Jony Ive disse che Jobs faceva assolutamente di tutto per proteggere la propria attenzione e si impegnava a gestirla e a orientarla solo verso le questioni più importanti. «Di tutte le persone che ho incontrato nella vita, Steve era quello dotato della più straordinaria capacità di concentrazione... Spesso – credo che temesse che io non lo fossi [concentrato] – mi chiedeva: "A quante cose hai detto di no oggi?".»[18] L'attenzione è negazione. In un contesto organizzativo, per Simon, tale assunto si estrinseca nella quantità di informazioni che un certo sistema *non* trasmette. Jobs manifestava tale consapevolezza dicendo di no a progetti e proposte.

Se si è abituati a considerare le informazioni una risorsa scarsa, dire di no, soprattutto a nuove informazioni, è una competenza difficile da acquisire. Simon era nato nel 1916 e si rese conto che per le persone della sua epoca la scarsità di informazioni era un'eredità generazionale. «Molti di noi sono fisicamente incapaci di buttare un libro nel bidone.»[19] Spesso ho notato che i baby boomer sono molto meno propensi a scremare le informazioni rispetto ai miei coetanei, nati in un periodo in cui l'era dell'attenzione era già all'apice. I telefoni degli anziani squillano continuamente – non sono mai in modalità silenziosa –, ogni app sui loro smartphone tende a essere abilitata a inviare notifiche e così i loro display mostrano uno spettacolo costante di fuochi d'artificio. Le generazioni meno giovani sono cresciute in un contesto di povertà informazionale: quando qualcuno voleva darti una notizia importante e non eri a casa, non c'era modo di raggiungerti. Se si è condizionati alla povertà informazionale, è più difficile comprendere il valore dell'attenzione.

Capire che l'attenzione è una risorsa finita e scarsa contribuisce a spiegare uno dei grandi misteri economici dell'ultimo mezzo secolo e cioè perché non si è riscontrato l'aumento di produttività che ci si sarebbe potuti aspettare. Negli anni Ottanta, all'inizio della rivoluzione dell'informazione, l'economista Robert Solow fece una battuta poi passata alla storia: «Si vede ovunque l'avvento dell'era del computer, tranne che nei dati della produttività».[20] Ma tale predizione si dimostrò prematura e, proprio quando il ventesimo secolo volgeva al termine, assistemmo a un'esplosione di produttività che chiaramente dipendeva dall'adozione di massa delle reti computerizzate. Tuttavia, sia prima sia dopo questo breve periodo, la crescita si è dimostrata molto limitata e nemmeno lontanamente paragonabile ai tassi vertiginosi che contraddistinsero la fase centrale del Novecento, dal 1920 al 1970. La sbandierata trasformazione totale si è rivelata, rispetto all'epoca precedente e perlomeno sul piano economico, una mezza delusione.

Gli economisti misurano la produttività in vari modi, ma l'indice più onnicomprensivo è «la produttività totale dei fattori», che misura non solo la produttività – quanti oggetti in un'ora è in grado di produrre un certo lavoratore – ma tutta la produttività distribuita nei vari fattori della produzione: quanti oggetti per ora è in grado di produrre la fabbrica nel suo complesso. Durante il decennio più produttivo dell'era dell'informazione, dal 1994 al 2004, il tasso di crescita annuale era appena dell'1 per cento. Nel decennio successivo si è attestato su un misero 0,4 per cento. Dal 1920 al 1970 sfiorava il 2 per cento annuo. La crescita annuale della produzione durante la fase centrale del Novecento rimase, per mezzo secolo ininterrotto, il doppio di quella del decennio d'oro della rivoluzione informatica.[21]

Tra il 1920 e il 1970 si verificò una trasformazione tanto del mondo fisico quanto delle nostre attività quotidiane e si diffusero l'uso di massa degli impianti idraulici domestici, le reti elettriche, i telefoni, le strade, le macchine, l'aria condizionata, i voli di linea, il riscaldamento affidabile per interni, la lavatrice e la televisione. Pensiamo ora al periodo intercorrente tra il 1970 e il 2020. Ci sono stati dei miglioramenti incrementali nella qualità delle macchine, degli aerei, dell'aria condizionata e degli impianti idraulici, ma tra le infrastrutture fisiche fondamentali del 1970 e quelle odierne non c'è in fondo una differenza sostanziale. Se si tolgono i computer e i telefoni, non è cambiato granché.

Mentre per volare da una sponda all'altra dell'Atlantico impieghiamo lo stesso numero di ore del 1970, i computer sono diventati più veloci, molto più veloci, incredibilmente più veloci.[22] Ma indipendentemente dalla velocità raggiunta da un computer, dalle sue capacità di processamento, è sempre con noi che interagisce. Siamo i presidenti delle nostre vite. La nostra attenzione è la condizione limitante e per oltrepassare questo tetto non sono stati fatti veri progressi.

Pensa a quella che è forse l'azienda di maggior successo e di maggior impatto nella storia del digitale: Google. Trovare le cose su internet prima di Google non era semplicissimo. C'erano troppe informazioni e non si riusciva a conservare l'attenzione. Coniata nella prima era del web, l'espressione «navigare in internet» segnalava la difficoltà di manovra percepita dagli utenti di questa fase e attestava il fatto che avventurarsi nel web era un'attività faticosa ma anche divertente. Prima di impratichirsi, bisognava avere una certa esperienza, ma era proprio questo l'aspetto più accattivante.

La ricerca è il metodo primario di concentrazione dell'attenzione su internet. Fin dagli albori del web, erano stati fatti vari tentativi per risolvere la questione ma nessuno, prima dell'avvento di Google, funzionava particolarmente bene. La specificità di Google consisteva nella codificazione all'interno dell'algoritmo di effettive decisioni umane riguardo all'importanza e alla pertinenza di un risultato. Google riuscì a fare tutto questo con un trucco semplice ed elegante. Poiché il web è connesso attraverso gli hyperlink, a loro volta codificati nei siti dagli utenti che scelgono autonomamente quali link creare, questi link potevano venire utilizzati come un sostituto affidabile della pertinenza e dell'affidabilità.

Adesso utilizzerò un esempio semplicistico per spiegare tale meccanismo. Poniamo che ci siano due Espn: il famoso canale sportivo e la Erickson Sewer and Plumbing di Nashville, un'azienda idraulica. Che ci crediate o meno, i vecchi motori di ricerca facevano fatica a distinguere le due cose, perché entrambe si chiamavano Espn. Google però capì che bisognava tenere conto di quante altre pagine presentavano link a un certo sito web – Espn.com (network sportivo mondiale) oppure espn.net (l'idraulico di Nashville) – e utilizzarle come garanzie affidabili per la pertinenza di ricerca.[23] I dettagli tecnici sono un po' più complicati, ma questa intuizione fondamentale portò a una sorta di cambio di passo nell'affidabilità dei motori di ricerca. Quasi subito Google divenne di gran lunga il miglior motore di ricerca in circolazione. Poi, in maniera quasi autonoma, procedette a reinventare radicalmente internet. Ormai si aveva davvero tutta la conoscenza del mondo disponibile in maniera istantanea.

Per tornare alla prospettiva di Simon, Google era un eccellente sistema di processamento delle informazioni; era onnipresente, gratuito per tutti e, soprattutto, riceveva un quantitativo immane di informazioni e, trasmettendone come output soltanto una parte irrisoria, *preservava l'attenzione dell'utente*.

Sarebbe difficile esagerare il ruolo di Google nella trasformazione di internet. La dichiarazione di intenti dell'azienda riassume bene il suo progetto primario: «Organizzare le informazioni presenti nel mondo e renderle universalmente accessibili e utili».[24] Sembra una frase altisonante ma è esattamente ciò che ha fatto.

Il prodotto era rivoluzionario, ma non per forza doveva rivelarsi anche remunerativo. Google però sviluppò un oculato modello imprenditoriale. Ciò che rende Google tanto prezioso per le aziende è che, proprio preservando l'attenzione, cattura l'attenzione. Vai su Google per scremare le informazioni irrilevanti e concentrarti con piena fiducia sull'output del suo sistema di processamento delle informazioni. E quindi Google ha accesso esclusivo alla risorsa in assoluto più preziosa, la nostra attenzione. Una volta che Google ha la nostra attenzione, può venderla a chi cercherà di trarne profitto.

Nacque così AdWords, il principale prodotto pubblicitario di Google, che cominciò a istituire delle aste per vendere al miglior offerente alcuni spazi nei suoi risultati di ricerca, per poi mettere una piccola inserzione pubblicitaria, identificata come tale, accanto ai risultati organici. A differenza di quanto avveniva nel contesto pubblicitario novecentesco, in cui era difficile individuare causa ed effetto, Google sviluppò un modello in cui l'inserzionista pagava solo se l'utente aveva effettivamente cliccato sul link.[25]

Per i pubblicitari, alcune ricerche sono molto più preziose di altre, perché la ricerca stessa segnala ciò a cui l'utente presta attenzione. Per esempio, è molto probabile che chi cerca il termine «mesotelioma» – un cancro ai polmoni spesso causato dall'esposizione all'amianto – soffra di tale patologia o conosca bene qualcuno che ne è affetto. Quindi l'attenzione di un tale utente è di grande valore per gli avvocati specializzati in azioni collettive e il prezzo di ogni clic pubblicitario su ricerche come questa arriva addirittura a 233 dollari.[26]

Ma questo è solo un esempio. Pensa a tutte le possibili ricerche esistenti e a quante aziende diverse cercano di catturare l'attenzione di potenziali clienti concentrati su un prodotto o un servizio da loro offerto: «iscrizione palestra vicino a me», «miglior ristorante a Tofino, Canada», «prezzo di mercato di una Ford Fiesta usata 1996». Una volta che AdWords (che poi lasciò il posto a Google Ads) cominciò a ingranare, gli introiti salirono alle stelle. Nel 2004, quando Google venne quotato in borsa, il 99 per cento dei suoi 3,2 miliardi di fatturato proveniva dalla pubblicità.[27]

Fin da quando è entrato nel mercato azionario, Google è sostanzialmente una macchina da soldi. In fondo, ha completamente riplasmato il web odierno, sia per quanto riguarda l'esperienza degli utenti – il modo in cui percepiamo internet – sia per quanto riguarda il modo in cui l'infrastruttura commerciale, per permettere alle aziende di realizzare profitti, utilizza un quantitativo sempre maggiore di informazioni sugli utenti per targetizzare le inserzioni. La filosofa digitale Shoshana Zuboff definisce questo modello, che oggi costituisce lo scheletro del web, «capitalismo della sorveglianza». «Proprio come un secolo fa la General Motors inventò e perfezionò il capitalismo manageriale, Google ha inventato e perfezionato il capitalismo della sorveglianza.»[28]

Inevitabilmente si arriva a uno scontro tra la forza inarrestabile del capitalismo e l'oggetto inamovibile dell'attenzione umana. Il capitalismo contemporaneo comporta l'obbligo di crescita per le imprese quotate in borsa. Più che per incassare dividendi a basso rischio, gli investitori tendono ad acquistare le azioni di un'azienda come Google, che è una delle più formidabili macchine da soldi mai inventate, in previsione di una crescita futura. Google è assolutamente incentivato a vendere porzioni sempre maggiori dell'attenzione degli utenti, ma più vende l'attenzione degli utenti, meno la preserva e così viene meno alla funzione fondamentale che ha reso tanto prezioso il suo prodotto.

Quando nel 2004 fecero il loro ingresso nel mercato azionario, Sergey Brin e Larry Page, i fondatori di Google, sembravano comprendere tale dicotomia. Nel prospetto S-1 spiegarono agli investitori di aver fondato Google «perché credevamo di poter offrire un grande servizio al mondo: di poter trasmettere istantaneamente informazioni pertinenti su ogni argomento. Offrire un servizio agli utenti è la ragione fondamentale per cui facciamo il nostro lavoro e rimane la nostra priorità assoluta».[29] Nell'elencare i potenziali rischi imprenditoriali per il futuro, Brin e Page fecero vari riferimenti ai molteplici sviluppi che avrebbero potuto mettere a repentaglio il servizio principale offerto da Google, cioè la conservazione dell'attenzione attraverso la ricerca. «Rischiamo di essere vittime dell'*index spamming*, che potrebbe danneggiare l'integrità dei nostri risultati di ricerca sul web» scrissero i fondatori. «Prendiamo molto seriamente questo problema, perché fornire informazioni pertinenti agli utenti è cruciale per il nostro successo.» Altrimenti «la nostra reputazione in quanto piattaforma in grado di fornire informazioni pertinenti potrebbe venire danneggiata. Un tale scenario potrebbe comportare un calo nel traffico degli utenti e dunque arrecare un danno all'azienda».[30]

In maniera inversamente proporzionale rispetto all'immensa espansione di Google, il suo prodotto fondamentale è diventato sempre più scadente. Le cause sono molteplici e hanno in parte a che fare proprio con la manipolazione dei risultati di ricerca paventati nel prospetto S-1. L'ottimizzazione del motore di ricerca (Seo: *search engine optimization*) costituisce ormai un settore a sé stante, con un giro d'affari da miliardi di dollari, ed è soprattutto il grande valore dell'attenzione di chi effettua ricerche a costituire un gigantesco incentivo finanziario per tentare di alterare i risultati di ricerca e ottenere ciò che si vuole dall'utente.

Ma la prima causa dei problemi di Google è Google stesso. Qualche giorno fa ho cercato «auto elettrica sette posti» – una macchina elettrica a sette posti – e i primi QUATTRO risultati erano pubblicità pagate da varie compagnie automobilistiche che volevano vendermi un'auto elettrica a sette posti. Peccato che il primo risultato fosse una Subaru Solterra non a sette posti. E che il secondo fosse una Nissan Ariya elettrica... non a sette posti! La terza inserzione, finalmente, mostrava un'Infiniti QX80 a sette posti ma... non elettrica! Il quarto risultato era una pubblicità della Polestar, una nuova azienda di auto elettriche che non ha nemmeno un modello a sette posti. Dopo essere sceso sotto i primi quattro risultati, mi sono imbattuto in un link non sponsorizzato di una vera testata del settore: *Ecco tutte le auto elettriche a sette posti che puoi acquistare subito o con poca attesa*. Finalmente ho trovato quello che cercavo.[31]

Quest'episodio riassume bene il paradosso dell'era dell'informazione e dell'economia dell'attenzione. Google è il prodotto simbolo dell'era dell'attenzione e il suo valore complessivo consiste nello scremare le informazioni e poi trasmettertene un piccolo frammento, su cui puoi concentrarti. Ma è proprio grazie al valore di questo piccolo frammento di spazio prezioso in cui risiede la tua attenzione che Google riesce a generare profitti tanto strabilianti. E tra monetizzare tale quota e utilizzarla per gli scopi dell'utente si istituisce uno scambio a somma zero. Per fare soldi devono manipolare la tua attenzione ma, se la manipolano troppo e dalla manipolazione sconfinano nell'abuso, distruggono l'utilità del prodotto primario che inizialmente ha attirato la tua attenzione. Anche se i fondatori di Google comprendevano perfettamente che era proprio lo spam il grande problema di fondo per risolvere il quale era stato concepito il loro prodotto di bandiera, Google è arrivato a spammare i propri utenti.

A mio avviso è proprio lo spam, nell'accezione più vasta del termine, la criticità fondamentale dell'era dell'attenzione, l'equivalente di ciò che per la Rivoluzione industriale erano l'inquinamento delle ciminiere e i cieli pieni di smog. L'incubo di Herbert Simon si è avverato. Poiché il limite fisso di tutte le tecnologie informatiche è la quantità finita della nostra attenzione, chi cerca di monetizzare la nostra attenzione e chi vuole offrire un servizio che la conserva (può capitare che, come nel caso di Google, una stessa azienda faccia entrambe le cose) si ritrova prigioniero di una dinamica a somma zero, in cui spesso prevalgono gli incentivi economici. È come se, all'interno dell'architettura fondamentale di internet, ogni giorno si innescasse un conflitto tra forze opposte. Ogni prodotto o servizio che cattura efficacemente la nostra attenzione può ritrovarsi invischiato in questa dinamica: se riesce a conservare la nostra attenzione e a mantenere il nostro interesse, allora è anche il luogo perfetto in cui tentare di dirottare la nostra attenzione per altri scopi e quindi, prima o poi, diventerà un vettore di spam.

Questa è quasi una legge fisica dell'era dell'attenzione: lo spam è impossibile da sconfiggere e può solo essere gestito. Perché in fondo, proprio come le erbacce crescono ovunque siano presenti le condizioni giuste per coltivare un raccolto, lo spam esiste ovunque si raccolga l'attenzione, con cui condivide lo stesso habitat naturale.

Finn Brunton, che ha formulato un'affascinante teoria a riguardo, definisce lo spam «l'uso dell'infrastruttura della teoria dell'informazione per sfruttare aggregazioni preesistenti di attenzione umana».[32] Il termine «spam» non proviene dal famigerato marchio di carne confezionata (Spam è un tipo di carne speziata in scatola), ma da uno sketch del 1970 dei Monty Python incentrato proprio su tale prodotto.[33] È una scena *non-sense* in cui una coppia va al ristorante a fare colazione. Lo chef al bancone elenca i piatti del menu e parte dalle pietanze normali. «Allora, abbiamo uova e bacon; uova, salsiccia e bacon; uova e Spam.» Quasi subito, però, c'è sempre più Spam e sempre meno di tutto il resto: «Spam, bacon, salsiccia e Spam; Spam, uova, Spam, Spam, bacon e Spam; Spam, salsiccia, Spam, Spam, bacon, Spam, pomodoro e Spam». Alla fine, la cameriera e tutti gli altri clienti del ristorante (vestiti da vichinghi, chissà perché) si mettono a salmodiare «SPAM! SPAM! SPAM!» con insistenza delirante. Più tutti ripetono «SPAM!» e più la conversazione sprofonda nell'incomprensibile.

Verso la metà degli anni Settanta, quando le reti computazionali erano agli albori, gli utenti di grandi forum che trascorrevano molto tempo a messaggiare in affollate chat room testuali incappavano inevitabilmente in altri utenti che cercavano di accaparrarsi, anche in maniera disonesta, l'attenzione altrui. Uno dei metodi consisteva nell'inviare immensi blocchi di testo che occupassero l'intera schermata, che è un po' come entrare in una sala gremita e gridare «GUARDATEMI!». Quando accadeva un episodio simile, qualcuno puntualmente citava lo sketch dei Monty Python, che divenne quasi un *inside joke* per gli affezionati dei forum online. «Trattandosi di uno sketch fondato sulla ripetizione, e data la propensione dei fanatici dell'informatica per i Monty Python, tra i frequentatori delle reti computerizzate della prima ora questo scherzo divenne una gag fissa e piuttosto trita.»[34]

Gli utenti potevano scrivere «SPAM» tutto in maiuscolo, duplicare il termine con una scorciatoia da tastiera e creare così un enorme blocco di testo in grado di monopolizzare la schermata di tutti i partecipanti, bloccare qualunque altro contenuto e fagocitare quelle che all'epoca erano le preziose risorse della rete. Così nacque un nuovo concetto di spam che, secondo Brunton, «serviva a identificare un modo di pensare e di agire online contraddistinto dalla pigrizia, dalla rozzezza e dalla volontà di sprecare il tempo e l'attenzione altrui».[35] Va rilevato che, inizialmente, tali comportamenti miravano solo al divertimento personale e ad attirare l'attenzione e non avevano scopi commerciali. Si trattava di «un comportamento fastidioso, ma ironico e giocherellone, non in malafede, analogo al gesto di suonare una trombetta senza preavviso nel bel mezzo di una conversazione».[36]

Nel web precommerciale anche lo spam era precommerciale, ma gli spammatori non ci misero molto a capire l'immenso potenziale economico legato allo sfruttamento delle vaste risorse di attenzione presenti nelle reti computerizzate. Il 12 aprile 1994 due coniugi dell'Arizona, entrambi avvocati specializzati in diritto dell'immigrazione, inventarono lo spam commerciale.[37] Cercavano clienti a cui offrire i loro servizi, dei migranti non digiuni di tecnologie informatiche che fossero entrati negli Usa con un visto di lavoro e avessero un disperato bisogno di ottenere una *green card*. La lotteria pubblica delle *green card* era aperta a tutti e per partecipare bastava inviare una semplice candidatura, ma facendosi pagare un «onorario» per processare ogni candidatura, anche se il procedimento era semplicissimo, degli avvocati esperti avrebbero potuto ricavare un bel guadagno. Laurence Canter e Martha Siegel, i due coniugi avvocati, assoldarono un programmatore che creò un semplice script da utilizzare come inserzione per pubblicizzare i loro servizi in tutte e seimila le bacheche attive di Usenet, nessuna esclusa. Questi forum erano autogestiti, non afferivano a un servizio di provider come Aol ed erano suddivisi per argomento: dal cinema, all'attualità, al collezionismo di figurine del baseball. In sostanza, erano la versione casereccia e non commerciale di Reddit, molti anni prima della nascita di Reddit.

Il 12 aprile 1994 il seguente messaggio comparve su ogni singolo forum Usenet, indipendentemente da quale fosse il tema della bacheca: «La lotteria delle *green card* del 1994 potrebbe essere l'ultima! / LA SCADENZA È STATA FISSATA… ASSOLUTAMENTE ENTRO GIUGNO. IL MOMENTO DI INIZIARE È ADESSO». Gli avvocati misero in calce i propri contatti. In seguito rivelarono che questi annunci avevano fruttato loro centomila dollari.

Il contraccolpo fu rapido e brutale, vari fanatici dell'informatica misero immediatamente a punto delle strategie per esercitare una sorta di vigilantismo digitale: bombardarono di chiamate automatizzate la segreteria dei due avvocati e a forza di inviare e-mail costrinsero il provider dei coniugi a interrompere il servizio. I due avvocati non si scomposero e anzi si dichiararono paladini della libertà di parola. Pubblicarono un libro intitolato *Come guadagnare una fortuna sull'autostrada dell'informazione: una guida per tutti al* guerrilla marketing *su internet e su altre piattaforme online*.[38] Nel 1997 Canter venne radiato dall'albo per un insieme di violazioni, tra cui la pubblicità illecita.

Canter e Siegel erano due pesci piccoli. Ma potevano contare su una caratteristica che, come vedremo, resta uno dei capisaldi dell'era dell'attenzione e cioè la sfacciataggine. Quando divennero i cattivi numero uno di internet, i due avvocati accolsero tale ruolo a braccia aperte. Sembravano godersi lo scandalo e aizzavano le folle online a scagliarsi contro di loro. Molti avrebbero esitato a mettere in atto un'azione che sapevano avrebbe infastidito e reso furibonde migliaia di persone all'interno di comunità coese, autogestite e dotate di norme di comportamento ben codificate. Canter e Siegel invece se ne fregarono. Non stavano facendo nulla di illegale e, se la gente avesse protestato, be', la cosa avrebbe attirato ulteriore attenzione su di loro.

Per i membri di questi forum, la comparsa dell'inserzione TUTTA IN MAIUSCOLO dei due avvocati fu l'equivalente di un venditore di coltelli che si presenta nel bel mezzo di una riunione di un club del libro. Per Canter e Siegel, invece, le bacheche Usenet erano una parte dell'infrastruttura pubblica, delle pareti vuote da riempire di manifesti. Come sostennero poi nel loro libro pieno di consigli su come diventare ricchi in fretta grazie al marketing online, per loro internet non era affatto una comunità ma solo un agglomerato di persone e delle rispettive riserve di attenzione.

Questa è purtroppo una di quelle intuizioni che, mentre le speranze dell'era dell'informazione cedevano alla presa d'atto della nascita dell'era dell'attenzione che ne è l'alter ego, si sono rivelate sempre più cruciali. L'invenzione di quello che oggi, a posteriori, riconosciamo subito come spam commerciale – L'APPELLO URGENTE TUTTO IN MAIUSCOLO CON VARI PUNTI ESCLAMATIVI!!!!! – è emblematica in quanto avvenne per iniziativa di due tizi che avevano qualcosa da vendere e comprendevano che il costo marginale di postare su internet era quasi nullo e che invece l'attenzione che si poteva ricavarne era molto preziosa.

Oggi lo spam ha raggiunto grande portata e versatilità soprattutto grazie ai botnet, dei computer connessi a insaputa dei proprietari, che utilizzano dei malware per inviare ogni giorno milioni di messaggi di nascosto. A seconda delle varie stime, tra il 50 e il 90 per cento del traffico quotidiano via e-mail in tutto il mondo è ascrivibile allo spam.[39]

Lo spam ha trasformato l'esperienza e l'utilità di internet. Una volta l'e-mail era una tecnologia quasi magica che permetteva di cancellare istantaneamente le distanze geografiche e di tenersi in contatto con amici e parenti senza sforzo e in tempo reale. Anche se tutti questi vantaggi esistono ancora, oggi l'e-mail è un fiume inquinato. Il suo corso non si è prosciugato, ma se provi a guadarlo dovrai schivare tutta una serie di immondizie di cui è cosparsa la sua superficie.

Questo stesso fenomeno è visibile ovunque: una volta che un metodo di catturare l'attenzione funziona, diventa terreno fertile per lo spam e un numero crescente di individui, aziende ed entità cercheranno di sfruttarlo per accaparrarsi un quantitativo fisso di attenzione e così facendo metteranno a repentaglio proprio lo specifico aspetto del mezzo o della piattaforma che inizialmente aveva attirato l'attenzione degli utenti.

Durante i primi anni in cui le raccolte fondi a scopi politici si svolsero via e-mail, la loro efficacia era strabiliante. Nell'ottobre del 2003 bastarono otto giorni perché la velleitaria campagna presidenziale di Howard Dean raccogliesse tre milioni di dollari, una somma che conferì a tale candidato un vantaggio economico rispetto a tutti i suoi avversari.[40] Quando nel 2012 si candidò per il secondo mandato presidenziale, Obama riuscì a raccogliere online 690 milioni di dollari, quasi tutti grazie alle e-mail.[41]

Naturalmente, però, quando l'industria elettorale capì quanto fosse facile catturare l'attenzione dei donatori con formule quali «ULTIMA SCADENZA STASERA! SOLO TU PUOI SALVARE LA NOSTRA CAMPAGNA», questi stratagemmi divennero la prassi. Ogni casella e-mail pullulava di simili richieste, la cui efficacia crollò. La stessa parabola si ripeté con gli appelli alle donazioni elettorali via messaggio, che inizialmente evitavano l'ingorgo di spam dell'e-mail ma ormai sono diventati una delle molteplici sfaccettature dello spam.

Anche in ambito imprenditoriale si assiste al verificarsi di questo stesso fenomeno. Slack è un software di messaggistica molto usato dalle aziende che permette ai vari team di comunicare rapidamente. L'adozione di massa di Slack fu in parte una soluzione forzata per i contesti lavorativi contrassegnati dalla frustrazione per la scarsa efficienza dei metodi esistenti di comunicazione, a partire dall'e-mail. Slack si vendette come «il distruttore delle e-mail» e nei contenuti promozionali spiegava che «la collaborazione tramite e-mail espone al rischio di spam e phishing».[42]

Slack emerse come un antidoto al costo attentivo dell'e-mail tradizionale, che a detta di molti aveva smesso di essere un mezzo efficace di trasmissione delle informazioni in quanto generava un output eccessivo di informazioni e consumava troppa attenzione. Quando però Slack cominciò a diffondersi e a espandersi, si ripresentarono le stesse criticità a cui avrebbe dovuto porre rimedio. In un articolo postato su «Medium» e intitolato *Crivellati a morte dalle notifiche: il rischio nascosto di Slack*, un'utente della prima ora ha tratteggiato l'inevitabile parabola di questa app da risparmio a spreco di tempo e da software che conserva l'attenzione a software che assorbe l'attenzione. «Anche quando non ce n'era bisogno, mi sono ritrovata a controllare compulsivamente Slack. Insomma, ero costantemente distratta.»[43] Il problema, spiega l'autrice dell'articolo, è che «Slack è talmente facile da usare che la barriera per iniziare una conversazione è quasi inesistente». Quindi ci si è rapidamente ritrovati alle prese con un sistema di processamento dell'informazione che bruciava troppa attenzione.

Questo problema non esiste solo nei contesti digitali o sul web. Se si comprende davvero il concetto di spam, si realizza che lo sfruttamento delle riserve di attenzione è ben più antico del termine stesso e della nascita di internet. Infatti, da quando esistono riserve attentive di una certa entità, esiste anche lo spam. Vi ricordate la proliferazione di affissioni nella Parigi di fine Ottocento? Un osservatore dell'epoca notò che la *ville lumière* era ormai diventata «poco più di una gigantesca parete ricoperta di manifesti, che dalla cima dei comignoli fino ai marciapiedi la incistano di grappoli di fogli quadrati di tutti i colori e dimensioni, per non parlare delle semplici incisioni sui muri».[44]

I manifesti erano diventati spam. Una percentuale crescente di cittadini parigini, che proprio come noi odiavano lo spam, fondarono delle associazioni civiche chiamate, per esempio, Società per la protezione del paesaggio e dell'architettura francesi. Alla fine, queste associazioni la spuntarono: i manifesti vennero severamente regolamentati e tali norme sono ancora oggi in vigore.[45]

Anche la posta ha seguito una parabola simile, priva però di un lieto fine a base di regolamenti. Il servizio postale degli Stati Uniti (Usps) è uno dei grandi esempi della comunicazione umana e nei confronti di qualunque cosa arrivasse nella cassetta delle lettere esisteva una sorta di attenzione preventiva. Ogni spedizione, in fondo, era per te: bollette, lettere e altri documenti che richiedevano la tua attenzione. Ovviamente, non ci volle molto perché esperti di marketing, addetti alle raccolte fondi, politici e altri soggetti analoghi cominciassero a sfruttare tale opportunità e ad approntare invii di massa. Nel 1972 negli Usa la posta spazzatura costituiva un quarto delle spedizioni totali, ma nel 2019 tale stima arrivò a due terzi. In un rapporto del 2015 della direzione generale dell'Usps si legge che, per ogni lettera privata che viene loro recapitata, i cittadini statunitensi ricevevano in media diciotto invii pubblicitari.[46]

Ma gli esempi che abbiamo fornito non riescono a catturare del tutto la portata di questo fenomeno. Secondo Brunton, il modo in cui gli spammer utilizzano la nostra attenzione «non è una forma di sfruttamento perché cercano di estrarne un qualche valore, ma perché con il loro operato deprezzano la nostra attenzione nei confronti di chiunque altro: in parole povere, ci fanno perdere tempo e ne traggono vantaggio».[47]

Ci fanno perdere tempo e ne traggono vantaggio. Se la si mette così, lo spam non è più un problema secondario o banale: è *il problema* della nostra epoca. Lo spam è tutte le cose a cui non vogliamo prestare attenzione e che reclamano la nostra attenzione. Lo spam nasce dalla tensione tra i due poli fondamentali dell'era dell'attenzione: l'informazione infinita e l'attenzione finita. In termini economici, il costo marginale di attirare l'attenzione è quasi zero ma per noi, in quanto singoli individui, il costo di venire defraudati della nostra attenzione cresce di pari passo con il valore dell'attenzione stessa. Allo spammer non costa nulla distrarci. A noi venire distratti costa molto.

In ogni momento, quasi tutte le interruzioni, gli adescamenti e le seduzioni che cercano di attirare la nostra attenzione sono cose che vogliamo ignorare. Questa sensazione, l'esperienza di farci largo in un suq gremito, assediati dagli inviti costanti dei mercanti che non accettano il nostro rifiuto, è uno degli aspetti fondamentali della contemporaneità. Ci ritroviamo a difendere quasi costantemente ciò che è nostro, la nostra risorsa più preziosa, ma gli spammer cercano di sottrarcelo contro la nostra volontà e spesso, facendo appello alla natura diabolica dell'attenzione preconscia, ci riescono.

Forse pensi che si tratti di un problema temporaneo e che, come nel caso di internet prima delle ricerche su Google, bisogna solo trovare la soluzione giusta. Forse il problema dello spam può essere risolto da una nuova tecnologia sufficientemente avanzata. Proprio negli ultimi tempi, si è innescato un vivissimo dibattito sul potenziale ruolo dei modelli linguistici di grandi dimensioni di intelligenza artificiale nel tracciare una via d'uscita da questa impasse. In una simile prospettiva, non ci sorprende constatare che uno dei primi usi dei moduli di IA interattiva dei modelli linguistici di grandi dimensioni consista proprio nell'integrazione della funzione di ricerca. Con straordinaria enfasi, Microsoft ha lanciato una nuova versione incentrata sull'IA del suo motore di ricerca Bing, che dovrebbe «riscrivere il futuro delle ricerche online».[48] Oggi su internet è impossibile non imbattersi nell'offerta di trucchi per aumentare la produttività grazie all'altro grande prodotto di OpenAI, ChatGpt.

A livello di Ips (*instructions per second*, cioè quante istruzioni un processore può eseguire al secondo), ChatGpt è notevole. Quando le chiedo di riassumere in una frase l'articolo di Simon sulla progettazione delle organizzazioni in un'era ricca di informazioni, mi risponde così: «In questo testo Herbert Simon sostiene che, per fronteggiare la disponibilità sempre crescente delle informazioni, la progettazione concreta delle organizzazioni comporta la creazione di strutture e di processi che privilegiano l'allocazione dell'attenzione, l'efficienza decisionale e i meccanismi di filtraggio delle informazioni per gestire e utilizzare le informazioni in maniera efficace». Non male.

Se si prende per buono il battage pubblicitario, questa forma di IA dovrebbe essere il più grande strumento di processamento dell'informazione mai creato, un passo avanti epocale nella nostra abilità di elaborare istantaneamente enormi quantitativi di informazioni e ridurli in piccoli output facilmente metabolizzabili e in grado di preservare la nostra attenzione. C'è però un tranello. Per quanto efficaci siano questi modelli a sintetizzare le informazioni, l'IA generativa è anche uno strumento straordinario per *generare* informazioni. Se vuoi scrivere memorie legali, articoli scientifici, editoriali o lunghe petizioni su una questione di attualità da inviare a una giunta locale, questo tipo di IA è in grado di farlo all'istante.

Si può immaginare facilmente una guerra attenzionale globale in cui l'IA combatte per entrambi gli schieramenti: spam generato dall'IA contro filtri IA allo spam, una situazione analoga alle ultime fasi dell'epoca degli steroidi nel baseball, in cui tanto i battitori quanto i lanciatori scoppiavano di anabolizzanti. In un'intervista per il «New York Times» firmata da Ezra Klein, Jonathan Frankie, un informatico di Databricks, un'azienda di IA, ha definito questo scenario «un'apocalisse di noia... Con ChatGpt generiamo lunghe e-mail e documenti e poi chi li riceve usa ChatGpt per riassumerle in un breve elenco puntato e c'è un grande scambio di informazioni, ma è tutta fuffa. Stiamo solo gonfiando e comprimendo contenuti generati dall'IA».[49]

Quasi tutte le tecnologie che riescono efficacemente a filtrare le informazioni per preservare la nostra attenzione sono anche in grado di generare cose che cercano di catturare e sfruttare la nostra attenzione. Questa sembra ormai essere diventata una legge immutabile dell'era digitale. La pressione sul fronte della generazione di nuovi mezzi di cattura è incessante e del resto si tratta di una tensione immanente e implicita in ogni forma di capitalismo dell'attenzione: l'attenzione è stabile e finita e il capitalismo invece richiede crescita costante. Ciò che accade, nei fatti, è che questa crescita continuerà a scontrarsi con il limite dell'attenzione: possiamo concentrarci – per definizione – solo su una cosa alla volta. Google non può creare nuovi spazi preziosi sullo schermo; non può espandere il numero di risultati di ricerca su cui possiamo concentrarci. Quando il motore dell'ulteriore crescita dei guadagni va a sbattere contro i nostri limiti umani, una di queste due istanze deve cedere.

Qui si può istituire un parallelo con un'analoga contraddizione che generazioni di ambientalisti hanno ravvisato nel bisogno incessante di crescita economica del capitalismo industriale. La dinamica è simile: il capitalismo è incentrato sulla crescita costante ma richiede da parte della terra risorse e input – petrolio, legname, rame eccetera – che sono finiti. Inevitabilmente si arriva al punto di rottura, che può manifestarsi sotto forma di gravi carenze di materiali, di un aumento esponenziale dei prezzi, della distruzione dell'ambiente naturale o di qualche combinazione catastrofica di tutti e tre questi fattori.

Il più celebre manifesto a esporre questa tesi, firmato nel 1972 dal gruppo internazionale di esperti del Club di Roma e intitolato *I limiti dello sviluppo*, utilizzò un sofisticato modello computerizzato per tratteggiare uno scenario futuro all'insegna dell'aumento incontrollato dei prezzi, delle carestie di massa e dei disastri naturali. La logica era semplice: lo sviluppo economico planetario stava facendo salire alle stelle la domanda di risorse di ogni genere, la cui offerta però continuava a crescere in maniera soltanto lineare. Prima o poi si sarebbe innescato, insieme ad altre criticità, un vertiginoso aumento dei prezzi di certi beni, fino ad arrivare al collasso dell'intero sistema mondiale di produzione. «Se le attuali tendenze di crescita globale a livello demografico, industriale, di inquinamento, di produzione alimentare e di consumo delle risorse continueranno invariate, i limiti della crescita del pianeta verranno raggiunti nel giro di un secolo. Il risultato più probabile sarà un crollo quasi improvviso e incontrollabile tanto della popolazione quanto della capacità industriale.»[50]

A conti fatti, la scuola dei «limiti dello sviluppo» aveva ragione soltanto a metà. I danni inferti al pianeta dalla diffusione globale del capitalismo industriale si sono effettivamente dimostrati catastrofici: plastiche nell'oceano, prosciugamento delle zone umide, estinzione di varie specie, riduzione del 17 per cento dell'Amazzonia.[51] Ma le previsioni più specifiche del Club di Roma – massicce carestie mondiali, fame di massa e crollo della popolazione – non si sono avverate, o almeno non ancora. Nei

Paesi ricchi, i meccanismi capitalistici del prezzo sono riusciti a generare innovazione e ad aggirare, superare, o rimuovere gli ostacoli e i limiti fisici che avevamo considerato insormontabili. Gli esperti sostenevano che «quasi tutte le risorse non rinnovabili oggi ritenute cruciali nel giro di cento anni diventeranno estremamente costose», ma in realtà per moltissimi beni, nei cinquant'anni passati dalla pubblicazione di questo rapporto, si è assistito a un calo dei prezzi.[52] Tanto per fare un esempio in cui si intrecciano ingegnosità e distruzione, l'*hydrofracking*, che consiste nello sparare liquidi ad alta pressione negli strati rocciosi e costringere così i gas naturali a salire in superficie per poi estrarli, ha permesso l'approvvigionamento di miliardi di litri di petrolio e di metri cubi di gas che prima erano sepolti nelle profondità della terra e dunque inaccessibili. Analoghi miglioramenti hanno contrassegnato i processi estrattivi di metalli e minerali preziosi.

Tutto ciò ha avuto un tremendo impatto ecologico, sociale e umano. Il cambiamento climatico costituisce la madre di tutte le sfide per l'attuale modello del capitalismo industriale. Abbiamo una sola atmosfera, la cui capacità di assorbimento del biossido di carbonio è limitata e, una volta superata, innescherà un catastrofico incremento della temperatura terrestre. In questo senso, l'intuizione fondamentale dei firmatari dei *Limiti dello sviluppo* sull'inevitabile collisione tra il capitalismo globale e la terra si è rivelata non solo profetica ma la questione complessivamente più grave di tutta la storia umana. Per quanto riguarda però le previsioni specifiche del Club di Roma sull'approvvigionamento delle risorse e sulla capacità di produrle del pianeta in quanto sistema finito, l'ingegno umano ha escogitato nuove strategie per ricavare ulteriori materie prime.

E l'attenzione invece? Il suo ammontare è davvero fisso oppure, a forza di venire assediata dalla forza incessante dell'innovazione capitalista, anche questa risorsa si rivelerà ben più abbondante del previsto? Secondo me, sperimentiamo tutti quotidianamente le varie modalità con cui il capitalismo dell'attenzione, per estrarre quantitativi supplementari di attenzione rispetto a quanto un tempo si riteneva possibile, opera una sorta di *fracking* nei confronti delle nostre menti, tanto per citare la celebre espressione del teorico dell'attenzione D. Graham Burnett.[53]

Abbiamo tutti avvertito, parallelamente al deterioramento della sua qualità, una notevole espansione quantitativa dell'attenzione e un incremento del numero di cose a cui prestiamo attenzione. Quando all'inizio del Novecento cominciarono a diffondersi le automobili, la prospettiva di prestare attenzione tanto alla guida quanto ai discorsi della radio doveva sembrare assolutamente folle. Negli anni Trenta, però, le radio per le macchine erano molto diffuse sul mercato e generazioni di guidatori avrebbero considerato impensabile guidare senza radio. Venti o trent'anni fa ero convinto che fosse impossibile guardare più di una cosa alla volta; anzi, una simile affermazione mi pareva quasi tautologica. Adesso però è normale sedersi a guardare un programma televisivo o un film e nel frattempo scorrere il *feed* sul telefono. Per una nuova generazione di bambini, questo è il modo normale di guardare qualcosa.

È quindi evidente che «i limiti fissi» dell'attenzione non sono del tutto inamovibili. Ma deve esistere un limite assoluto. Noi esseri umani siamo processori seriali, cioè possiamo concentrarci – concentrarci davvero – solo su una cosa alla volta e prima o poi tutti i sistemi che cercano di migliorare la nostra performance in qualunque attività cognitiva si imbattono in questo limite.[54]

L'intuizione di Simon ci mostra il perché. Negli ambiti organizzativi – lavoro, scuola, istituzioni, burocrazia, imprese – comprendiamo meglio l'era dell'informazione se la chiamiamo era dell'attenzione. Ma buona parte delle nostre vite, i nostri attimi più preziosi, intimi e suggestivi, avvengono al di fuori dei contesti pubblici, quando trascorriamo del tempo in famiglia, con gli amici o con i vicini. Nella sfera delle relazioni umane che danno significato all'esistenza, la domanda fondamentale di Simon, incentrata sul modo in cui un'organizzazione processa l'informazione, sembra irrilevante. Se l'ineludibile attrazione reciproca di informazione e attenzione innerva l'esistenza delle organizzazioni, perché dovrebbe innervare anche le nostre vite?

Nel 1997, quando internet andava sempre più diffondendosi e ventisei anni dopo la conferenza di Simon sull'economia dell'attenzione, Michael Goldhaber, un fisico teorico poi diventato filosofo di internet, tenne una conferenza intitolata *L'economia dell'attenzione e la rete*, in cui formulò una significativa aggiunta alla grande intuizione sociale di Simon.[55] Goldhaber espose la sua teoria a un convegno intitolato *Economia dell'informazione digitale* e, a dire il vero, tra tutta la letteratura sull'argomento, con la loro stringata eleganza le idee di Simon e di Goldhaber restano ancora oggi la base migliore per riflettere su questo aspetto della contemporaneità.

I primi passi compiuti da Simon verso la formulazione del concetto di «economia dell'attenzione» si fondavano sull'idea che l'informazione consuma l'attenzione, che è una risorsa limitata. Nel suo complesso, l'economia non è altro che lo studio del razionamento delle risorse finite. Il contributo inestimabile apportato da Goldhaber a questo orizzonte teorico consiste nella tesi secondo cui l'attenzione non è semplicemente una risorsa finita presente dentro di noi e che può venire estratta. No, *l'attenzione è una risorsa che può essere spostata*: scambiata, donata e venduta.

Goldhaber capì che l'attenzione non si riduce a ciò a cui prestiamo attenzione e che, come ho spiegato in modo approfondito nel quarto capitolo di questo libro, bisogna tenere conto del fatto che possiamo prestare attenzione ad altre persone e che gli altri a loro volta possono prestare attenzione a noi. L'attenzione sociale è fondamentale per comprendere il modo in cui l'attenzione può essere spostata e cioè distribuita, condivisa, regalata, scambiata. L'attenzione segue dei *flussi*.

Secondo Goldhaber, una conversazione, una delle forme più elementari di comunicazione umana e di legame sociale, è a livello profondo non solo uno scambio di informazione (che spesso è secondaria) quanto «soprattutto uno scambio di attenzione»:

> Se per qualche motivo voglio la tua attenzione, posso cominciare chiedendoti un'informazione, per esempio chi sei e che cosa fai, non perché necessariamente mi importi molto, ma perché è un buon modo di ottenere la tua attenzione. I bambini fanno moltissime domande e spesso la vera ragione per cui le fanno è evidente e non è detto che gli adulti siano poi così diversi... Ciò che conta davvero in ogni conversazione è lo scambio di attenzione: uno scambio che normalmente va mantenuto grossomodo alla pari, altrimenti uno dei due interlocutori potrebbe perdere interesse.[56]

Questi flussi di attenzione, gli scambi reciproci che costituiscono una conversazione, possono assumere anche molte altre forme. Se un oratore invita una donna presente nel pubblico ad alzarsi e poi la ringrazia per il contributo all'argomento del suo discorso, sta utilizzando l'attenzione che ha conquistato per distribuirla altrove. «Una verità fondamentale è che, una volta ottenuta l'attenzione di un pubblico, la si può passare a qualcun altro» dice Goldhaber. E «il fatto che l'attenzione può essere passata da qualcuno che la possiede a qualcun altro, e avanti così, è ovviamente un aspetto fondamentale di qualunque struttura collettiva che presenta anche la minima somiglianza con ciò che chiamiamo economia».[57]

Goldhaber pronosticò che, con l'arricchirsi di una società, le preoccupazioni materiali sarebbero diventate di secondaria importanza per fasce sempre più ampie della popolazione e che catturare l'attenzione sarebbe diventato sempre più cruciale, fino a diventare uno dei moventi fondamentali dell'agire umano:

> Mentre ci avviciniamo a un'economia dell'attenzione in senso proprio, l'ethos dell'economia classica, per la quale la ricerca consapevole dell'attenzione è una forma di cattivo gusto o una strategia fallimentare, sembra cedere a un atteggiamento che considera l'essere oggetto di molta attenzione un segnale positivo e la ricerca dell'attenzione come qualcosa di tutt'altro che disdicevole... Le energie liberate dai trionfi di quella che definisco l'economia industriale del denaro si orientano sempre

> di più verso la conquista dell'attenzione. Questo porta all'aumento della competizione per una risorsa sempre più scarsa, che è naturalmente l'attenzione. Si genera quindi una corsa infinita, una corsa che a sua volta aumenta la domanda a far sì che tutti noi prestiamo quel poco di attenzione che ci rimane.[58]

Ben prima dell'avvento dell'odierna economia dell'attenzione, Goldhaber intuì che l'attenzione sarebbe divenuta la nuova moneta ufficiale. L'idea che l'attenzione sia una specie di ricchezza e che, parallelamente al denaro vero e proprio, possa venire accumulata spiega molti degli aspetti salienti della nostra epoca postindustriale, tanto in ambito organizzativo quanto nei contesti sociali. Perché internet ha contenuti interessanti? Perché, fin da quel lontano giorno del 1993 in cui per la prima volta a quattordici anni mi connessi alla rete, il web è sempre stato un luogo in cui potevo perdermi per ore? Perché le persone, senza alcuna compensazione in denaro, dedicano grandi quantità di tempo e di energie alla creazione di contenuti nella speranza che poi gli altri le vedano: come scrivere post sulle bacheche di Usenet, tenere un blog, chattare nelle chat room e creare finti siti goliardici. Tutta questa creatività, questa ironia e questa conoscenza, tutte queste attività, a un certo livello, mirano alla conquista dell'attenzione e rientrano in un'economia attentiva del dono, perlopiù non commerciale, in cui le persone scambiano in maniera biunivoca la propria attenzione.

Goldhaber conclude con delle predizioni ancora più ambiziose, che però non si sono avverate, o almeno non ancora. Secondo lui, l'attenzione diventerà talmente preziosa da spodestare il denaro. Mentre ampie porzioni di attenzione possono essere scambiate con il denaro e con altre forme di ricchezza, tale scambio non può essere attuato in maniera identica nella direzione opposta: «Il denaro segue l'attenzione, ma l'attenzione segue il denaro in misura molto inferiore». Cioè, se sei bravo ad attirare l'attenzione, come per esempio lo è la deputata statunitense ultratrumpiana Marjorie Taylor Greene, puoi scambiare tale attenzione con il denaro (nel caso di Greene, facendo delle raccolte fondi), ma nel senso opposto lo scambio non funziona. Pur avendo a disposizione enormi quantitativi di denaro, non può comprare l'attenzione.

C'è del vero in questa affermazione: il fatto che qualcuno abbia pagato per metterti sotto il naso un'inserzione pubblicitaria non significa che tu necessariamente ci presterai attenzione o te la ricorderai. Tuttavia, il capitalismo e gli scambi di mercato si sono dimostrati più flessibili (o più insidiosi) di quello che lasciavano intendere le previsioni di Goldhaber. Buona parte dell'odierna economia dell'attenzione si fonda proprio sullo scambio tra denaro e attenzione. Quindi il flusso di scambio tra soldi e attenzione è effettivamente biunivoco. Le persone accumulano attenzione e la barattano con il denaro – gli influencer di Instagram che guadagnano con i contratti di sponsorizzazione dei marchi – e d'altro canto usano i soldi per acquistare l'attenzione, come Elon Musk che investì 44 miliardi di dollari per farci leggere i suoi pessimi tweet.

Finora, ho sostenuto che l'attenzione è una risorsa, una sostanza estratta per il suo valore di mercato e che è cresciuta di valore ed è ormai la risorsa in assoluto più importante. Ecco le due tesi fondamentali di questo libro. Questo capitolo è incentrato sulla spiegazione del secondo punto: l'essenza stessa di quella che spesso viene definita l'era dell'informazione fa sì che l'attenzione sia *necessariamente* la risorsa fondamentale all'interno di una società e di un'economia dominate dall'informazione.

Credo però che sia opportuno prenderci un po' di tempo per riflettere su una controargomentazione che incombe ai margini del mio discorso e che, in sintesi, è questa: ci sono molte persone, organizzazioni, aziende e istituzioni che, pur avendo un enorme potere e grandi ricchezze, operano perlopiù al di fuori della nostra attenzione e dell'economia dell'attenzione. Certo, conosciamo i nomi di alcuni politici e miliardari, ma quasi tutti i potenti appartenenti agli strati superiori della società – la cosiddetta «élite del potere», tanto per usare la celebre espressione di Charles Wright Mills – sono relativamente anonimi.[59] Sfuggono alla nostra attenzione e ricavano il proprio potere da altre fonti.

Per esempio, negli Usa ci sono più di ottocento miliardari ma, se ce ne mostrassero l'elenco, quasi certamente non ne riconosceremmo più di venti o trenta. Non abbiamo mai sentito nominare la stragrande maggioranza di questi superricchi che, secondo me, sono felicissimi di restare ignoti al grande pubblico.

Un discorso analogo vale per i funzionari governativi, di cui è nota solo una ristretta cerchia. È improbabile che il deputato della Camera che ha accesso al maggior quantitativo di denaro – il presidente della Commissione per l'impiego dei fondi pubblici – sia un personaggio famoso e venga inseguito dai paparazzi. Molti senatori statunitensi sono poco conosciuti, ma occupano posizioni di enorme potere. Ci sono anche centinaia di funzionari di secondo livello, governatori della Federal Reserve, lobbysti influenti e soci di prestigiosi studi legali che, pur non essendo in grado di attirare l'attenzione a livello personale né professionale, hanno un incredibile potere e tuttavia non intrattengono alcun legame con la risorsa dell'attenzione: non la raccolgono, non la comprano e non la vendono. Vivono nell'anonimato e tendono a esercitare il proprio ruolo senza che i cittadini se ne accorgano o quasi. Magari nei loro ambienti ricevono molta attenzione, ma il grande pubblico non sa chi siano.

Si potrebbe persino fare un passo in più e affermare che l'attenzione è l'oro degli stolti. Che soltanto i più disperati e i più psicologicamente fragili tra i ricchi e i potenti cercano l'attenzione e invece i più equilibrati comprendono che, nonostante la sua apparenza di desiderabilità, non è affatto una risorsa preziosa.

Inoltre, non è impossibile – voglio andare fino in fondo e fare l'avvocato del diavolo – che la mia prospettiva complessiva sul valore dell'attenzione sia irrimediabilmente falsata. Evidentemente, sono una persona che dà valore all'attenzione altrui, come dimostra il fatto, be', il fatto che stai leggendo questo libro, oltre a tutta la mia parabola professionale. Lavoro nell'industria dell'attenzione e quindi, naturalmente, per me l'attenzione è una risorsa cruciale. Forse la mia visione sulla sua centralità deriva in gran parte dal valore che le attribuisco e sono talmente immerso nell'economia dell'attenzione da non rendermi conto di questo paradosso.

Va bene, sono quasi riuscito a convincermi di avere torto, ma ora faccio un passo indietro e vi spiego perché trovo una simile obiezione errata. È verissimo che ci sono innumerevoli persone, aziende e istituzioni dotate di grandi poteri e ricchezze che proliferano al di fuori della nostra attenzione ed esercitano il proprio influsso in maniera invisibile. Penso però che, con un'analisi più attenta, ti accorgerai che è in atto una transizione generazionale. La natura dell'era dell'attenzione comporta l'innesco di una serie di processi e sviluppi progressivi e non un equilibrio statico: tale assunto vale per tutti i nuovi sistemi di relazioni sociali e materiali. Oggi si assiste a un'evidente discontinuità tra elementi sociali nativi dell'età dell'attenzione ed elementi invece preesistenti.

Faccio un esempio: all'inizio del terzo decennio del ventunesimo secolo, Elon Musk diventò l'uomo più ricco del mondo. Le classifiche degli uomini più ricchi del mondo (sono sempre maschi) possono essere confuse e risentire degli alti e bassi del mercato azionario, ma nel 2023 il patrimonio netto stimato di Musk si aggirava sui 240 miliardi di dollari. Non esisteva oggetto materiale sulla terra che non potesse avere. Le sue ricchezze superavano le fantasie più sfrenate: macchine, case, yacht, qualsiasi cosa immaginabile.

Quello che voleva Musk, però, era l'attenzione. Non all'inizio: per buona parte della sua carriera imprenditoriale non si era dimostrato un grande amante dei riflettori. Ma poi, come molti altri, si iscrisse a Twitter e la dinamica descritta da Alexandre Kojève, il paradosso della star e del fan, cominciò ad attirarlo nella sua orbita e lui si ritrovò a postare sempre di più e a pubblicare tweet sempre più patetici, fino al verificarsi dell'acquisto compulsivo più costoso della storia, i 44 miliardi di dollari spesi per Twitter, che non ne valeva neanche la metà.[60]

Forse rendendosi conto di quanto esagerata fosse una tale cifra, a un certo punto Musk cercò di fare marcia indietro. Ma con la prospettiva di dover affrontare una causa da parte di Twitter e un processo potenzialmente disastroso, il *tycoon* fu costretto a procedere con l'acquisto. Nonostante i continui appelli altisonanti di Musk alla libertà di parola e al pluralismo politico, il flusso incessante e compulsivo dei suoi post e delle sue polemiche fece capire a tutti che in realtà il suo vero scopo era diventare il Protagonista di Twitter.

Pur di diventare il Protagonista di Twitter, Musk incentivò la diffusione di teorie cospirazioniste vili e false sulla grave aggressione subita dal marito della speaker della Camera, ironizzò sull'idea che un pluriomicida con varie svastiche tatuate potesse essere un suprematista bianco e contribuì a far circolare post razzisti in cui affermava che le persone nere avevano il gene della delinquenza e tweet offensivi nei confronti delle persone trans.

In questo modo Elon Musk riuscì a catturare l'attenzione: era sempre in cima ai trend di Twitter e le sue follie diventarono un'ossessione della stampa mainstream. Molti utenti di Twitter invece non erano contenti. Ma soprattutto i pubblicitari cominciarono a disertare la piattaforma, per poi abbandonarla completamente. Nel maggio del 2023 Fidelity Investment stimò che il valore complessivo di Twitter, sette mesi dopo che Musk l'aveva acquistato per 44 miliardi di dollari, non superava i 15 miliardi.[61] Per molti osservatori, era come se Musk avesse dato fuoco a 30 miliardi, ma in realtà lui li aveva investiti per acquistare qualcosa e cioè l'attenzione mondiale. Per lui si trattava della merce in assoluto più preziosa. Quando un giornalista della Cnbc gli chiese come mai continuasse a postare tweet in cui faceva affermazioni del calibro di «George Soros odia l'umanità», Musk – dopo una studiata pausa a effetto – rispose così: «Nella *Storia fantastica* – bellissimo film – c'è una scena in cui [uno dei personaggi] si ritrova a tu per tu con l'assassino del padre. E gli dice: "Offrimi del denaro. Offrimi il potere. Non mi interessa"... Dico quello che penso e se questo mi fa perdere dei soldi, be', posso accettarlo».[62] Pur trasformando la verità in una questione di principio, la replica di Musk non era priva di sincerità: l'attenzione mi ripaga del denaro perso. Non c'è nient'altro per me di più prezioso.

Musk è talmente ossessionato dall'attenzione che, anche quando la redditività e il valore dell'azienda da lui acquistata sono crollati, ha richiesto ai suoi dipendenti di dedicare il proprio tempo ad assicurargli il massimo dell'attenzione. Secondo una fonte, nei primi mesi del 2024 Musk ha fissato una riunione quotidiana alle undici del mattino in cui gli ingegneri dovevano occuparsi di pompare l'*engagement* del suo profilo sul sito da lui ribattezzato X. «Il problema da risolvere è semplice» ha spiegato un programmatore a «Business Insider». «I numeri dei tweet di Elon peggiorano. È di questo e solo di questo che si parla... Non degli altri account.»[63]

Musk è un caso limite, ma non è affatto l'unico a comportarsi così. Nella sua generazione si riscontra un'analoga ricerca disperata dell'attenzione: penso a vari miliardari della Silicon Valley che si sono messi a condurre un podcast o a Bill Ackman, magnate dei fondi speculativi, che posta in maniera compulsiva. I nuovi plutocrati sono ossessionati dall'attenzione.

È la parabola perfetta dell'era dell'attenzione. C'era un uomo, Musk, che aveva a disposizione ogni risorsa materiale e finanziaria, tutto ciò che la civiltà umana aveva prodotto perché qualcuno potesse comprarlo o possederlo. Eppure, era disposto a scambiare tutto questo con l'attenzione.

La relazione di Musk con l'attenzione è il contrario di quella del presidente ucraino Volodymyr Zelensky. Prima di entrare in politica e diventare un leader in tempo di guerra, Zelensky era un comico e un attore di enorme successo. Ha attinto alle competenze affinate nel corso degli anni e alla sua capacità di catturare e mantenere l'interesse del pubblico e le ha impiegate per orientare l'attenzione mondiale sulle sorti del suo Paese e per convertire tale attenzione in risorse materiali: soldi e armi. Uno dei motivi per cui l'attenzione è una risorsa tanto importante consiste nel fatto che la si può *scambiare*: se sei bravo a conquistare e a mantenere l'attenzione come lo è Zelensky, puoi convertire tale risorsa in altre risorse, proprio come ha fatto lui con grande maestria. Musk incarna invece la direzione opposta di questo scambio. Se Zelensky è un intrattenitore naturale, Musk è l'opposto: è un buco nero di carisma negativo. Ma ha un tale desiderio di attenzione da essere disposto a pagare profumatamente per ottenerla. Zelensky ha scambiato l'attenzione con delle risorse materiali e Musk ha barattato delle risorse materiali, cioè alcune decine di miliardi di dollari, in cambio di attenzione. Per lui è la merce in assoluto più rara.

7
Attenzione pubblica

Nell'autunno del 1858, mentre gli Stati Uniti si riprendevano dalla crisi economica e sprofondavano in una delle loro semiperiodiche esplosioni di fervore religioso, due uomini si affrontarono in una corsa elettorale che sarebbe diventata la più celebre contesa politica locale della storia americana. Il deputato alla Camera dell'Illinois Abraham Lincoln era il candidato del Partito repubblicano di recente fondazione e si opponeva alla sentenza Dred Scott contro Sandford e all'espansione della schiavitù nei nuovi territori dell'Unione. Lo sfidava il democratico Stephen A. Douglas, che correva per il secondo mandato da senatore dell'Illinois ed essendo uno degli autori del compromesso del 1850 voleva mantenere in vigore il Fugitive Slave Act, che perseguiva chi prestava aiuto agli schiavi in fuga e ne ostacolava la cattura. Tale legge promuoveva la «sovranità popolare» e cioè permetteva ai singoli Stati di decidere in autonomia se permettere o meno la schiavitù, tesi che Douglas avrebbe sostenuto per tutto l'arco della propria carriera politica. Nel giro di due mesi, i due candidati si affrontarono in sette città diverse per sette dibattiti che, anche se all'epoca non esistevano ancora i mass media, divennero l'argomento del giorno in tutto il territorio nazionale. Un quotidiano di Dallas parlò «del più appassionante testa a testa politico mai verificatosi».[1] Un corrispondente di Richmond, in Virginia, scrisse che «un'elezione locale che crea un tale clima di aspettativa è un caso più unico che raro, come il fatto che politici di tutto il Paese abbiano preso posizione in maniera così decisa e si siano espressi con tale perentorietà in favore dell'uno o dell'altro candidato».[2] «L'Illinois resta con il fiato sospeso» dichiarò il quotidiano abolizionista «The Liberator».[3] I dibattiti attrassero una tale attenzione nazionale che, due anni dopo, i due sfidanti sarebbero diventati i candidati alle elezioni presidenziali dei rispettivi partiti.

Vista con gli occhi del ventunesimo secolo, la sfida Lincoln-Douglas sembra al contempo impressionante e remota. Innanzitutto, i dibattiti erano degli spettacoli, una forma di intrattenimento di massa più simile a una *rap battle* che a una lezione universitaria. Il pubblico affollava le sale per vedere i due grandi oratori e manifestava rumorosamente il proprio entusiasmo. Le ovazioni furono registrate dalle trascrizioni e l'abilità di fare leva sulla folla e dettarne la linea emotiva era una delle doti più spiccate di Lincoln.

Tuttavia, per le nostre aspettative odierne, il format era soporifero. Il primo oratore teneva un discorso di un'ora. Poi allo sfidante toccava una replica di un'ora e mezza, seguita da una risposta di mezz'ora del primo oratore. Insomma, tre ore ininterrotte di discorsi, un tempo più lungo di quasi qualunque film o partita di football. Nella sua polemica contro l'intrattenimento televisivo della fine del Novecento, Neil Postman fece assurgere tali dibattiti a fulgido esempio di quella cultura della comunicazione democratica – «una forma di oratoria che può essere considerata quasi letteraria» – che nel ventesimo secolo si sarebbe completamente smarrita.[4]

Per quanto la brillantezza, l'intelligenza e le doti retoriche di entrambi i candidati risultino evidenti anche dalla lettura delle trascrizioni dei sette dibattiti, è innegabile che oggi una tale densità di linguaggio e di argomentazione risulterebbe proibitiva.[5] Ecco un estratto, tanto per darvi un'idea, dell'argomentazione addotta da Stephen Douglas in favore della cosiddetta dottrina Freeport, ossia dell'idea che i cittadini di un nuovo territorio di frontiera potessero decidere liberamente di vietare o permettere la schiavitù:

> Qui non conta ciò che in seguito la Corte Suprema stabilirà in merito alla decisione astratta di permettere o meno la schiavitù in un territorio soggetto alla Costituzione, in quanto i cittadini hanno a propria disposizione gli strumenti legittimi per introdurla o escluderla a loro piacimento, poiché la schiavitù non può esistere per un giorno né per un'ora in qualsivoglia luogo a meno che non venga supportata dai regolamenti locali della polizia. E tali regolamenti possono essere stabiliti soltanto dalla legislazione locale e se i cittadini sono contrari alla schiavitù eleggeranno nell'organo deputato dei rappresentanti che promulghino una legislazione ostile all'introduzione della schiavitù nei loro territori.[6]

Questo discorso, lungi dall'essere incomprensibile, è però molto più complesso e più elaborato, almeno a livello sintattico, di quasi qualunque dichiarazione dei politici odierni. Leggendo le trascrizioni, si rimane colpiti dalla proliferazione di incisi, subordinate e idee anticipate in apertura di periodo e accantonate per poi venire rielaborate successivamente. Sembrano discorsi scritti più che orali, il che era proprio il senso della tesi di Postman: si tratta di comunicazioni di massa in una società fondata sulla scrittura e non sulle immagini.[7] In conformità con i testi scritti, questi discorsi sono pieni di citazioni e di riferimenti all'ampio dibattito nazionale dell'epoca sulla schiavitù e ai molti microdibattiti e dispute che lo attraversarono. Tutto ciò, per un lettore del ventunesimo secolo, rischia di essere quasi impossibile da seguire. Ecco un estratto del discorso di Lincoln nel quarto dibattito:

> Come è risaputo, il giudice Trumbull ha dimostrato che il senatore Bigler, nella Camera del Senato, ha fatto riferimento a un'avvenuta riunione di senatori, in cui si è deciso di approvare una delega parlamentare per permettere ai cittadini del Kansas di formulare una Costituzione, e che gli astanti a tale riunione hanno concordato che fosse opportuno non dare disposizione di far mettere ai voti ai cittadini una Costituzione già

> composta. Inoltre, il giudice ha dimostrato che, come aveva inteso rendere evidente, il giudice Douglas ha poi riportato il disegno di legge al Senato con in calce la suddetta clausola. Infine, ha dimostrato che nel disegno di legge c'era una nuova clausola, la cui essenza era di impedire un riferimento alla possibilità di far votare la Costituzione da parte dei cittadini, per scongiurare l'eventualità che da un mero silenzio della legge si potesse desumere che essi avessero il diritto di votarla.[8]

Per tre ore filate la gente ascoltava rapita simili discorsi.

È soprattutto a causa della complessità retorica e di pensiero dimostrata dai due oratori che, dopo oltre centocinquant'anni, i dibattiti Lincoln-Douglas vengono considerati un modello aureo di discorso democratico. Generazioni di liceali si sono sfidati in infinite rievocazioni di questi dibattiti, che restano ancora oggi uno dei format classici delle competizioni di *debate*.

Per parlare del modo in cui una società democratica si esprime a livello pubblico, adottiamo quasi sempre il modello del dibattito. I nostri organi parlamentari funzionano così: un oratore sale sul podio e parla per un tempo specifico e poi arriva il turno degli oratori della controparte, che spesso la pensano in maniera opposta. I due schieramenti continuano la disputa a suon di argomentazioni e controargomentazioni. Anche la nostra idea attuale di discorso pubblico è incentrata su questa consuetudine. C'è un «tema» (per esempio, l'immigrazione), poi ci sono varie interpretazioni più o meno contrastanti di tale tema (pro o contro, aumentare le restrizioni o ridurle eccetera) e nei contesti pubblici – in televisione, su internet o persino nei gruppi della chiesa o nei bar – le persone argomentano a turno il proprio punto di vista. Programmi di attualità come *Crossfire*, *The McLaughlin Group* e un'infinità di altre trasmissioni nel corso degli anni (senza escludere quelle a cui ho partecipato anch'io) si sono ispirati proprio a questo solido canovaccio.

Il dibattito è una sorta di «regime attenzionale», un mezzo formale per regolare la direzione e l'intensità dei flussi di attenzione. Ogni tipo di discorso, dalla chiacchierata per conoscersi meglio a un primo appuntamento ai dialoghi socratici di Platone, richiede un regime attenzionale implicito o esplicito. A patto di stabilire l'orientamento dell'attenzione in ogni dato momento, i regimi attenzionali possono assumere varie forme. Le tribù indigene del Pacifico nordoccidentale utilizzano il «bastone della parola» come mezzo per regolare l'attenzione durante i *powwow* e i raduni collettivi. Nei convegni accademici l'oratore principale e gli ospiti vengono situati nella parte anteriore della sala, ma nei seminari con un pubblico più ridotto basta alzare la mano per essere inseriti nella lista degli oratori. Le riunioni hanno un ordine del giorno e quasi sempre c'è qualcuno che le dirige. Club, organizzazioni e comitati di vario genere tendono a implementare una qualche variante delle *Robert's Rules of Order*, un insieme di linee guida, formulato da Henry Martyn Robert, brigadier generale durante la Guerra civile statunitense, per la gestione serena delle riunioni. L'ispirazione per il libro arrivò quando Robert, incaricato di presiedere un'assemblea in una chiesa di New Bedford nel Massachusetts e assolutamente privo di esperienza in materia, si ritrovò quasi immediatamente travolto dalla situazione:[9]

> Ero tremendamente in imbarazzo... Andai allo sbaraglio e sperai che la Provvidenza facesse in modo che la congrega si comportasse civilmente. Ma quell'insuccesso mi fece giurare a me stesso che non avrei mai più presenziato a un'altra riunione senza prima aver appreso i rudimenti della... legge parlamentare.[10]

Alla sua prima esperienza, Robert comprese che senza un regime stabilito e condiviso per regolamentare l'attenzione collettiva, l'attenzione avrebbe vagato qua e là come una farfalla e tutti i presenti non avrebbero fatto altro che correrle dietro inutilmente.

In sostanza, qualunque comunicazione di gruppo richiede almeno un abbozzo di regime attenzionale. Si tratta di un aspetto talmente cruciale per qualunque forma di collaborazione umana da essere la prima cosa su cui vengono istruiti a scuola i bambini: quando sta parlando la maestra o un compagno, non bisogna parlare. Se vuoi fare una domanda, alzi la mano. Questi comportamenti vengono inculcati negli alunni fin dalla tenera età perché le norme per regolamentare l'attenzione nei contesti di gruppo non sono necessariamente «naturali» o intuitive. Infatti, nell'anarchia del parco giochi tendono a crearsi molteplici regimi attenzionali spontanei.

Un'altra ragione per cui le regole di distribuzione dell'attenzione vengono inculcate nei bambini piccoli è che, in assenza di un regime attenzionale, l'aula piomba nel caos. Se tutti parlano o gridano contemporaneamente, insegnare o imparare qualcosa è praticamente impossibile. Poiché ogni interazione sociale è governata da un qualche insieme di regole, i bambini devono apprendere le norme attenzionali della classe nell'ambito di un processo più ampio di acculturamento alla socialità umana.

Questi regimi attenzionali sono talmente onnipresenti che li diamo quasi sempre per scontati. Ma formano le fondamenta sotterranee di qualunque forma di comunicazione: senza regole, qualsiasi attività ricca di significato – il reperimento dei fatti, la discussione, la fase decisionale – è destinata a fallire. Come tanti altri aspetti dell'attenzione, tali norme sono una condizione necessaria ma non sufficiente, al contempo indispensabile e minima.

Torniamo al deputato Abraham Lincoln, al senatore Stephen Douglas e ai dibattiti che consideriamo un modello di discorso democratico. Il regime attenzionale che sottendeva tale disputa era composto da una pluralità di livelli. Il livello più evidente era costituito dalle regole fondamentali del dibattito: un primo discorso di sessanta minuti, una risposta di novanta minuti dello sfidante e una replica finale di mezz'ora del primo oratore. Da una città all'altra i due contendenti si alternavano nei due ruoli e chi in un dibattito parlava per primo nel successivo assumeva il ruolo di sfidante.

Dato che viviamo nell'era dei video di dieci secondi e dello scorrimento infinito del *feed*, è ovvio che lo stupore e l'ammirazione che ci suscitano questi dibattiti sono dovuti anche e soprattutto alla semplice prova di resistenza e concentrazione che richiedevano tanto da parte degli oratori quanto da parte del pubblico. Quando il 3 ottobre a Springfield il maltempo costrinse gli organizzatori a spostare il dibattito, che sarebbe stato aperto da Douglas, nell'aula magna del Senato locale, accorsero «tra le diecimila e le dodicimila persone, che affollarono ogni metro quadrato della sala».[11] Lincoln annunciò che avrebbe atteso l'indomani per fornire la propria risposta e il giorno dopo si presentò una folla quasi altrettanto numerosa.

Ma non è solo questione di resistenza. A sorprenderci è anche il rapporto tra la lunghezza dei discorsi e delle repliche e la raffinatezza argomentativa e retorica permessa da un tale format. A livello intuitivo, comprendiamo tutti che per esporre delle idee particolarmente complesse o ricche di sfumature serve più tempo di quanto ne richiede la spiegazione di concetti più semplici. Parallelamente, intuiamo che i microscopici frammenti di comunicazione alla cui fruizione dedichiamo buona parte delle nostre giornate peggiorano tanto la nostra capacità di mantenere la concentrazione quanto la qualità dei pensieri che vengono espressi e compresi.

Noam Chomsky sostiene che la natura della televisione commerciale e soprattutto la necessità di infarcire di contenuti i segmenti delimitati dalle pause pubblicitarie producano un effetto ideologico sui contenuti stessi, anche se soltanto per ragioni formali. «Si è costretti a essere concisi» ha osservato Chomsky. «Bisogna dire le cose tra una pubblicità e l'altra o in seicento parole. Questo è un fatto molto importante. Il bello della concisione è che costringe a ripetere pensieri convenzionali.»[12] Secondo Chomsky, le affermazioni di rottura quali, per esempio, «la più terribile campagna terroristica in atto a livello globale è quella che in questo momento viene orchestrata a Washington» richiedono un'elaborazione e una spiegazione che eccedono nettamente i limiti temporali imposti dal mezzo e perciò, di norma, non vengono mai fatte in diretta.[13]

Io non sono del tutto d'accordo: Chomsky sembra convinto, ben più di quanto lo sia io, che questa sia una strategia messa volontariamente in atto dai poteri forti della comunicazione. Ma la sua tesi di fondo – ridurre il tempo dedicato a una discussione comporta delle conseguenze sostanziali sulle idee che vengono presentate – è incontrovertibile.

Questo è il mio campo. Nel corso della mia carriera ho diretto un programma di un'ora in prima serata i cui segmenti duravano dai due ai quindici minuti, un programma di due ore con vari ospiti i cui segmenti potevano estendersi fino a mezz'ora di conversazione ininterrotta e un podcast settimanale in cui chiacchiero per circa un'ora con una sola persona. Mi sono imbattuto in moltissimi argomenti – come funzionano le reti elettriche e perché vanno ripensate in un'epoca che punta ad affrancarsi completamente dal consumo di combustibili fossili; oppure la necessità per i laici, a detta di un celebre filosofo, di meditare sul senso della vita data l'assenza di un paradiso a cui aspirare – i quali, pur essendo perfetti per un podcast, per un segmento di sette minuti di un programma televisivo di attualità in prima serata sarebbero catastrofici.

La nostra ammirazione per i dibattiti Lincoln-Douglas si fonda anche sul fatto che i due sfidanti si affrontavano senza interruzioni. Passavano senza soluzione di continuità dai concetti astratti (l'uguaglianza umana) alle questioni legislative specifiche (il compromesso del Missouri). Rispondevano alle osservazioni dell'avversario, anche se si trattava di dettagli irrilevanti. Pensiamo invece a che cosa accadrebbe a un tale dibattito, con gli stessi due oratori, nel contesto di un format televisivo odierno: «Senatore Douglas, ha novanta secondi per spiegare la sovranità popolare». «Deputato Lincoln, le do trenta secondi per rispondere a Douglas sulla sentenza Dred Scott.» Inevitabilmente e inesorabilmente, si tratterebbe di una disputa più stupida e superficiale.

Ma le regole basilari dei dibattiti Lincoln-Douglas, e cioè la quantità di tempo a disposizione dei due oratori, costituivano solo il primo livello, e per certi versi quello meno importante, del regime attenzionale complessivo. L'aspetto fondamentale dei dibattiti era l'attenzione esclusiva prestata dai due contendenti al tema della schiavitù. La loro concentrazione sulla questione principale coinvolgeva poi molti altri temi secondari: la dialettica tra compromesso pragmatico e principi morali; l'uguaglianza razziale e la natura della schiavitù; lo statuto del controllo giudiziario e le possibilità di manovra di un sistema di governo rispetto a una Corte Suprema le cui decisioni più importanti erano considerate intollerabili da una parte consistente dell'opinione pubblica.

Ma il fulcro dei dibattiti, ora dopo ora, giorno dopo giorno, città dopo città, era la schiavitù. Ribadisco che è istruttivo mettere a confronto i dibattiti Lincoln-Douglas con le modalità con cui si verificherebbe un tale confronto nel contesto odierno. Sarebbe impensabile e praticamente impossibile incentrare un dibattito tra due candidati elettorali su un solo argomento. I moderatori sentirebbero il bisogno di introdurre delle domande sugli altri temi caldi del giorno.

I dibattiti Lincoln-Douglas sono una dimostrazione di attenzione protratta e di concentrazione su un solo tema di grande rilevanza. Poiché si trattava dell'argomento in assoluto più importante a quell'epoca e forse dell'istanza fondamentale nell'arco dell'intera storia degli Stati Uniti, una dedizione tanto insistita ci sembra davvero una forma di saggezza.[14]

Ricordiamo che, sebbene i due sfidanti nel giro di due anni sarebbero stati scelti come candidati presidenziali dei rispettivi partiti, in quel momento si contendevano solo un seggio al Senato. Inoltre, poiché all'epoca non esisteva ancora l'elezione diretta dei senatori, la loro elezione non era affidata ai cittadini ma ai rappresentanti del Parlamento dell'Illinois. Il loro obiettivo, una volta eletti, sarebbe consistito nel rappresentare al Congresso federale gli interessi dello Stato dell'Illinois. Il fatto che questi due uomini abbiano dedicato interamente la propria campagna elettorale a una sola questione è davvero straordinario...

Soprattutto perché correvano per rappresentare l'Illinois, la cui condizione di Stato libero dalla schiavitù non era minimamente messa in discussione.

Questo, a mio avviso, è l'aspetto in assoluto più importante del fondamento attenzionale dei sette dibattiti. L'attenzione della nazione, dei candidati, delle folle e dei giornali era concentrata su un unico tema. Nessuna istanza nella storia statunitense ha mai monopolizzato l'attenzione nazionale nel modo in cui lo fece la schiavitù negli anni immediatamente precedenti alla Guerra civile.

Il motivo per cui a partire dal 1858 l'attenzione nazionale si concentrò esclusivamente sulla schiavitù è da sempre argomento di complessi dibattiti da parte degli storici, ma è impossibile individuare un'unica ragione. Bisogna tenere conto di un insieme di fattori: l'ineludibile tensione di fondo, consustanziale alla nascita degli Stati Uniti, tra le utopie di autodeterminazione e l'atroce tirannia multigenerazionale esercitata su milioni di anime umane nel contesto della più orribile delle istituzioni mai concepite. Inoltre, l'inarrestabile meccanismo dell'espansione verso ovest richiedeva delle decisioni nette per quanto riguardava l'estensione della schiavitù, una questione che non poteva più essere interpretata dai politici nell'ottica di un equilibrio ormai stabilizzato. E poi c'erano stati vari tentativi di mediazione: il compromesso del Missouri e il Kansas-Nebraska Act, che però servirono soltanto a esacerbare le contraddizioni e i conflitti. Di fatto, naturalmente, nessun compromesso avrebbe potuto nascondere il crimine contro l'umanità che era la schiavitù.

Ma il male dello schiavismo nel continente americano non era una novità. Uno dei motivi principali per cui sulle pianure dell'Illinois i due candidati al Senato discutevano della schiavitù consisteva nel fatto che il movimento abolizionista, che tra gli statunitensi bianchi riscuoteva scarsi consensi, era riuscito a catturare l'attenzione nazionale e a concentrarla su tale tema. Creando il primo movimento multirazziale per l'uguaglianza nella storia statunitense, abolizionisti neri e bianchi erano riusciti a costringere il Paese a fronteggiare il proprio peccato originale. Per risvegliare la coscienza pubblica e mettere la questione al centro degli interessi della nazione, gli attivisti avevano utilizzato vari mezzi, dagli opuscoli, ai giornali, ai tour di conferenze, ai romanzi a sfondo politico come *La capanna dello zio Tom*, un bestseller su uno schiavo fuggiasco che, diremmo noi oggi, ottenne un successo virale. (James Baldwin lo definì pubblicamente un pessimo romanzo e disse che si trattava di propaganda politica fatta e finita, ma sul piano ideologico fu tremendamente efficace.)[15]

A prescindere dalla loro precisa consapevolezza in materia, gli abolizionisti intuirono la doppia natura del discorso pubblico, su cui ancora oggi facciamo affidamento. Il primo passo per vincere un dibattito pubblico, o anche solo per comunicare in modo efficace, che si tratti di pubblicizzare un prodotto o di vietare la schiavitù, comporta attirare l'attenzione sul proprio messaggio. Non importa quanto sei convincente ed efficace, se nessuno ti ascolta è tutto inutile. Ma questo non basta. Come abbiamo già rimarcato più volte, l'attenzione è necessaria ma non sufficiente. Per usarla devi prima impadronirtene, ma da sola non risolve le tue necessità. Per gli abolizionisti, o per qualunque battaglia pubblica, l'attenzione è un mezzo e non il fine, che è la persuasione. Una volta ottenuta l'attenzione delle persone, *poi* puoi cercare di convincerle. Questo modello fondamentale nell'era dell'attenzione si è sgretolato. Si sta sbriciolando sotto i nostri occhi, anche se non vogliamo accettare il suo evidente tracollo. I dibattiti Lincoln-Douglas si fondavano su due regimi attenzionali: un regime formale e uno sostanziale. Il regime formale consisteva nelle regole dei dibattiti stessi, quanto a lungo e in quale ordine avrebbero parlato i due sfidanti. Il regime sostanziale era la concentrazione imperterrita dei due oratori, e in fondo di tutta la nazione, sul tema della schiavitù. Noi pensiamo e pretendiamo ancora che il discorso pubblico sia sorretto da alcuni regimi attenzionali sottintesi – formali e sostanziali – ma, quando cerchiamo di farci leva, il nostro gesto cade nel vuoto.

La verità è che, nell'era dell'attenzione, tanto i regimi attenzionali formali quanto quelli sostanziali hanno ceduto in qualunque ambito. In assenza di un regime attenzionale, di un insieme di istituzioni in grado di fissare l'attenzione pubblica su un'istanza e di regole fondamentali per stabilire chi parla e quando e chi ascolta e quando, il bisogno di attenzione diventa esclusivo; fagocita il dibattito e il discorso pubblico. Da mezzo per ottenere un fine, l'attenzione diventa un fine in sé. Se nessuno ti ascolta, quello che dici è irrilevante. Urlare non è mai stato facile come lo è oggi, ma farsi sentire non è mai stato così difficile. Gli incentivi dell'era dell'attenzione creano un nuovo modello di dibattito pubblico il cui fine è proprio l'attenzione, che va catturata con ogni mezzo necessario.

Questa trasformazione covava da tempo e vari critici, nel corso degli anni, hanno individuato e descritto il suo avvento. Prima dell'era digitale ci fu l'epoca della televisione, che di per sé rivoluzionò il modo in cui l'attenzione era regolata nel discorso pubblico. In *Divertirsi da morire. Il discorso pubblico nell'era dello spettacolo*, pubblicato nel 1985, Neil Postman sostiene che per i primi centocinquant'anni dalla loro fondazione gli Stati Uniti furono una cultura di lettori e di scrittori e che il mezzo della stampa – con gli opuscoli, i quotidiani di grande formato, i giornali, i discorsi e i sermoni scritti – plasmò l'opinione pubblica, le modalità di pensiero e le istituzioni della democrazia stessa. Secondo Postman, la tv distrusse tale sistema e sostituì la cultura scritta con una cultura delle immagini, che era letteralmente priva di significato. «Gli americani hanno smesso di parlarsi, si intrattengono a vicenda. Non si scambiano idee; si scambiano immagini. Non discutono argomentando; discutono con il bell'aspetto, i personaggi famosi e le pubblicità.»[16]

Quando arrivò a formulare questa tesi, Postman stava lavorando a un saggio su due diverse distopie narrative novecentesche: *Il mondo nuovo* di Aldous Huxley e *1984* di George Orwell.

Postman capì che questi due romanzi, spesso considerati simili, in realtà rappresentano due versioni diametralmente opposte della distopia dell'informazione.[17] In *1984*, tutta l'informazione è sottoposta all'implacabile controllo statale e i cittadini hanno accesso solo alla propaganda ristretta e ottusa che viene loro inculcata: i due minuti di odio, GUERRA È PACE eccetera. Naturalmente, Orwell si ispirò ai contesti informativi soffocati dalla paranoia governativa dei regimi totalitari, a partire dall'Urss staliniana.[18]

La visione di Huxley era l'opposto. Nel *Mondo nuovo* il problema non è la carenza ma l'eccesso di informazioni, o perlomeno l'eccesso di intrattenimento e distrazioni.[19] La popolazione è indocilita e anestetizzata da un flusso costante di godimenti edonistici e di svaghi che ottundono il cervello. Scrive Postman: «Orwell aveva paura di chi avrebbe vietato i libri. Huxley aveva paura che non ci sarebbe più stato motivo di proibire i libri, perché nessuno avrebbe avuto voglia di leggerli. Orwell aveva paura di chi ci avrebbe deprivato dell'informazione. Huxley aveva paura di chi ci avrebbe a tal punto imbottiti di informazioni da renderci passivi ed egoisti. Orwell aveva paura che la verità ci venisse nascosta. Huxley aveva paura che la verità venisse sommersa da un oceano di cose irrilevanti».[20]

L'intuizione fondamentale da cui parte il saggio di Postman, ormai considerato un classico e scritto proprio nel 1984, è che *Il mondo nuovo* aveva prefigurato il futuro molto meglio di *1984*. Ci avvicinavamo a rapidi passi alla distopia di Huxley, soprattutto in Occidente, e non a quella di Orwell.[21]

Postman non si soffermò sul tema dell'attenzione, ma dal suo pensiero deduco che nei mercati competitivi dell'attenzione il divertimento sconfigge l'informazione e lo spettacolo sconfigge l'argomentazione. Più qualcosa è in grado di catturare la nostra attenzione e minore è il suo carico cognitivo, più noi ne saremo immediatamente attratti. Perché leggere un libro quando si può guardare un film? Perché leggere un giornale quando si può giocare a un videogioco?

È innegabile che le tesi di Postman abbiano un sapore snob da intellettuale che ti dice: «Io a casa la tv non ce l'ho neanche». Ma è altrettanto evidente che il potere attenzionale della televisione e la sua grammatica formale abbiano completamente trasformato il discorso pubblico e il funzionamento della democrazia statunitense. Negli anni Ottanta, la modalità primaria della comunicazione politica era l'annuncio elettorale di trenta secondi e l'idea fondamentale di Postman, e cioè che tra Lincoln e Douglas che si sfidano a suon di discorsi di un'ora e mezza filata e lo spot elettorale di Reagan *Morning in America* c'è una differenza abissale, mi sembra incontrovertibile.

Rispetto alla parola scritta, la tv ha un ventaglio più ampio di mezzi per catturare l'attenzione: immagine e testo, luci e colori, l'intera palette della produzione grafica. Come ogni altro mezzo, può essere usato bene o male, ma dal punto di vista attenzionale i suoi vantaggi fanno sì che chi lavora in televisione debba affrontare una competizione particolarmente spietata.

A poco più di vent'anni dall'uscita del capolavoro di Postman, l'arguto scrittore George Saunders sviluppò alcuni dei temi di *Divertirsi da morire* in un saggio sull'imbecillità belluina dei media statunitensi nel periodo tra l'11 settembre e la guerra in Iraq.[22] Saunders propone un esperimento che vi suonerà subito familiare. Immagina, dice Saunders, di essere a un cocktail party in cui individui perlopiù gentili e informati parlano e ascoltano a turno. Poi però «arriva un tizio con il megafono. Non è la persona più intelligente della festa, né la più esperta, né la più eloquente. Ma ha il megafono».

L'uomo comincia a esprimere le proprie opinioni e presto attorno a lui si crea una sorta di forza di gravità conversazionale: tutti, in un modo o nell'altro, reagiscono alle sue parole. E così, dice Saunders, la festa è rovinata. E se si ha a che fare con un Tizio con il Megafono particolarmente vacuo, ci si ritrova alle prese con un discorso non solo istupidito ma che istupidisce anche tutte le persone presenti in sala:

> Poniamo che non abbia riflettuto attentamente su ciò che vuole dire. Parla semplicemente a vanvera. Nonostante il megafono, per farsi sentire deve urlare e questo limita la complessità del suo discorso. Avverte l'urgenza di far ridere e quindi salta da un argomento all'altro e predilige le generalizzazioni («I cubetti di formaggio vanno a ruba... Spettacolari!»), le affermazioni che generano ansia o conflitto («Il vino è quasi finito. Non ci sarà mica dietro un complotto?»), i pettegolezzi («Voci di una sveltina nel bagno a sinistra!») e l'irrilevanza («Qual è il TUO angolo preferito della sala?»).[23]

Sì, Saunders scrisse questo testo nel 2007 e sì, sembra la trascrizione dell'eloquio di un certo presidente Usa, vero? Ma la critica di Saunders non si limita a ridicolizzare la banalità insidiosa e la vacuità assordante dei programmi di attualità della tv generalista prima e dopo l'11 settembre. Ci mostra anche che le forme del discorso plasmano la nostra architettura concettuale e che la raffinatezza del nostro pensiero è in gran parte determinata dalla raffinatezza del linguaggio che viene impiegato in nostra presenza per descrivere il mondo.

Questa non è un'intuizione nuova e l'idea che la stupidità dei media ci renda tutti più stupidi riecheggiava già nelle prime critiche nei confronti dell'avvento dei quotidiani, dei pamphlet e dei tabloid negli Stati Uniti alla fine del Settecento, fino al discorso del 1961 di Newton Minow, presidente della Commissione federale per le comunicazioni, che disse in faccia ai rappresentanti dell'Associazione nazionale delle emittenti che il loro prodotto faceva schifo e che la tv era «uno sterminato deserto».[24]

Io ero uno dei molti che pensavano che internet avrebbe risolto questo problema. Ormai tutti potevano parlare senza mediazioni, non ci sarebbero più stati i guardiani a sorvegliare le barricate e a implementare le loro idee obsolete e ottundenti su chi dovesse parlare e chi no. Non saremmo più stati in balia dei vili calcoli commerciali fatti da aziende gigantesche per prevedere i desideri dell'audience. Noi, il grande pubblico, avremmo ripreso le redini dei mezzi di comunicazione. Avremmo ricostruito il mondo attraverso una radicale democratizzazione del discorso globale. La saggezza delle folle avrebbe governato la terra.

Ma non è così che è andata. Internet ha davvero permesso l'affioramento di nuove voci in un discorso nazionale prima controllato da una cerchia assolutamente troppo ristretta (di maschi bianchi ultraricchi). Ma non ha riportato la nostra cultura democratica e le nostre modalità di pensiero a prima del logocentrismo televisivo. Il breve rinascimento dei blog dai lunghi post e delle discussioni argomentate sui forum fu davvero effimero. I testi si sono accorciati, le immagini e i video sono aumentati ed è sorta una nuova forma di discorso che combina parola e immagine: la cultura del meme. Un meme può essere intelligente e persino generare epifanie, ma non è di certo la forma di discorso di cui aveva nostalgia Postman.

E il Tizio con il Megafono che straparla di cubetti di formaggio? Be', invece di togliergli il megafono, ne abbiamo dato uno a ciascuno dei presenti alla festa. Eppure, com'era prevedibile, la situazione non è migliorata molto. Per farsi sentire si sono dovuti mettere tutti a gridare e la conversazione si è trasformata in una sorta di telefono senza fili, in cui chiunque urla una variante degli stessi frammenti di linguaggio, frasi e slogan: un'infinita casa degli specchi uditiva. L'effetto è talmente straniante che dopo qualche ora trascorsa sui social network spesso capita di provare un evidente senso di vertigine.

Ma non è finita qui: le persone che gridano più forte riescono comunque ad accaparrarsi quasi tutta l'attenzione, in parte perché si distinguono nel rumore di fondo che caratterizza la nostra esistenza mentale collettiva. Inutile precisare che non ne è conseguito un miglioramento della festa, né si è avverato il nostro sogno collettivo di una conversazione tra eguali.

E fu proprio in questo contesto che il Tizio con il Megafono più assordante, l'individuo contraddistinto forse dalla smania e dal bisogno di attenzione più disperati nella storia del nostro Paese, prese il potere.

Siamo ahimè arrivati al momento in cui devo parlare di Donald Trump. Ho passato otto anni preziosi della mia vita a occuparmi di lui quasi a tempo pieno. Non è però una persona a cui *ti fa bene* pensare ininterrottamente per anni. Ciò che rende sinistra e inquietante la sua presenza nella nostra psiche collettiva è l'innegabile consapevolezza che nel prestargli attenzione gli stiamo dando ciò che vuole. Ma quello che fa – come tentare di sovvertire la nostra repubblica costituzionale – non può essere ignorato. Cerca di intimidire testimoni e giudici, parla dei migranti come se fossero una specie velenosa, definisce feccia gli avversari politici e riflette ad alta voce sui propri progetti per un'America autoritaria e postdemocratica. Se si è interessati a preservare il nostro ordine democratico e costituzionale (io lo sono) e per lavoro ci si occupa di notizie e di orientare l'attenzione del pubblico nella maniera che ci sembra più giusta, ignorarlo è impossibile.

E non si può neanche scrivere un libro sui meccanismi della vita pubblica, e del discorso pubblico nell'era dell'attenzione e sui modi in cui l'assurgere dell'attenzione a risorsa inestimabile ha trasformato la politica, senza parlare di Trump. Trump è l'esponente politico che ha sfruttato nella maniera più totale le nuove regole dell'era dell'attenzione. A livello intuitivo, grazie alla sua esperienza con i tabloid newyorkesi e ai suoi bisogni psichici meschini e brutali, sembra aver compreso che in fondo conta solo l'attenzione. Ha coordinato la propria campagna elettorale in base alle regole di P.T. Barnum, leggendario uomo di spettacolo statunitense, il quale, a una donna che gli aveva confessato di stare scrivendo un libro su di lui in cui non gli avrebbe risparmiato le critiche (in realtà quest'episodio non è mai avvenuto) avrebbe risposto così: «Non importa, signora... Su di me può dire quello che vuole, basta che il mio nome lo scriva giusto... E io sarò contento lo stesso».[25]

Barnum doveva vendere biglietti: più gente veniva a conoscenza del suo spettacolo, a prescindere da quello che pensavano di lui come persona, meglio era, o questo almeno era il suo punto di vista. Un simile discorso, di solito, per i politici non regge.[26] Per i politici è essenziale stare simpatici e avere un alto indice di gradimento. È vero che per farsi conoscere devono attirare l'attenzione, ma si tratta solo del primo passo. Come avevano capito gli abolizionisti dell'epoca di Lincoln, prima bisogna accaparrarsi l'attenzione del pubblico e *poi* bisogna convincerlo. Un politico ha bisogno dell'attenzione *come mezzo* per stare simpatico e piacere ai cittadini.

Ma se la tua unica preoccupazione consiste nell'ottenere più attenzione possibile, allora ci sono un sacco di strategie per farti notare. Ripensiamo a tutto ciò che il partecipante al cocktail party immaginario del secondo capitolo avrebbe potuto inventarsi per attirare l'attenzione: sparare un colpo di pistola in aria, urlare, buttare per terra un calice di champagne dopo l'altro. Un candidato presidenziale *unicamente* interessato a massimizzare l'attenzione potrebbe correre nudo per il suo quartiere e quasi certamente finire all'edizione serale del telegiornale. Tutti parlerebbero di lui, non c'è dubbio. Ma un tale approccio è ovviamente impensabile, perché i politici non vogliono attenzione *negativa*. Di norma, non vogliono che molte persone prestino loro attenzione anche perché sono maleducati o palesemente folli.

Quindi il modello politico tradizionale prevede un processo composto da due fasi distinte – farsi notare e poi, una volta conquistata l'attenzione, persuadere le persone – e soprattutto la necessità di trovare un compromesso tra questi due obiettivi. Alcuni metodi per attirare l'attenzione – correre nudi per il quartiere – sono estremamente efficaci nel conseguire lo scopo limitato della cattura dell'attenzione, ma tendono a danneggiare le tue chance di convincere i vicini a votarti.

Fin da quando nell'estate del 2015 Trump entrò nella corsa presidenziale, la sua strategia è sempre stata l'equivalente politico di correre nudi per il quartiere: un approccio disgustoso ma ipnotizzante.

Per i suoi avversari, un simile spettacolo è sempre stato spossante ed esasperante. Potevano fare qualsiasi cosa: annunciare il progetto di una riforma fiscale, tenere un discorso sul ruolo degli Usa nel contesto globale, visitare una fabbrica per tentare di spremere qualche voto... Tanto i giornalisti rivolgevano loro sempre e solo domande incentrate su Donald Trump. Tim Miller, che lavorò nel comitato elettorale di Jeb Bush, racconta di aver chiesto a un suo collaboratore di creare una tabella per segnare tutte le volte che Bush veniva nominato dai media e che la colonna di gran lunga più nutrita della tabella riportava i commenti dei media al modo in cui Bush aveva reagito a qualcosa che riguardava Trump.[27] Trump era il sole attenzionale attorno a cui ruotavano tutti gli altri candidati, che ne erano consapevoli. Qualunque cosa facessero, era impossibile sfuggire a un simile campo gravitazionale. E naturalmente qualunque cosa si dicesse di Trump – critiche, sarcasmo, lodi – serviva soltanto a irrobustire il flusso di attenzione nei suoi confronti.

A differenza dell'amore e del riconoscimento, l'attenzione è neutrale. Può essere positiva o negativa; può portare all'adorazione o all'odio. Non c'è dubbio che Trump abbia un desiderio profondo di ammirazione, ma è talmente disperato e ha dei bisogni psichici tanto insaziabili da essere disposto ad accogliere l'attenzione in qualunque forma gli venga data. A patto che gli altri pensino a lui, accetterà le condanne, i rimproveri e il disgusto. Questa propensione a ricercare l'attenzione negativa *sacrificando* la persuasione è in fondo l'unico semplice trucco con cui Donald Trump ha dirottato il discorso pubblico nell'era dell'attenzione.

Anche se sembra confusionario, quest'approccio è in realtà molto astuto. Trump intuì che se avesse orientato l'attenzione su certi argomenti, anche in maniera respingente, i benefici di mettere al centro del dibattito i temi sui quali lui e il Partito repubblicano erano dati favoriti avrebbero superato i potenziali rischi. Ecco un esempio concreto di tale tattica: nel 2016 i sondaggi attestavano che nella gestione dell'immigrazione i repubblicani erano considerati più affidabili dei democratici. Trump voleva incrementare la salienza dell'immigrazione, ovvero la quantità di attenzione prestata a questa istanza, e per raggiungere un tale risultato inanellò commenti assurdi, bizzarri e pieni di odio. Nei primi minuti del suo primissimo discorso, accusò il governo messicano di «inviare» stupratori e altri delinquenti negli Usa, una sparata al contempo ridicola e sufficientemente offensiva da costringere varie aziende e organizzazioni (tra cui la Nbc, che aveva trasmesso *The Apprentice*) a tagliare i ponti con lui. Ma era solo l'inizio. A ogni comizio ribadiva la famigerata promessa di costruire un muro lungo tremila chilometri al confine con il Messico e, cosa ancora più assurda, sosteneva che sarebbe stato il Messico a finanziare i lavori. Nel giugno di quell'anno, secondo un sondaggio di Gallup il 66 per cento degli statunitensi era contrario alla costruzione di un muro lungo l'intero confine sud del Paese.[28]

Voi penserete che, alla luce di un simile sondaggio, Trump abbia lasciato perdere la questione. E invece la sua continua insistenza attirò l'attenzione sul tema dell'immigrazione, nel quale, di norma, i repubblicani erano in vantaggio sui democratici.[29] Quando Trump insultò le origini messicane di un giudice federale incaricato di un processo, fu certamente un atto deprecabile e razzista, ma anche l'ennesimo tentativo di orientare l'attenzione pubblica sull'immigrazione.[30]

Lo stesso vale per un'altra delle sue fandonie elettorali spregevoli, evidentemente incostituzionali e palesemente velleitarie e cioè quella di vietare l'ingresso negli Usa ai due miliardi di musulmani del pianeta. Secondo un sondaggio, tale proposta riscuoteva, ahimè, l'appoggio di circa metà dei cittadini (e anche di quasi il 50 per cento degli elettori di Obama!), quindi non era di per sé controproducente a livello politico (sarebbe stato meglio che lo fosse).[31] Ma era anche una mossa eccezionale per attirare l'attenzione. L'annuncio arrivò all'indomani della strage di San Bernardino perpetrata da due fondamentalisti islamici e la proposta di vietare l'ingresso nel Paese a tutti i musulmani divenne la notizia del momento. Anche in questo caso, tutte le risposte, le critiche e il dibattito che ne seguirono servirono solo a fissare ulteriormente l'attenzione sull'immigrazione.

L'attenzione pubblica, soprattutto durante una campagna elettorale, è un gioco a somma zero: per decidere chi votare, gli elettori prenderanno in considerazione solo un numero limitato di istanze e la delimitazione di questo ristretto novero di istanze presenti nella mente di ogni cittadino eserciterà sull'esito delle votazioni un impatto analogo alla percezione da parte del votante di una coincidenza tra la propria visione del mondo e quella di uno dei candidati. Alla fine della campagna del 2016, quando Gallup chiese agli elettori di dire quali termini associassero ai candidati per poi generare una nuvola di etichette con il carattere di ogni parola proporzionato alla frequenza con cui era emersa, la nuvola di etichette di Hillary Clinton risultò dominata dal famigerato termine MAIL e invece quella di Trump mostrava in grande, tra le varie parole, MESSICO e IMMIGRAZIONE.[32] Fu (anche) così che Trump riuscì a vincere di misura grazie ai collegi elettorali: facendo leva sull'improbabile scambio tra persuasione e attenzione, tra simpatia e salienza.

Non voglio rimarcare l'ovvio. Quando si sceglie, come Trump, di inseguire costantemente l'attenzione a scapito della persuasione e della simpatia, si diventa una delle figure più disprezzate a livello nazionale. Gli indici di gradimento di Trump sono mediocri.[33] Nel 2016 nel voto popolare perse con tre milioni di distacco e nel 2020, dopo aver preso sette milioni di voti in meno di Biden, lasciò la presidenza con un indice medio di gradimento più basso di qualunque altro presidente nella storia dei sondaggi Gallup.[34] Ha davvero compiuto grandi sacrifici per monopolizzare l'attenzione.

Molti di coloro che hanno cercato di ispirarsi al suo modello e a quella che potremmo chiamare la strategia politica da «re dello scandalo» alla P.T. Barnum hanno ottenuto scarsi successi o addirittura dei fallimenti. Nel 2022 vari cacciatori di attenzione alla Trump, da Blake Masters a Kari Lake, da Doug Mastriano a Herschel Walker, riuscirono a dominare lo spazio attenzionale dei rispettivi gruppi etnici di appartenenza a suon di sparate controverse e prime pagine dei giornali, ma un simile comportamento finì poi con il situarli sul lato perdente del baratto trumpiano tra attenzione e persuasione.[35] Quell'attenzione è costata loro cara: si sono alienati abbastanza cittadini da perdere elezioni che avrebbero potuto vincere.

In Arizona, l'avversaria di Kari Lake, la segretaria uscente dello Stato Katie Hobbs, si rifiutò addirittura di partecipare a un dibattito pubblico con Lake e mantenne un profilo talmente basso da dare quasi l'idea di non voler attirare l'attenzione.[36] Contro Lake, ex conduttrice televisiva e con una vera passione per le telecamere, Hobbs optò per una strategia opposta a quella di Trump. Funzionò e i democratici vinsero per un soffio. Alle primarie del 2024 Vivek Ramaswamy salì alla ribalta in occasione del primo dibattito del Partito repubblicano grazie a una serie di dichiarazioni provocatorie e offensive.[37] Il problema era che, per quanta attenzione riuscisse ad attrarre su di sé ai dibattiti, il suo personaggio era talmente respingente da far colare a picco il suo indice di gradimento e da relegarlo presto nelle retrovie. Come notò un osservatore, «Ramaswamy è bravo a catturare l'attenzione, ma saper attirare l'attenzione non significa per forza avere talento politico».[38]

Inseguire costantemente l'attenzione non è affatto un metodo sicuro di aggiudicarsi una vittoria politica. Io sono convinto che il successo di Trump (per quanto altalenante) abbia insegnato a un'intera generazione di potenziali candidati, soprattutto di ala repubblicana, una lezione sbagliata su come gestire le campagne elettorali. Ma, pur non essendo una strategia applicabile a tutte e nemmeno alla maggior parte delle campagne, il dominio attenzionale di Trump deriva da un'intuizione semplice e corretta: l'attenzione non è mai stata importante come lo è diventata nell'era dell'attenzione, e bisogna essere pronti a fare qualsiasi cosa per ottenerla.

Dopo l'erosione dei regimi attenzionali, ci ritroviamo coinvolti in una lotta per l'attenzione stessa, una sorta di costante e onnipresente guerra di tutti contro tutti.[39] Questo comporta che «il dibattito» – un botta e risposta, una conversazione, una discussione o qualunque altro modello di cui ci serviamo per operare all'interno di un regime attenzionale funzionante – non riesca più a catturare la reale dinamica in atto. Tutto ciò Trump l'ha capito a un livello istintivo quasi fisico.

Quando gli abolizionisti cercavano di attirare l'attenzione pubblica sulla schiavitù con i quotidiani, gli opuscoli, i discorsi e i romanzi, operavano all'interno di un mercato attenzionale incredibilmente meno affollato di quello odierno. Un discorso analogo vale per gli attivisti dei diritti civili nella seconda metà del Novecento, un periodo in cui il discorso pubblico era dominato dalla televisione. Martin Luther King Junior e i suoi seguaci compresero quanto fosse importante la copertura televisiva delle loro azioni per orientare l'opinione pubblica nella direzione auspicata. Ma oggi il regime attenzionale dei telegiornali della sera è in grave declino. Quello che un tempo era un grande impero universale è ormai ridotto a una città-Stato, circondata da territori nemici.

Anche se viviamo immersi nell'era dell'attenzione e ci lamentiamo dei suoi effetti, della nostra dipendenza dal telefono e della confusione e della distrazione che dominano la nostra mente, sempre ipnotizzata eppure mai davvero concentrata, a mio avviso siamo rimasti legati a un modello obsoleto di funzionamento del discorso pubblico. Pensiamo che esista ancora un dibattito. Ci aspettiamo o speriamo che permanga un qualche regime attenzionale in grado di sostenere il dialogo sociale e che le regole e i limiti previsti da un tale regime attenzionale ci permettano ancora di intavolare un autentico dibattito.

La realtà dei fatti però è diversa. Nel senso classico del termine, Trump è un pessimo oratore. Ha sempre cercato di evitare i dibattiti e, quando non ha potuto fare a meno di presentarsi, le sue prove non hanno esibito alcun elemento riconducibile alla tradizione del dibattito. La sua retorica è l'esatto contrario di quella della contesa Lincoln-Douglas. Non affronta l'avversario, non si concentra sui dettagli, non costruisce lunghe obiezioni e contestazioni logiche. Nel trascrivere un suo virgolettato, si nota sempre un'evidente bizzarria sintattica, una tendenza all'ellisse e all'autointerruzione, non di rado contrassegnata da parole e frasi quasi prive di senso compiuto. I suoi discorsi sono gag, chiacchiere da venditore, battutacce e slogan pubblicitari. Ciò che Trump vuole più di ogni altra cosa è che gli si presti attenzione e che si recepisca il messaggio, per quanto ridicolo o repellente, che vuole far arrivare.

Durante il primo dibattito presidenziale del 2020, quasi ogni volta che Biden cercava di parlare Trump lo interrompeva e alla fine Biden, esasperato, gli disse: «Vuoi stare un po' zitto?». Le interruzioni incessanti erano un esempio dell'approccio comunicativo iperattenzionale di Trump. Il regime attenzionale in assoluto più semplice è l'alternanza tra i parlanti in una conversazione. È un prerequisito di quasi tutte le interazioni umane. Interrompendo un'altra persona si riesce sempre a riportare l'attenzione su di sé, ma così facendo si viola appunto tale basilare norma sottintesa e si rischia di sembrare dei maleducati, se non addirittura degli squilibrati o peggio. Le interruzioni costanti di Trump erano la conclusione logica della sua intuizione fondamentale: non esiste più alcun regime attenzionale. Non c'è più un modo primario di concentrarsi su una determinata questione, istanza o disputa, per poi avviare un dibattito.

In questo capitolo, ho impiegato l'espressione «regime attenzionale» per descrivere un certo insieme di regole, norme o strutture che governano l'attenzione in un determinato contesto. Si passa dai regimi attenzionali più semplici, come l'obbligo di parlare a turno in una conversazione, a consuetudini più complesse come quelle che regolavano la durata dei discorsi effettuati dal podio nel Senato statunitense. Ma indipendentemente da quali siano le regole in vigore, i partecipanti hanno una certa dimestichezza con tali regole e anche una qualche fiducia nella loro tenuta.

La nostra epoca assomiglia a uno Stato fallito, in cui il governo si è disintegrato e la cosa pubblica è alla mercé dei signori della guerra attenzionale. In una società in cui si è sgretolato il monopolio governativo sull'uso legittimo della forza, varie fazioni e centri di potere sorgono e si espandono in base alla propria capacità di conquista e di dominio attraverso la coercizione e la violenza. Se in uno Stato funzionante il percorso per il potere passa dalla persuasione, dal carisma, dalla mobilitazione di massa o dalla capacità di manipolare astutamente le strutture chiave e le alleanze all'interno di un partito, negli Stati falliti il potere tende a mostrarsi spoglio di ogni orpello e nella sua essenza più brutale, che è l'uso della forza.

Nell'attuale era dell'attenzione, la caratteristica in assoluto più importante è la capacità di attirare l'attenzione. La sfacciataggine di interrompere. In presenza di un regime attenzionale funzionante le doti cruciali per determinare l'ascesa pubblica di un individuo sarebbero molto diverse, ma con il collasso dei regimi attenzionali la capacità di attirare l'attenzione diventa sempre più essenziale. Come nel caso dei continui disordini che scuotono uno Stato allo sbando, non c'è un equilibrio stabile. La competizione per l'attenzione è incessante, costante, dinamica e sempre in bilico. A ogni istante l'attenzione può essere trascinata in qualunque direzione. I centri di potere e le alleanze mutano rapidamente.

Questi mutamenti sociali hanno esercitato un enorme impatto sul discorso pubblico nell'era dell'attenzione, un'epoca in cui il modello del dibattito è quasi scomparso ed è stato rimpiazzato dalla versione attenzionale di quello che Thomas Hobbes definì lo stato di natura, in cui ci si ritrova «nelle condizioni di ciò che chiamiamo Guerra; la guerra di ciascun uomo contro ogni altro».[40]

C'è un'osservazione importante da aggiungere relativa al ruolo esercitato dalle aziende di social network, spesso indicate collettivamente come «le piattaforme»: Google, Facebook, X, TikTok eccetera. Per quanto poco si possa affermare che sussistano ancora dei regimi in grado di governare l'attenzione, oggi tale funzione viene esercitata dalle piattaforme. Ma i loro confini sono porosi, il loro potere reale ma limitato e la loro stessa esistenza si fonda sulla competizione e sulle tensioni reciproche con le aziende rivali. Non sarà proprio lo stato di natura, ma è un territorio feudale di città-Stato che si fanno costantemente la guerra.

Già di per sé il nome «piattaforma» esprime una verità ineludibile sulla natura di queste imprese: sono strumenti per regolare e controllare l'attenzione. La piattaforma è una delle più antiche tecnologie per attrarre e distribuire l'attenzione. Se si solleva qualcuno di trenta o cinquanta centimetri rispetto a una folla, la sua voce arriverà molto più lontano e tutti lo vedranno. Questo semplice accorgimento architettonico basta a creare un regime attenzionale. Ed è ciò che fanno le piattaforme odierne, anche se con tecnologie molto più sofisticate e in modi molto più complessi.

Riconosciamo tutti che le piattaforme costituiscono una sorta di autorità. Hanno norme e pratiche che regolano l'attenzione e, come i legislatori o l'esecutivo di un vero e proprio Stato, sono oggetto di lobbying e di petizioni di ogni genere. Meta, per esempio, si è ritrovata coinvolta in così tante dispute legali ed è stata soggetta a un tale numero di provvedimenti per le sue decisioni strategiche da aver optato per la creazione di una propria Corte Suprema autonoma, l'Oversight Board, che ospita intellettuali, giuristi e accademici di tutto il mondo a cui è chiesto di compiere scelte difficili per regolamentare l'attenzione collettiva sulla piattaforma più potente del mondo.[41]

Nel nostro feudalesimo attenzionale, le piattaforme agiscono come sovrani assoluti nei territori sotto il loro controllo ed emanano regole di condotta, meccanismi di applicazione (spesso poco efficaci) e punizioni contro le violazioni. Ma a che cosa servono queste regole? Esiste una letteratura sterminata sul modo in cui le piattaforme – fin dai primi messaggi sui forum di Arpanet – hanno cercato di moderare i contenuti degli utenti. Questa viene spesso considerata una questione linguistica, ma io la trovo una prospettiva fuorviante. Le piattaforme cercano di regolare l'attenzione, perché la monetizzano.

È proprio questa la fonte di molti equivoci e malfunzionamenti. Le piattaforme regolano l'attenzione per massimizzare la monetizzazione. Una grande differenza rispetto agli altri regimi attenzionali, in cui il regolamento dell'attenzione *è un mezzo per ottenere un fine*: l'animato dibattito necessario per compiere scelte democratiche, l'amministrazione ordinata del processo decisionale di un gruppo eccetera. Le piattaforme regolano l'attenzione per mantenere la tua attenzione sulla piattaforma. Ecco il loro unico scopo. Ecco la loro proposta di valore.

Un contesto pubblico completamente dominato da piattaforme commerciali che cercano di massimizzare l'ammontare complessivo di attenzione attirata per poi monetizzarla genera un pubblico che ha difficoltà a mantenere la concentrazione. Torniamo all'esempio dei bambini che iniziano ad andare a scuola. Ogni buon insegnante di scuola materna comincia fin dal primo istante in aula a insegnare le regole dell'attenzione. Stabilisce abitudini, regole, consuetudini e norme per orientare l'attenzione della classe e dettarne il passo: chi parla durante le presentazioni, come festeggiare tutti assieme il compleanno di un compagno, chi parla dopo aver alzato la mano e l'obbligo, dopo che la maestra ha battuto tre volte le mani, di restare in silenzio e concentrarsi. Nel complesso, i bambini sono molto più bravi degli adulti a rispettare simili regole (paragona l'intensa concentrazione di un gruppo di bambini di cinque anni durante una lettura ad alta voce con gli sguardi vitrei e le teste chine sui cellulari di un pubblico di accademici a un convegno o di alcune decine di dirigenti a una grande riunione aziendale).

Immagina però che entri in classe una persona il cui stipendio dipende dalla misura in cui riuscirà a far sì che gli alunni prestino attenzione a lei invece che a tutte le altre cose a cui dovrebbero prestare attenzione. Fa rumori buffi, in un angolo dell'aula mostra ai bambini un film con il telefono, attacca alla presa una console di videogiochi. E ora immagina che nell'aula ci siano svariati individui con un simile incentivo e in competizione tra loro. Ovviamente la maestra sarebbe spacciata e nessuno imparerebbe nulla. So che sembra un esperimento mentale ridicolo, ma è anche un'approssimazione non troppo vaga del modo in cui oggi gestiamo il discorso pubblico.

Nell'era dell'attenzione la concentrazione è una facoltà sempre più difficile da sostenere e perciò diventa sempre più importante. Le notizie, le polemiche e le istanze che riescono a ottenere una quantità sproporzionata di attenzione pubblica avranno notevoli conseguenze sulle modalità di funzionamento dello Stato e sulle decisioni politiche e di governo prese dai nostri rappresentanti eletti. Questa non è una novità – tale assunto era già valido ai tempi di Lincoln per quanto riguardava la schiavitù e anche nel periodo in cui Walter Lippmann scriveva *Il pubblico fantasma* –, ma oggi ne subiamo gli effetti in maniera più radicale che mai. Con una competizione sempre più spietata per l'attenzione, con il collasso quasi totale dei regimi attenzionali non commerciali e con l'avvento di tecnologie sempre più sofisticate per catturare e monetizzare la nostra attenzione, le istanze a cui prestiamo attenzione esercitano un influsso macroscopico sulle sorti della nostra democrazia e della nostra cultura.

Questa semplice verità ha profonde ricadute sulla salute civica. Perché, tanto per usare un eufemismo, ciò che attira l'attenzione è molto diverso da ciò di cui una società ha davvero bisogno per prosperare. È questa la sfida primaria per chi lavora nell'industria odierna dell'attenzione e soprattutto per chi come me fa il giornalista. Noi che lavoriamo a stretto contatto con le notizie, tanto per utilizzare un'espressione solitamente impiegata per parlare della Federal Reserve, abbiamo un doppio mandato: dobbiamo mantenere l'attenzione della gente *e* trasmettere informazioni rilevanti per l'autogoverno in una società democratica.[42] Come la Federal Reserve cerca di mantenere basso sia il tasso dell'inflazione sia quello della disoccupazione, noi dobbiamo cercare di fare entrambe le cose, anche se un tale compromesso comporta necessariamente il sacrificio di uno di questi due aspetti.

Ecco un esempio di questa sfida, un episodio scelto a caso e che, in varie forme, si è ripetuto a cadenza quasi quotidiana per tutti e tredici gli anni in cui ho fatto il conduttore televisivo.

Il 18 giugno 2023 un piccolo sommergibile oceanico chiamato *Titan*, un'ora e tre quarti dopo essere partito per un tour del relitto del *Titanic* lungo la costa atlantica canadese, smise di rispondere alle comunicazioni.[43] I cinque passeggeri, confinati nella cabina grande quanto l'abitacolo di una macchina a sette posti, avevano a disposizione circa novantasei ore di ossigeno e, per salvarli prima che le loro scorte di aria terminassero, si innescò subito una gigantesca missione di recupero.

Capii all'istante che sarebbe stata una notizia sensazionale, soprattutto per la televisione. Presentava varie caratteristiche in grado di catturare e mantenere stabilmente l'attenzione. Innanzitutto, c'erano la suspense e la tensione drammatica legate al destino dei cinque passeggeri: sarebbero sopravvissuti? Quando ci sono delle persone vive intrappolate da qualche parte e delle squadre di recupero che cercano di salvarle, gli ascolti sono assicurati, indipendentemente dall'identità dei soggetti in pericolo, dalla piccola Jessica, la bimba di diciotto mesi che nel 1987 cadde in un pozzo di Midland nel Texas, ai trentatré minatori cileni imprigionati in una galleria franata e recuperati ancora vivi dopo sessantanove giorni nel 2010, ai dodici adolescenti thailandesi di una squadra amatoriale di calcio che assieme al loro allenatore rimasero per due settimane intrappolati in una grotta allagata e furono salvati da una squadra di sommozzatori nel 2018.[44]

E poi, almeno per quanto riguarda il pubblico delle notizie televisive, c'era anche il fascino intramontabile dei disastri dei mezzi di trasporto – navi affondate, aerei precipitati –, per non parlare del fatto che il tutto si svolgeva nei pressi del relitto del *Titanic*, forse l'incidente in assoluto più celebre di sempre. Realizzai immediatamente che quella notizia avrebbe suscitato un fortissimo interesse tra gli spettatori e richiesto una copertura continua da parte di molte emittenti; tale previsione si rivelò assolutamente corretta.

Ma quando le ricerche proseguirono senza successo e la copertura mediatica aumentò ulteriormente, cominciarono le proteste contro quell'eccesso di attenzione. Nella stessa settimana si era verificato un altro orribile naufragio: un peschereccio diretto in Italia, carico di migranti pakistani, egiziani e siriani, si era rovesciato nel Mediterraneo. Centinaia di uomini, donne e bambini morirono sotto gli occhi di una nave della Guardia costiera greca che, stazionata poco distante, non intervenne a salvarli.[45] Non si trattava affatto del primo episodio del genere; anzi, era solo una delle «tragedie del mare» quasi all'ordine del giorno nel Mediterraneo: illusi dalle promesse di trafficanti di esseri umani che vendevano loro l'opportunità di rifarsi una nuova vita in Europa, dei disperati in cerca di asilo si affollavano su navi fatiscenti.

Eppure, la nave piena di migranti aveva ricevuto sui media un'attenzione irrisoria rispetto ai cinque passeggeri del *Titan* che, come si sarebbe scoperto in seguito, erano rimasti uccisi poco dopo la partenza dall'implosione del sottomarino. Mentre la copertura del *Titan* fagocitava il ciclo delle notizie, emerse un sottogenere di articoli incentrati proprio su questa polemica e cioè su come fosse profondamente sbagliato e disumano prestare così tanta attenzione al destino di cinque turisti benestanti e ignorare invece l'annegamento di centinaia di migranti disperati.

A guardare la cosa con cinismo (a forza di lavorare a stretto contatto con il mercato dell'attenzione è inevitabile sviluppare un certo pelo sullo stomaco), gli articoli sull'ipocrisia mediatica erano in realtà degli articoli sul sottomarino, un tentativo di catturare il vento dell'attenzione generato da tale notizia e sviarlo per creare interesse in un'altra direzione. Quando «The New Republic» pubblicò uno dei tanti pezzi di questo genere – intitolato *Ai media importa più del sottomarino del* Titanic *che dei migranti annegati* –, gli utenti osservarono che, fino ad allora e a parte l'articolo in questione, «The New Republic» non aveva mai nemmeno parlato del barcone di migranti naufragato in Grecia.[46]

L'attenzione non è una facoltà morale. Senza uno sforzo cosciente, abitudine e allenamento, ciò su cui siamo portati a concentrarci e ciò che crediamo sia importante e degno di nota restano due universi non comunicanti. Può darsi che talvolta, per una fortunata coincidenza, combacino, ma solitamente sono estraniati come l'Io e il Super-Io. Disponiamo di una terminologia variegata per descrivere ciò che troviamo intrigante ma moralmente spregevole: «solleticante», «clamoroso», «osceno». Ed è proprio questa categoria a occupare costantemente una fascia sproporzionata dell'economia dell'attenzione. Il clamoroso e il solleticante dominavano quasi completamente la *penny press* all'epoca di Benjamin Day, tendono a essere il collante dei telegiornali della sera e costituiscono l'essenza di ciò che oggi definiamo *clickbait* e un tempo chiamavano «tabloid».

Anche se è difficile quantificare nel dettaglio, tale categoria occupa una porzione molto significativa di internet. Tanto per fare un esempio, secondo le stime più accurate, il 10 per cento circa del traffico su internet è ascrivibile alla pornografia.[47] Non voglio affermare che la pornografia sia necessariamente immorale, ma solo rimarcare che milioni di persone in tutto il mondo trascorrono complessivamente miliardi di ore a guardare cose che si vergognano di aver visto, per poi ricominciare a guardarle. Ed è solo un esempio. Nel web ci sono tanti altri buchi neri in cui le persone sprofondano e da cui riaffiorano dopo qualche ora con la certezza di aver sprecato il proprio tempo.

Questo iato tra ciò che cattura l'attenzione e ciò che, in maniera più ponderata, crediamo sia davvero importante risale almeno agli albori dei mezzi di comunicazione. Come hanno notato con infinita frustrazione molti intellettuali nel corso dei decenni, in quanto a capacità di accaparrarsi l'attenzione del pubblico la superficialità ha sempre sbaragliato la profondità. Walter Lippmann era furibondo all'idea che gli interessi del pubblico si dimostrassero tanto prevedibilmente infantili e che la gente prestasse attenzione alle questioni triviali e ignorasse quelle importanti. «Per esempio, per un bambino gli affari economici del padre sono una questione fondamentale. Determineranno buona parte delle sue opportunità nella vita. Ma il bambino non è minimamente interessato agli affari del padre. Analogamente, per i cittadini degli Stati Uniti l'accordo per le riparazioni belliche della Germania è una questione di vitale importanza, ma loro sono molto più interessati a leggere la descrizione dell'abito nuziale della principessa Mary.»[48]

I mutamenti dei flussi di attenzione pubblica possono generare enormi conseguenze. Per tornare ai due naufragi, quando l'interruzione delle comunicazioni del *Titan* divenne di dominio pubblico, Stati Uniti, Canada e Francia organizzarono una poderosa missione di ricerca e salvataggio. È difficile calcolare le spese di un simile dispiegamento di forze, ma si trattò certamente di svariati milioni di dollari. Ecco un esempio concreto di come una decisione pratica dipende direttamente dagli imperativi attenzionali. Il barcone capovolto dei migranti non innescò nessuna missione internazionale di soccorso.

Questo è solo un esempio, ma sembra quasi un'allegoria. In ogni contesto pubblico, dalle questioni più minute di politica locale fino alle istanze di cui si occupa il governo federale, i soldi seguono l'attenzione e il prezzo effettivo della vita di un individuo dipende in buona parte da quanto la sua morte è in grado di attirare l'attenzione.

Ma le sfide e i problemi più gravi sono spesso invisibili e silenziosi, oppure si svolgono in segreto e dietro le quinte e cioè sono il contrario di uno spettacolo. Scrivo queste pagine nell'estate del 2023, la più calda a livello globale nella storia delle misurazioni climatiche. Secondo le stime più accurate, potrebbe trattarsi dell'estate più torrida degli ultimi centocinquantamila anni.[49] Oltre ai picchi di temperatura, ci sono state varie catastrofi climatiche, dagli incendi in Maui all'allagamento della Valle della Morte causato dalla prima tempesta tropicale ad aver raggiunto le coste californiane negli ultimi ottant'anni.[50]

Gli effetti del cambiamento climatico sono visibili, a volte anche in maniera clamorosa, ma il cambiamento in sé – la lenta, costante e invisibile accumulazione di carbonio nell'atmosfera – è necessariamente qualcosa di inavvertibile per noi esseri umani. È quasi l'opposto di una sirena. Invece di catturarla, evade la nostra attenzione. Nessuno dei nostri cinque sensi è in grado di percepirlo. Infatti, quando Adam McKay ha deciso di girare un film hollywoodiano con un grande budget e un cast di star su quest'argomento, per mantenere viva per due ore l'attenzione degli spettatori, ha scelto di trasporre la questione in una forma allegorica e di parlare di una cometa diretta verso la terra che con il suo impatto avrebbe distrutto il pianeta ed estinto la specie umana.[51]

Una delle scene più potenti è quella in cui la cometa, annunciata dagli scienziati e ridicolizzata dagli scettici, compare nel cielo. La gente la vede, il traffico si ferma e guidatori e passeggeri scendono dalla macchina e guardano il cielo con sconcerto e terrore. Io ho adorato questo film, la cui visione mi ha commosso, ma il problema del cambiamento climatico consiste proprio nel fatto che non ci fornisce mai un momento così specifico! Abbiamo grafici da studiare e immagini di siccità, colonne di fumo di incendi boschivi, ghiacciai deturpati. Le ondate di calore fanno chiudere gli aeroporti e uccidono le persone nelle loro case. Ma non siamo in grado di vedere o di sentire *la vera cosa in sé*. Non c'è un istante preciso, come quello in cui nel film appare la cometa nel cielo, o quello in cui il secondo aereo si schiantò contro le Twin Towers, in cui realizzare l'ineluttabilità del disastro.

Gli ecologisti in tutto il mondo ricorrono a strategie sempre più disperate per produrre una qualche forma di spettacolo in grado di canalizzare l'attenzione pubblica. Alcuni ambientalisti si piazzano in mezzo alla strada e, legandosi l'uno all'altro con le braccia infilate in tubi, si rifiutano di spostarsi. Il traffico si ferma, la gente si arrabbia e prima o poi arrivano i giornalisti con le videocamere. Le immagini dei pendolari inferociti che sbraitano contro gli attivisti diventano subito virali. E poi ci sono le proteste museali in cui alcuni ecologisti gettano vernice su un capolavoro famoso, una tattica che sembra pensata per creare choc e disgusto.

Altre proteste hanno riguardato eventi sportivi o spettacoli pubblici. Durante una delle semifinali femminili degli US Open del 2023, sfruttando una breve pausa del gioco, quattro attivisti hanno cominciato a intonare slogan sul cambiamento climatico e uno di loro è riuscito a incollarsi i piedi al campo. Per portarlo via ci sono voluti tre quarti d'ora, durante i quali la partita si è interrotta. Intervistata sull'accaduto nella conferenza stampa postpartita, la giovanissima campionessa statunitense Coco Gauff, che poi si sarebbe aggiudicata il torneo, ha dato prova di grande compostezza: «Non ce l'ho con gli attivisti. So che il pubblico era arrabbiato, perché avevano fermato tutto. Io dico sempre che bisogna comunicare agli altri quello che sentiamo e in cui crediamo. Ovviamente, preferirei che non succedesse quando sono in vantaggio... Ma, be', se era quello di cui avevano bisogno per far sentire la propria voce, non posso avercela con loro».[52] Sempre nel 2023, quando degli ambientalisti svizzeri salirono sul palco per interrompere un concerto e invitare il governo elvetico a dichiarare lo stato di emergenza climatica, il leggendario direttore dell'Opera di Stato della Baviera fermò lo spettacolo e, prima di riprendere, permise ai due attivisti di completare il proprio discorso.[53]

Ma si tratta di due eccezioni. La reazione a questo genere di proteste è quasi sempre negativa: «Così non aiutate la causa! Otterrete solo di farvi odiare dalla gente, che vi considererà dei pazzi e degli strambi e vi inimicherete proprio le persone che dovreste convincere!». Ammettiamolo: è vero. Non ci sono dubbi. Ma la nuda e semplice disperazione e l'impotenza sgolata – VI-IMPLORO-DI-PRESTARMI-ATTENZIONE – di queste proteste racchiudono una verità oggettiva: stiamo andando verso il disastro eppure quasi nessuno se ne cura come *dovrebbe*.

Queste proteste puntano allo stesso baratto che Trump è riuscito a portare a termine in maniera tanto efficace. A cosa serve convincere se nessuno ti presta attenzione? Che cosa importa se le reazioni sono negative? Perlomeno qualcuno sta *reagendo*... Puoi comportarti da persona educata, timida e civile ed essere ignorato, oppure puoi spaccare tutto e costringere le persone a prestarti attenzione. Ecco l'alternativa nella guerra hobbesiana di tutti contro tutti nell'era dell'attenzione e, a mio avviso, è sbagliato prendersela con gli attivisti che hanno deciso di imboccare questa strada.

Nell'era dell'attenzione, tutte le persone che per lavoro hanno a che fare con il pubblico – nella politica, nelle pubbliche relazioni, nelle istituzioni o nel giornalismo, oppure che sono coinvolte a qualunque titolo con qualsiasi aspetto del ciclo delle notizie – hanno l'impressione di inseguire l'attenzione più che di orientarla. Tale presa d'atto riguarda anche chi, come il sottoscritto, ha un enorme potere di orientare i flussi dell'attenzione.

Lo si vede soprattutto nei politici, che naturalmente possono talvolta spostare l'attenzione pubblica, ma si sentono costantemente alla mercé dei capricci attenzionali dei media. Persino Abraham Lincoln, durante il primo dibattito con Douglas, pronunciò la celebre frase: «L'opinione pubblica è tutto. Con l'opinione pubblica a favore, non si può fallire; senza il suo favore, non si ottiene nulla».[54]

Lincoln si espresse così nel contesto di una più ampia critica alle modalità poco trasparenti con cui Douglas aveva esercitato il proprio influsso sull'opinione pubblica. Durante i dibattiti sul tema della schiavitù, la posizione di Douglas prevedeva che il compromesso del 1850 e la sentenza Dred Scott fossero entrambe leggi territoriali e che dunque, volenti o nolenti, bisognasse prenderne atto come di due fatti compiuti. Lincoln invece sosteneva che leggi come il compromesso del Missouri fossero il prodotto dell'opinione pubblica, a sua volta plasmata da politici potenti come Stephen Douglas. Era semplicemente sbagliato dire che le cose stavano così e non si poteva fare niente per cambiarle; i politici avevano l'opportunità e il dovere di sfruttare il proprio ascendente sui cittadini per orientare l'opinione pubblica nella direzione a loro avviso più proficua per il bene comune. «Chi forgia l'opinione pubblica svolge un lavoro più profondo di chi promulga statuti ed emette sentenze» disse Lincoln. «Di questo va tenuto conto, come del fatto che il giudice Douglas è un uomo di grande influenza e anzi la cui influenza è talmente vasta da far sì che molti uomini, una volta scoperto che il giudice Douglas professa di credere in qualcosa, a loro volta professano di crederci.»[55]

Nelle settimane che portarono al primo *impeachment* di Trump, per spiegare come mai stava portando avanti l'inchiesta contro il presidente con una lentezza giudicata da molti eccessiva, Nancy Pelosi citò spesso la frase di Lincoln sull'importanza cruciale dell'opinione pubblica. Mostrò persino una targa, nel proprio ufficio, con incisa la celebre frase. Pelosi non aveva del tutto torto: era un rischio politico e forse persino un azzardo democratico condurre un'azione grave come un *impeachment* contro un presidente eletto in carica senza avere alle spalle la forza dell'opinione pubblica. Nel suo atteggiamento però c'era anche una componente di scaricabarile: va bene, se volete mettere sotto accusa il presidente fatelo pure, ma prima è compito vostro cambiare l'opinione pubblica e poi noi procederemo.

I politici amano questa citazione perché possono usarla per affermare quasi il contrario di quello che intendeva Lincoln: invece di esprimere il punto di vista secondo cui i rappresentanti eletti in una democrazia sono responsabili del modo in cui plasmano l'opinione pubblica, molti politici considerano l'opinione pubblica un agente esterno, una forza atmosferica che agisce in maniera autonoma e di cui bisogna solo prendere atto. Questa è una posizione comoda perché, come nel caso della presunta accettazione da parte di Douglas delle decisioni prese dalla Corte Suprema, assolve da ogni responsabilità. Un politico può dire: «Ecco, vedete, l'opinione pubblica non mi segue e io in fondo che cosa posso farci?».

Tuttavia, pur trattandosi di una giustificazione, vi assicuro che è davvero così che si sentono i politici, la cui esperienza concreta odierna si riduce perlopiù a una faticosa navigazione a vista all'interno di un panorama attenzionale che sembra completamente impenetrabile al loro controllo. Faccio il giornalista, per lavoro li intervisto tutte le sere e vi garantisco che i politici sono incredibilmente frustrati e si sentono prigionieri dei capricci del ciclo delle notizie e dell'attenzione. Innumerevoli volte mi è capitato di incentrare un'intervista su una questione difficile e apparentemente impossibile da risolvere – il tasso altissimo di crimini a mano armata negli Stati Uniti, per esempio – e di chiedere quindi alla senatrice o al deputato di turno che cosa possono fare con il potere a loro disposizione per arginare il problema e di sentirmi rispondere che dipende tutto da noi giornalisti, perché è una questione di attenzione mediatica. «Lei però è un rappresentante eletto della nostra democrazia e ha un grande potere» ribatto. «Sì» mi dice l'ospite, «ma senza l'attenzione pubblica su questo tema noi non possiamo fare nulla.»

Nelle menti dei politici dei Paesi democratici come gli Stati Uniti, l'attenzione incombe al punto tale da far perdere loro di vista il proprio potere. Si sentono impotenti e in balia dei capricci di un pubblico la cui fuggevole attenzione è difficile da catturare e quasi impossibile da mantenere. So come si sentono, perché noi che ci occupiamo di mass media proviamo lo stesso scoramento. È l'esperienza fondamentale di chi lavora a stretto contatto con le industrie dell'attenzione o con il dibattito pubblico nell'era dell'attenzione, in cui si tratta sempre e solo di inseguire l'attenzione e mai di gestirla.

In queste condizioni, la distinzione tra figure mediatiche e politici si assottiglia sempre di più. Dopo aver ottenuto il controllo della Camera nel 2022, la nuova maggioranza repubblicana creò una pagina web che faceva da portale ai membri del loro gruppo parlamentare. Il sito mostrava anche i link ai podcast dei vari membri del partito e non erano affatto pochi.[56] Matt Gaetz ha addirittura uno studio privato in cui registra i podcast e ogni tanto conduce delle puntate di certi programmi su Newsmax.[57] Da sempre i politici, come del resto chi lavora nel mondo dello spettacolo, tendono a essere contraddistinti da una sorta di tara psichica che li costringe a cercare l'attenzione altrui. Ma più ci inoltriamo nell'era dell'attenzione e più l'attenzione diventa l'aspetto fondamentale della politica. Perché scegliere tra fare il conduttore di podcast e il politico, se si può essere entrambe le cose? E comunque ormai che differenza c'è?

In un'epoca in cui i partiti si finanziano sempre più grazie a tante piccole donazioni individuali, catturare l'attenzione è una delle competenze cruciali per generare una raccolta fondi sufficiente a far sì che i politici possano continuare a fare il proprio lavoro. Marjorie Taylor Greene – le cui idee sono estreme, ridicole e pericolose – è una delle più straordinarie addette alle raccolte fondi dei repubblicani alla Camera, e non è un caso.[58] Ogni volta che attrae l'attenzione con le sue affermazioni provocatorie, poi converte tale attenzione in denaro. Alexandria Ocasio-Cortez, che è praticamente l'opposto di Marjorie Taylor Greene (ovvero una politica seria e intelligente che crede nella repubblica costituzionale) ha a sua volta una capacità rara di attirare l'attenzione, usa i social con grande efficacia e di conseguenza è una delle più formidabili raccoglitrici di fondi tra tutti i giovani deputati del Congresso.

Ma la corsa all'attenzione – e al denaro che la accompagna – risulta spesso controproducente rispetto alla gestione politica concreta. Nell'autunno del 2023, quando un piccolissimo gruppo di parlamentari repubblicani alla Camera ha avviato un'efficace campagna per far dimettere lo speaker Kevin McCarthy utilizzando una procedura quasi inaudita, la «mozione per le dimissioni», i repubblicani contrari hanno protestato a gran voce che si trattava di uno sfacciato tentativo di raccogliere fondi per Matt Gaetz, che era il leader del gruppetto favorevole alle dimissioni. Il parlamentare repubblicano della Louisiana Garret Graves ha parlato di «messaggi in cui c'era scritto: "Ehi, dammi dei soldi... Ho firmato la mozione alle dimissioni". L'utilizzo di procedure ufficiali, ripeto, procedure ufficiali per raccogliere fondi. È rivoltante. È l'aspetto più rivoltante di Washington».[59] Nel discorso alla Camera il giorno in cui si votavano le dimissioni di McCarthy, il parlamentare Kelly Armstrong (repubblicano del North Dakota) ha spiegato qual era l'opinione più diffusa nel suo partito: «Mettiamo bene in chiaro come mai si è giunti fin qui. Il sistema degli incentivi è completamente guasto. Non attribuiamo più alcun valore alla lealtà, all'integrità, alla competenza o alla collaborazione. Siamo invece arrivati al punto che i clic, l'audience televisiva e l'inseguimento costante di un livello mediocre di fama costringono i giovani a un comportamento che non è assolutamente degno di questo luogo».[60]

Devo ammettere che, all'idea che un parlamentare repubblicano si mostrasse sconvolto dalla piega disfunzionale presa dal proprio partito a causa delle derive dell'era dell'attenzione, io mi sono sentito piuttosto stranito. In fondo, erano passati ormai sette anni dall'inizio dell'epoca di Donald Trump, che aveva fatto dell'inseguimento «di un livello mediocre di celebrità» la costante fondamentale della propria assurda e triste vita.

Quando l'attenzione diventa l'unica cosa che conta nella vita pubblica, spuntano come muffe delle nuove forme di discorso, che finiscono per fagocitare tutte le altre. Nell'era dell'attenzione ci sono tre tendenze particolarmente diffuse e insidiose: il *trolling*, il *benaltrismo* e il *cospirazionismo*.

Trolling

Nell'autunno del 2022, a poche settimane dall'elezione parlamentare di metà mandato, il profilo ufficiale della Commissione giudiziaria dei repubblicani alla Camera postò: «Kanye. Elon. Trump».[61] Tutto qui. Solo questi tre nomi. Non si poteva offrire sintesi più concisa del panorama politico conservatore. Nessuna proposta o dichiarazione politica, nemmeno uno slogan. Solo tre figure, molto diverse l'una dall'altra ma accomunate da ciò che l'addetto stampa autore del tweet ammirava di più. Il tweet rimase pubblico per settimane, nonostante il fatto che Kanye West (che aveva ormai cominciato a farsi chiamare Ye) si fosse imbarcato in un tour mediatico dagli esiti sempre più disturbanti e psicopatologici, in cui passava da un organo di stampa all'altro a pontificare sugli ebrei e a ribadire la propria ammirazione per Hitler. A un certo punto il tweet venne cancellato, ma i valori che esprimeva restano molto diffusi e, mentre scrivo queste pagine, sono più vivi che mai.

Si potrebbe dire che il trait d'union tra Musk, West e Trump sia la capacità di catturare costantemente l'attenzione, ma sarebbe riduttivo, vero? Anche Taylor Swift è bravissima ad attirare l'attenzione, ma non troverebbe posto nella suddetta triade maledetta, perché eccelle nel catturare l'attenzione *positiva*. È una star nel senso tradizionale del termine. Musk, West e Trump non sono celebrità in senso classico. Sono di un'altra specie. Sono figure molto polarizzanti, che sembrano aver sviluppato una dipendenza dalle polemiche e, soprattutto, sono esempi noti di persone che danno l'impressione di nutrirsi compulsivamente di attenzioni *negative*. In parole povere, sono dei *troll*.

Prima di assumere il significato odierno, il termine *trolling* indicava un metodo di pesca. Si mette in acqua un'esca sgargiante e colorata che assomigli il più possibile a un pezzetto di cibo e poi la si fa girare in cerchio nell'acqua nella speranza di invogliare un pesce affamato ad abboccare. È un trucco dell'attenzione: un tentativo di catturare l'attenzione del pesce, di innescare il suo meccanismo di reazione e di far sì che se ne renda conto solo quando è ormai troppo tardi.

Nel Novecento, i piloti militari utilizzavano questa parola in senso figurato per indicare l'attività di attrarre espressamente il fuoco del nemico e distoglierlo così da un altro pilota. Si trattava insomma di una forma intenzionale di diversivo. E comunque, ben prima che il *trolling* assurgesse a tattica di cattura dell'attenzione su internet, esistevano figure pubbliche che, per un qualche bisogno patologico o per mero calcolo economico, flirtavano apposta con la polemica.

Ma è solo nell'era dell'attenzione che il *trolling* è diventato una delle forme primarie della comunicazione pubblica. La sua centralità deriva in parte dagli effetti esercitati sulla psiche umana delle interazioni depersonalizzate e separate da grandi estensioni di spazio e di tempo che avvengono su internet. Appena i primi forum si riempirono di utenti, per divertirsi alcune persone cominciarono a inventare provocazioni e scherzi e a disturbare per ottenere dagli altri una reazione di qualche tipo. Uno degli aspetti fondamentali dell'avvenuto distacco tra la comunicazione e la socializzazione di massa e lo scambio fisico faccia a faccia è la scomparsa dei freni inibitori che limitano i comportamenti antisociali. Siccome gli altri non ti vedono e non sanno chi sei, online puoi dire cose che dal vivo non avresti mai il coraggio di dire e che magari non ti passerebbero nemmeno per la testa. Tutte le persone che incontri si riducono a una piccola immagine scorporata e a uno username, quindi non sono dei veri esseri umani, e tale forma di scambio sociale rende l'autentica sostanza dei legami umani – il riconoscimento e l'amore – quasi inattingibile e la sostituisce con l'esperienza chimicamente analoga ma incredibilmente meno appagante dell'attenzione. Data la piattezza della fruizione virtuale, accettiamo e accogliamo qualunque forma di attenzione, anche negativa, perché è quanto di più simile a un vero legame riusciamo a procurarci. Non c'è da stupirsi se sul web emergono comportamenti che, come i capricci di un bambino disadattato, sono incentrati sulla ricerca dell'attenzione negativa come mezzo per provare delle emozioni (vedi il quarto capitolo di questo libro).

Le interazioni online, che ormai costituiscono una parte sempre più significativa (per qualcuno sono già la maggioranza) dei nostri scambi sociali, diventano quindi una sorta di versione videoludica di una conversazione, un'esperienza di *gamification* composta di input e output e contraddistinta da un tale grado di mediazione e di allontanamento dalla realtà tangibile fatta di respiro, risate e sofferenza degli altri esseri umani da comportare che sfottere o insultare una persona online sembri quasi la stessa cosa che sparare a dei soldati su *Call of Duty*. Alcuni utenti, per indicare l'appagamento generato da questo genere di interazioni, parlano di «punti inutili su internet».

Nessuna di queste dinamiche, però, si verifica all'interno di luoghi progettati per essere neutri. Come sappiamo, le piattaforme su cui avvengono quasi tutti gli scambi di questo tipo sono state concepite per monetizzare l'attenzione. A livello economico, vivono alle spalle degli utenti e più un utente attira l'attenzione e promuove *engagement*, più attenzione da monetizzare ha a disposizione la piattaforma, che quindi aumenta i propri introiti. La struttura è simile a quella della mafia: ogni boss intermedio cede una percentuale dei guadagni dei suoi traffici al «capo dei capi», che nel nostro caso è Mark Zuckerberg o Elon Musk o qualunque altro dominatore dei mercati dell'attenzione del periodo in cui stai leggendo questo libro.

A ogni livello della piramide, i *content creator* sono mossi dai propri bisogni psicologici profondi, dalla pressione sociale, dagli incentivi economici o da una qualche combinazione impura di questi tre fattori. Alla fine, l'unica cosa che conta è che più i *content creator* catturano la tua attenzione e meglio è per il boss (e per i suoi investitori azionari).[62]

Torniamo alla metafora iniziale: per i pescatori di attenzione, l'esca più sgargiante e brillante, la più impossibile da ignorare, consiste nei comportamenti scopertamente crudeli, provocatori o offensivi. Quando qualcuno dice qualcosa di provocatorio o di offensivo, si attiva – come un pesce che balza verso l'esca – la risposta della tua componente neurobiologica e sociale più profonda, un impulso che a volte senti sorgere dentro di te prima ancora di renderti conto di quello che sta succedendo. E fai la fine del povero pesce preso all'amo.

Se il pesce avesse saputo che l'esca era un amo, l'avrebbe ignorata. Ma anche quando sappiamo che qualcuno ci sta trollando, ignorarlo non è facile. I *troll* particolarmente dotati o molto potenti – per esempio la trinità dei *troll* osannata dalla Commissione giudiziaria alla Camera del Partito repubblicano – generano un dilemma discorsivo. Se li si ignora completamente, continueranno a dire e a fare cose vili, sgradevoli o persino apertamente pericolose con le importanti piattaforme a loro disposizione: a promuovere teorie cospirazioniste, il revisionismo nazista o l'odio indiscriminato contro i musulmani. Ma condannandoli si fornisce loro ulteriore attenzione, cioè si dà loro quello che cercano, e al contempo si contribuisce a diffondere qualunque messaggio sbagliato stiano cercando di comunicare.

Ecco il problema fondamentale che Donald Trump ha sempre rappresentato per i media, un problema che suonerà familiare a tutte le persone che, in qualunque contesto, hanno avuto a che fare con dei *troll*. Nel suo libro sulla risoluzione dei conflitti personali, Amanda Ripley definisce «imprenditori del conflitto» coloro che sguazzano nelle polemiche e nelle dispute. Naturalmente, è proprio su internet che questi individui, che spesso utilizzano il litigio e l'insulto come tattiche per espandere il proprio pubblico, tendono a esercitare un'influenza spropositata.[63]

Poiché i *troll* sono promotori di conflitto e cioè di una dinamica che per esistere ha bisogno delle reazioni altrui a una provocazione, la saggezza conquistata sul campo dopo decenni di battaglie nei forum intasati di buontemponi esibizionisti si riassume così: «Non date da mangiare ai *troll*». Non prestate loro attenzione, perché se ne nutrono e, se farete loro patire la fame, prima o poi se ne andranno.[64]

Questa tesi ha una sua logica. Se qualcuno fa di tutto per attirare la tua attenzione, è inutile che tu gliela dia e poi ti aspetti che ti lasci stare. Assomiglia un po' ai consigli di comportamento dati dai genitori ai figli alle prese con i bulli: «Cerca solo di provocarti, ignoralo e basta». Tuttavia, come hanno segnalato vari osservatori della cultura digitale, ignorando i *troll* si rischia di permettere loro di alzare continuamente il tiro delle proprie campagne intimidatorie, di intensificare gli insulti e l'atmosfera di terrore fino a costringere le persone ad assoldare delle guardie del corpo o a trasferirsi.[65]

Per chi come me deve decidere ogni giorno di quale argomento occuparsi, il dilemma del *troll* è una delle sfide fondamentali, se non addirittura la più importante. Consideriamo le scelte editoriali legate al *trolling* in assoluto più atroce: le stragi di massa. Questa forma di ferocia statunitense altamente ritualizzata, che quasi sempre termina con la morte dell'assalitore, nasce, in ogni caso individuale, da un insieme di fattori specifici. Ma è indubbio che tale fenomeno, oltre che dalla facilità di accesso alle armi da fuoco, dipende in buona parte da una sorta di contagio sociale motivato dal desiderio oscuro di attenzione. Una percentuale spropositata di perpetratori di stragi di massa comincia il proprio viaggio verso la morte pubblicando un messaggio sulle piattaforme predilette dal *trolling*, dove una smania nera, perversa e innegabile lega la voglia di postare contenuti in grado di scioccare «il pubblico mainstream» al desiderio di scioccare le persone nel mondo reale con lo spettacolo di un massacro.[66]

Ogni strage crea una nuova tragedia e un nuovo trauma, ma anche un nuovo dilemma per i media che se ne occupano. Quando un individuo disturbato compie una strage di massa, l'evento è, quasi per definizione, una notizia. Ma la copertura mediatica di una strage di massa comporta inevitabilmente l'esaudimento, spesso postumo, del desiderio dell'assassino. E così si crea un meccanismo di incentivi per gli stragisti di massa del futuro, che realizzano che l'ultraviolenza resta un mezzo efficace per attrarre l'attenzione a un livello per loro altrimenti assolutamente irraggiungibile. Ma ignorare una strage di massa sarebbe una forma di negligenza giornalistica, oltre che irrispettoso e offensivo nei confronti delle famiglie e delle comunità che ne sono state vittime.

Ho l'impressione che, rispetto agli anni in cui cominciai a lavorare in televisione, abbiamo compiuto significativi progressi su questo fronte: un tempo sbattere il nome, la faccia e la biografia dell'aggressore sullo schermo era la prassi, oggi invece si tenta il più possibile di evitarlo. Si fa il nome dell'assassino, magari si mostra una sua fotografia, ma non ci si concentra più su di lui come si faceva una volta e si cerca di dare copertura alla strage in sé e alle sue conseguenze. Ci sforziamo di distogliere il più possibile l'attenzione dal colpevole.

Riconosco però che simili precauzioni restano piuttosto insoddisfacenti: non risolvono davvero il dilemma. Ci saranno altre stragi di massa e noi ce ne occuperemo, perché sono notizie, e in un modo o nell'altro quest'attenzione, per quanto controllata, riverbererà nel mondo e genererà automaticamente delle conseguenze.

Un discorso analogo vale per le forme meno distruttive e letali di *trolling*. Il *trolling* costante, soprattutto da parte di personaggi di primo piano, genera un dilemma attenzionale da cui è impossibile districarsi del tutto. È proprio questa la ragione della sua attuale proliferazione. Il *trolling* è una forma di discorso perfettamente adattata per un contesto in cui l'attenzione non è più un mezzo per ottenere qualche altro scopo comunicativo, ma è di per sé un fine.

Benaltrismo

Che io sappia, il primo impiego attestato del termine *whataboutism* (benaltrismo) figura in una lettera inviata nel 1974 all'«Irish Times» da un professore di storia.[67] L'insegnante era originario dell'Irlanda del Nord ed espresse la propria frustrazione nei confronti dei difensori, ribattezzati «benaltristi», delle sanguinarie azioni della Provisional Ira. «Sono quelli che a ogni condanna del terrorismo indipendentista irlandese ti rispondono con una controargomentazione sull'immortalità assoluta del "nemico" e dunque sulla legittimità della causa dell'Ira: "C'è ben altro di cui parlare, dalla Domenica di sangue, alle reclusioni, alle torture, all'alimentazione forzata, alle intimidazioni dell'esercito!". Ogni invito a smetterla con gli attentati riceve la stessa risposta: "C'è ben altro di cui parlare, dal trattato di Limerick, al trattato angloirlandese del '21, a Lenadoon!".»

Di lì a qualche giorno, un articolista dello stesso quotidiano adottò il termine *whatabouts*, che cominciò così a circolare.[68] Negli anni Settanta, i diplomatici statunitensi e di altri Paesi occidentali invocavano il benaltrismo per descrivere la tipica strategia retorica dei loro colleghi sovietici quando si chiedeva conto dell'abuso dei diritti umani nel blocco comunista: «Qualunque critica all'Unione Sovietica (l'Afghanistan, la legge marziale in Polonia, l'incarcerazione dei dissidenti, la censura) innescava una risposta incentrata sul fatto che c'era "ben altro" (l'apartheid in Sudafrica, i sindacalisti arrestati, i contras in Nicaragua eccetera)» ricorda Edward Lucas, all'epoca direttore del distaccamento moscovita dell'«Economist».[69] Si trattava di una mossa talmente trita che persino i russi cominciarono a scherzarci su. Ecco una vecchia barzelletta sovietica. Quando un ascoltatore chiama un programma radiofonico russo e fa una domanda sui salari in America, il conduttore, dopo una lunga pausa, gli dice: «Da quelle parti linciano i negri», un'allusione all'ossessione dei funzionari sovietici per il razzismo statunitense come modo di evadere alle critiche al sistema comunista. Come osserva Lucas, «quando si arrivò al collasso dell'Urss, la battuta finale della barzelletta era ormai assurta a sineddoche della propaganda sovietica nel suo complesso».[70]

Il benaltrismo è ormai diventato un trucco retorico, un tipo di fallacia logica nota anche come *tu quoque* (anche tu). Non ci sono dubbi che molto spesso venga usato come diversivo e in malafede. Ma non si può negare che interrogarci su ciò a cui stiamo prestando attenzione resti fondamentale per districarsi nell'era dell'attenzione. Il benaltrismo può essere una tecnica cinica nelle mani di potenti che vogliono proteggersi dalle critiche, ma anche una forma di ribellione nei confronti di chiunque cerchi di controllare il nostro spazio attenzionale, un tentativo di rimpadronirci della nostra possibilità di scelta e al contempo una presa d'atto silenziosa dell'importanza assoluta di definire la portata dell'attenzione.

Il punto è che tutti, nell'era dell'attenzione, ricorrono costantemente a una qualche forma di benaltrismo. Perché oggi, segnando un'evidente discontinuità rispetto all'epoca della contesa Lincoln-Douglas, il dibattito pubblico nel suo complesso non si concentra quasi mai su un unico tema, né offre una panoramica approfondita dei vari punti di vista sui meriti e i demeriti di una determinata scelta politica. L'attenzione pubblica è sparpagliata e diffusa e le battaglie ideologiche si combattono per decidere *su che cosa concentrarsi*.

Per rendermene conto tutti i giorni, mi basta guardare una delle varie televisioni presenti nel mio ufficio e che mostrano i tre canali principali di informazione degli Usa. A volte, come nei giorni immediatamente successivi al 7 ottobre 2023 in cui avvenne l'attacco di Hamas contro Israele, tutti e tre i canali si occupavano dello stesso tema, seppur declinato da ogni emittente con il proprio taglio e le proprie specifiche scelte editoriali. Di norma, però, i temi scelti dai vari network non combaciano. Quasi sempre, quando do un'occhiata a Fox, trovo una notizia completamente diversa da quella che sta coprendo la Msnbc. Io magari apro il mio programma con gli ultimi sviluppi di uno dei processi criminali contro Donald Trump e su Fox invece apriranno con un servizio sui rifugiati che cercano asilo al confine. Oppure io mi occuperò del recente parapiglia alla Camera, in cui tra varie fazioni di repubblicani è scoppiata una guerra interna senza precedenti in questo secolo, e Fox parlerà degli aggiornamenti sui processi a carico di Hunter Biden.

A proposito delle decisioni prese da altre emittenti, o anche da altre trasmissioni della Msnbc, non posso affermare nulla, ma per quanto riguarda il mio programma vi assicuro che la scelta di argomenti tanto diversi rispetto ad altri canali è frutto di giudizi in buona fede sulla reale importanza delle notizie, oltre che di calcoli sulle richieste dell'audience e cioè incentrati su un'unica domanda: dove sta andando l'attenzione? L'equilibrio a cui aspiriamo consiste nel trovare temi di per sé rilevanti – come il destino della democrazia statunitense in un'epoca in cui una delle due grandi coalizioni politiche ha voltato le spalle alla democrazia stessa – in grado di catturare e reggere l'attenzione del pubblico. Una volta individuato tale assetto, cerchiamo di mantenerlo.

In un'epoca distratta, la concentrazione è potere e accanirsi su un argomento è un modo di comunicare la sua importanza. Come ogni altra forma di potere, anche la concentrazione può essere enormemente abusata, con conseguenze disastrose. Per esempio, ci si può focalizzare sui reati violenti commessi dai migranti, o ci si può occupare solo di gravi aggressioni commesse dai neri, o di uomini ebrei accusati di adescamento sessuale.

Tanto per citare un caso tristemente negativo, analizziamo la copertura mediatica del vaccino per il Covid-19. A fronte di centinaia di milioni di dosi somministrate negli Usa, e di miliardi in tutto il mondo, un organo di stampa particolarmente infido poteva coprire solo le reazioni avverse – direttamente correlate al vaccino o meno – manifestatesi in chi aveva appena ricevuto una dose. Se ci si fosse concentrati solo su tale aspetto, si sarebbe potuto evitare di mentire apertamente sul vaccino. Per esempio, si poteva intervistare un pilota di linea che, poco dopo che le compagnie aeree avevano introdotto l'obbligo del vaccino, aveva avuto un episodio cardiaco, oppure il genitore di un atleta che, a pochi giorni dal vaccino, era collassato in campo. Il focus tacitamente protratto sulle conseguenze negative del vaccino avrebbe ovviamente generato l'impressione complessiva, assolutamente falsa, che i vaccini fossero tanto inutili quanto dannosi. E fu proprio questa la linea di molte figure note della destra conservatrice, a partire da Tucker Carlson, che intervistò il pilota che collegò il proprio arresto cardiaco all'obbligo di vaccinarsi contro il Covid.[71]

Questo problema non è però unidirezionale a livello ideologico. Gli agenti di polizia e i difensori dell'integrità complessiva delle forze dell'ordine sottolineano che, per quanto il numero di cittadini neri disarmati vittime di colpi d'arma da fuoco da parte della polizia negli Usa sia estremamente basso, tanto come cifra assoluta quanto come percentuale rispetto a tutti gli scontri a fuoco in cui è coinvolta la polizia (diciotto su mille nel 2020), tali morti attraggono una copertura mediatica assolutamente sproporzionata.[72] A detta di questi osservatori si tratta di una forma di propaganda, analoga all'insistenza mediatica ossessiva su chi sostiene di aver sperimentato reazioni avverse a causa del vaccino, che pur senza mentire crea un'impressione assolutamente distorta e quindi falsata della realtà.

Quando ricevo dei commenti da parte dei telespettatori del mio programma o di quelli di qualche altra trasmissione di notizie, quasi tutte le critiche riguardano la scelta dei temi su cui ci concentriamo a scapito di altri. Sono ormai giunto alla conclusione che non esiste un insieme di criteri standard o oggettivi, né un modello esterno a cui affidarsi per determinare in maniera accurata quali notizie meritano l'attenzione del pubblico. Si tratta di un giudizio personale e i giudizi personali saranno sempre criticabili e questionabili. In un contesto in cui esiste un numero praticamente infinito di cose a cui si potrebbe prestare attenzione, non c'è un arbitro a cui appellarsi, nessun gruppo stabile di giudici che determini a che cosa sia meglio dedicarsi.

Cospirazionismo

Durante la guerra contro l'Isis del 2016, la giornalista premio Pulitzer Azmat Khan era inviata in Iraq. Un giorno, insieme al suo contatto, un comandante delle Forze di mobilitazione popolare irachene, stava andando verso una città in cui l'Isis aveva creato dei laboratori per lo sviluppo di armi chimiche a bassa intensità. Durante il viaggio, il comandante le chiese cosa pensasse della dichiarazione di Obama secondo la quale gli Usa avrebbero costruito una casa per ogni siriano e iracheno che l'aveva persa a causa degli incessanti bombardamenti della coalizione anti-Isis. Quando Khan manifestò un certo scetticismo rispetto alla verosimiglianza di quella promessa, il comandante tirò fuori il telefono e le mostrò un video sottotitolato in arabo in cui l'allora presidente Barack Obama diceva, nei sottotitoli, di sentirsi talmente in colpa per tutte le case bombardate in Iraq e in Siria da non riuscire a smettere di pensarci. «Poi il presidente tace, si commuove e si asciuga una lacrima sul viso» racconta Khan. «E dice: "Costruiremo una casa per ogni iracheno e siriano la cui casa è stata bombardata. Sapete, a volte quando penso a queste cose, mi prende una tale disperazione che vorrei buttarmi dalla torre di Chicago".»[73]

I sottotitoli erano falsi. Era il video del discorso tenuto da Obama dopo la strage di Newtown, durante la quale venti bambini vennero uccisi nella loro scuola elementare. A un certo punto, il presidente dice che episodi analoghi succedono ogni giorno per le strade di Chicago, da cui il riferimento alla «torre di Chicago» nei sottotitoli. Chiunque sia stato a falsificare il filmato ha intuito di dover rendere conto della parola «Chicago».

Il video in questione era un esempio di ciò che oggi chiamiamo, con un termine tremendamente ambiguo, «disinformazione». Per motivi oscuri, qualcuno che quasi certamente sapeva l'inglese aveva falsificato la traduzione e si era impegnato a creare il video e a postarlo. Ed era comprensibile che il comandante della milizia ci avesse creduto. Un suo contatto l'aveva condiviso in un gruppo WhatsApp e lui non parlava inglese. Come poteva capire che era un falso?

Anche se per certi versi si tratta di un tipico caso di traduzione traditrice, quest'aneddoto racchiude un nucleo segreto a cui ho pensato spesso nel corso degli anni: *qualora* Barack Obama *avesse* davvero fatto la promessa comunicata dai falsi sottotitoli, *sarebbe* stata una notizia pazzesca sia negli Usa che nel resto del mondo. C'era un motivo se la realtà inventata dal video era diventata virale nei gruppi WhatsApp e se il comandante della milizia ne era rimasto talmente colpito da parlarne e persino da mostrare il filmato a una giornalista straniera. La storia inventata contenuta nel video era molto più memorabile e accattivante della realtà banale e brutale della condotta statunitense, all'insegna della negligenza e della malafede, nei confronti dei civili coinvolti dai bombardamenti della campagna anti-Isis.

La verità era tetra, crudele e noiosa, ma la realtà alternativa presentata dal video falso era intrigante, ad alta definizione e sorprendente. Chi può biasimare il comandante se preferiva la seconda versione?

Da sempre l'uomo si aggrappa a convinzioni false, nonostante le evidenze. L'universo è caotico, irrazionale e incomprensibile e noi inventiamo delle forme che gli danno un senso, dagli dèi le cui lotte determinavano il nostro destino ai «globalisti del *deep state*» che oggi, secondo milioni di persone, troneggiano sulla versione aggiornata del Monte Olimpo. Siamo portati a strutturare il mondo in base alle nostre personali teorie e ai nostri filtri culturali, anche a costo di non vedere ciò che sta sotto i nostri occhi. Inventiamo storie per dare significato a una realtà insensata e, anche quando attorno a noi tutto va a rotoli, continuiamo a raccontarci le stesse storie. Le nostre teorie, pregne di causalità lineari, rendono il mondo leggibile e a tale decifrabilità ci aggrappiamo anche a costo della nostra vita. Non smetteremo mai di farlo. Lo facciamo fino alla morte e a volte è proprio questa nostra propensione a ucciderci.

Detto ciò, non mi pare particolarmente controverso affermare che l'era dell'attenzione è un terreno fertile per le teorie cospirazioniste. È però degno di nota che uno dei due grandi partiti statunitensi abbia abboccato alla fandonia incredibilmente diffusa, oltre che pregna di violenza, secondo cui le elezioni del 2020 furono oggetto di frodi tanto onnipresenti e sistematiche da creare uno scarto di più di sette milioni di voti.

Ci sono molte ragioni sociologiche e psicologiche per spiegare come mai le persone credono nelle teorie cospirazioniste. Per esempio, è molto più gratificante aderire a un'idea che conferma il resto delle nostre convinzioni (i democratici sono cattivi e l'America li odia) piuttosto che accettare fatti che ci costringono a cambiare opinione. Le teorie cospirazioniste offrono anche il brivido della conoscenza segreta e, come spiega Naomi Klein nel suo eccellente libro *Doppio. Il mio viaggio nel Mondo Specchio*, l'eroica soddisfazione di sentirsi il protagonista di un romanzo giallo, il detective privato che collega tutta una serie di dettagli apparentemente insignificanti e scopre la verità nascosta.[74]

Inoltre, in un mondo contrassegnato dalla complessità crescente e in cui il fallimento delle classi dirigenti è diventato la norma, il cospirazionismo offre anche una prospettiva perversamente confortante sulla loro competenza: i potenti sono dei malvagi superefficienti, hanno un piano segreto e sono in grado di realizzarlo alla perfezione. Se hai mai avuto a che fare direttamente con il caos ordinato in cui sfocia, per esempio, l'ufficio amministrativo deputato al conteggio in un'elezione regionale, oppure uno degli uffici statali di una campagna presidenziale, saprai che è praticamente impossibile immaginare un universo in cui queste due entità riescano in qualche modo a coordinarsi per rubare sistematicamente un'elezione in una sola contea, figuriamoci in decine e decine di contee in vari Stati.

Tutti gli aspetti finora elencati mi paiono rilevanti, ma a mio avviso il fascino del cospirazionismo nell'attuale panorama attenzionale si fonda anche e soprattutto su un altro elemento molto sottovalutato e cioè sul fatto che spesso, se non quasi sempre, le teorie cospirazioniste sono ben più capaci di catturare l'attenzione rispetto alla realtà. In termini evoluzionistici, dei bit scioccanti di informazioni false battono dei bit noiosi di informazioni vere. In un contesto come quello odierno, in cui la competizione per l'attenzione è la forza dominante del discorso pubblico, si finirà con il produrre una quantità sempre maggiore di queste teorie.

Il comandante della milizia irachena convinto che un commosso Barack Obama avesse annunciato un programma di risarcimento per le vittime dei bombardamenti non aveva torto a credere che una tale notizia, se fosse stata autentica, avrebbe fatto il giro del mondo. Da giornalista riconosco che, sul piano mediatico, la sua era un'intuizione eccellente. Peccato che non fosse vero. Lo stesso discorso vale per quasi tutte le teorie cospirazioniste più in vista (anche per quelle meno in vista) che rimbalzano su internet o riecheggiano nei dormitori delle università o nelle sale bingo. Se la «congrega globalista» avesse davvero pianificato il Covid-19 per imporre la dittatura sanitaria, sarebbe indubbiamente una notizia sensazionale... se non addirittura la notizia in assoluto più importante di questo momento storico. Se esistesse davvero un ordine globale segreto di personaggi di altissimo profilo coinvolti nel traffico di bambini a scopi sessuali e nella raccolta delle sostanze chimiche prodotte dai loro corpi, come credono i seguaci di QAnon, anche questa sarebbe una delle notizie più esplosive della storia statunitense.

La stessa dinamica vale per la teoria cospirazionista che in questi anni ha generato le conseguenze più vaste e pericolose e cioè la falsa convinzione di Donald Trump di avere vinto le elezioni del 2020 e di essere stato vittima di una manomissione dei risultati elettorali che ne avrebbe determinato la sconfitta. *Se fosse vera*, la storia delle elezioni rubate – un'arzigogolata cospirazione su larga scala in cui il fantasma di Hugo Chávez, coadiuvato da ipotetici funzionari dell'intelligence italiana forse in combutta con i cinesi, avrebbe portato a termine con successo una gigantesca frode ai danni di una nazione di 330 milioni di abitanti per far sembrare che Joe Biden, invece di perdere le elezioni, le avesse vinte – sarebbe una notizia davvero in grado di catturare l'attenzione. Certo, per i conservatori il fascino di questa teoria era in buona parte dovuto al conforto del bias di conferma, alla gratificazione di sentirsi dire che il loro candidato in realtà aveva vinto e che la loro visione del mondo, secondo la quale Donald Trump era un supereroe amato da tutti e Joe Biden una comparsa senile, era corretta. Ma queste teorie, trasmettendo un'immagine del mondo in un certo senso più notiziabile e più sorprendente della realtà in cui viviamo, esercitano un'innegabile viscosità attenzionale.

Mettiamola così: se la tesi sostenuta da Trump e dai suoi avvocati fosse stata vera, sarebbe stata la notizia più importante della storia dell'informazione statunitense e si sarebbe meritata esattamente il livello di copertura fanatica tributatole dagli organi di stampa favorevoli a Trump. Solo che non era vera. La banale realtà dei fatti era che Donald Trump aveva un indice di gradimento molto basso, era molto impopolare e perciò perse le elezioni con uno scarto di sette milioni di voti.

Per attirare l'attenzione, una grande bugia tende a essere più efficace di un insieme di piccole verità. Nel momento in cui si imbatte in una nuova rivelazione o in un'accusa scioccante, il fruitore di un determinato bit di informazione è costretto a determinare il suo valore di verità. L'annichilimento del vecchio sistema dell'informazione, relativamente blindato dal controllo gerarchico, ha fatto sì che oggi l'unica ragione per aderire alla verità sia l'ampiezza del sistema di valori di un individuo... Oppure un calcolo in grado di stabilire che un eccesso di bugie, di disinformazione e di simili contenuti si rivelerà nel lungo termine controproducente a livello economico. Ma la disgregazione dei mercati dell'attenzione ha comportato la scomparsa del costo reputazionale che un tempo un organo di stampa era costretto a pagare per la diffusione della disinformazione. Se sei abbonato a un giornale che continua a dirti cose false, prima o poi cancelli l'abbonamento. Ma nell'era algoritmica, ogni singola asta per l'attenzione ha spesso una provenienza sconosciuta. Chi mira alla viralità non deve preoccuparsi della reputazione che si costruirà nel tempo. Punta solo ad aggiudicarsi il montepremi attenzionale per poi passare al prossimo colpo di leva della slot machine.

Nella politica statunitense si è sempre annidato un elemento di follia. Il classico racconto storico che noi americani impariamo a scuola è in fondo una mezza finzione. Secondo tale visione edulcorata, gli Usa sarebbero sin dalle origini una repubblica costituzionale e perfezionatasi attraverso una serie di graduali riforme ma che, a differenza di altri Paesi, non è mai precipitata nella dittatura, nel fascismo, nella violenza e nel terrore di Stato. La verità è meno gratificante: siamo una nazione che, da un certo punto di vista, passa da un episodio maniacale all'altro, dal fanatismo religioso, ai massacri razziali di massa, alle insurrezioni sfiorate.

Detto ciò, ultimamente si ha l'impressione che la vita pubblica e la politica statunitensi abbiano perso anche quel briciolo di sanità mentale che ancora le contraddistingueva qualche decennio fa. Scrivo queste pagine durante la campagna elettorale del

2024 e devo riconoscere che nel campo dell'informazione, fin da quando faccio questo lavoro, la situazione non è mai stata così tesa. Per esempio, non riesco quasi nemmeno a immaginare dove un ventenne nella media possa informarsi sul mondo, sul nostro Paese e sui candidati alle elezioni presidenziali.

Ma in fondo, dovendo affidarci ai dati a nostra disposizione, una risposta al dubbio che ho appena avanzato c'è... Sulle piattaforme: TikTok, YouTube, Instagram, Facebook e X... Ecco dove si informa un ventenne. Ma una tale risposta di per sé non ci dice nulla, perché le piattaforme sono solo delle aste dinamiche in cui gli sguardi degli utenti vengono venduti agli inserzionisti in base al tipo di contenuti che fanno loro interrompere lo scorrimento del *feed*. Nel corso degli anni, quasi tutte le piattaforme hanno reso sempre più difficile, se non impossibile, l'accesso ai dati su quello che gli utenti guardano davvero. È una scatola nera.

Si ha l'impressione che gli imperativi attenzionali abbiano completamente fagocitato le prerogative dell'informazione. Stiamo assistendo, su larga e su piccola scala, all'erosione delle ultime vestigia di un regime attenzionale funzionante, che un tempo guidava i meccanismi fondamentali in base ai quali, per esempio, si sceglieva la figura individuale eletta da tutti i cittadini per rappresentare la nazione.

Durante i primi mesi del 2024, quando la tragedia dei civili di Gaza ha cominciato a manifestarsi in tutta la sua raccapricciante realtà, l'appoggio incondizionato offerto da Joe Biden alla risposta israeliana alle atrocità commesse il 7 ottobre da Hamas ha determinato una spaccatura nel Partito democratico. Un sondaggio ha attestato che quasi il 50 per cento degli elettori di Biden nel 2020 erano convinti che Israele stesse commettendo un genocidio, che una netta maggioranza dei tesserati del Partito democratico disapprovava la condotta di Israele e che la maggioranza dei cittadini non era soddisfatta del modo in cui Biden stava gestendo la crisi. Tale questione è diventata un serio problema politico.

Tutto questo accadeva nell'anno delle elezioni presidenziali in cui il Partito repubblicano, di fatto, aveva scelto Donald Trump come candidato d'ufficio. Dato il contesto, ci si sarebbe aspettati l'emergere di un animato dibattito tra i due candidati su questa cruciale istanza di politica estera. Come la pensava Donald Trump sull'appoggio degli Usa all'offensiva israeliana a Gaza?

Trump si è quasi completamente rifiutato di esprimere la propria opinione in merito. «Se io fossi presidente, tutto questo non sarebbe mai successo»; poi cambiava argomento. Anche se era evidente che Trump avrebbe sostenuto in maniera ancora più blindata la guerra di Netanyahu (ha detto che gli israeliani dovevano «portare a termine quello che avevano cominciato»), il suo comitato elettorale non ha mai approntato un vero programma scritto né stilato una panoramica politica complessiva. Il suo entourage si è limitato, quasi sempre, a una serie di gesti retorici spesso contraddittori e a qualche risposta evasiva. In simili condizioni, come possono i cittadini anche solo cominciare a riflettere su chi votare?

Torniamo alla sfida Lincoln-Douglas e immaginiamo che Lincoln, invece di argomentare la revoca dell'espansione territoriale della schiavitù e il ribaltamento della sentenza Dred Scott, avesse affermato che, se lui fosse stato senatore dell'Illinois, «tutto questo non sarebbe mai successo». In una situazione del genere, non sarebbe mai potuto sorgere alcun dibattito.

Trump è riuscito a cavarsela così anche a causa del drastico declino della capacità della stampa politica di concentrare in maniera efficace l'attenzione nazionale su determinate istanze e questioni. In passato, durante le campagne elettorali, la stampa utilizzava il proprio potere in un modo che io trovavo snervante – ci si concentrava sugli scandali più banali e su pronostici da allibratori all'ippodromo – ma, in quanto istituzione, quella che un tempo veniva chiamata la stampa politica o stampa elettorale era davvero in grado di orientare l'attenzione del pubblico.

Lo strapotere della stampa plasmava le campagne elettorali dei partiti e il comportamento dei candidati. Per esempio, sedici anni fa, nell'estate del 2008, Vladimir Putin invase la Georgia. Sia John McCain sia Barack Obama, i due candidati alle presidenziali, presero posizione sull'accaduto. McCain adottò una prospettiva muscolare di confronto bellico e Obama sottolineò l'importanza della diplomazia e della collaborazione con i Paesi alleati per isolare la Russia. I comitati elettorali pubblicavano programmi in cui si articolavano le posizioni dei candidati, che tenevano comizi e organizzavano interviste telefoniche pubbliche con i giornalisti per comunicare il proprio punto di vista su determinate questioni.

Si trattava in sostanza di una riproposizione della sfida Lincoln-Douglas aggiornata per il regime attenzionale della copertura elettorale dell'informazione generalista. Questo è uno dei temi del momento e questa è la mia posizione al riguardo.

Oggi però simili dinamiche sono quasi completamente scomparse. Ci ritroviamo alle prese con un Paese pieno di megafoni, un muro di suono stordente, dominato dalle luci lampeggianti e accecanti di un casinò aperto ventiquattr'ore su ventiquattro e sette giorni su sette e da un sistema minuziosamente strutturato per sottrarci la nostra attenzione e ricavarne profitto. In queste condizioni, qualunque parvenza di un processo decisionale democratico sembra un'ipotesi non solo impossibile ma quasi demenziale, come mettersi a meditare in uno strip club.

La promessa dell'era dell'informazione si fondava sull'inedita possibilità di avere costantemente accesso a ogni singolo frammento di conoscenza umana, ma l'esito concreto di questo sogno è un'esistenza collettiva sempre sull'orlo della follia. Nell'autunno del 2023, a circa un mese dall'inizio della guerra tra Israele e Hamas, mentre gli utenti dei social media si imbattevano in una valanga di video e immagini cruente di morte, distruzione e atrocità, alcuni verificati e altri no, cominciò a circolare un tweet virale: «Ciao, scusa se non ho risposto al tuo messaggio, sto cercando di processare un costante sovraccarico di informazioni violente con un cervello concepito per mangiare bacche in una grotta».[75]

Una delle condizioni necessarie per la sanità mentale è la capacità di mettere ordine nei pensieri, di controllare la propria mente, di orientare la torcia dell'attenzione ovunque si voglia. Chi è affetto da una patologia mentale lotta continuamente per cercare di proteggere i propri pensieri da intromissioni, voci, apparizioni, frammenti psichici che sembrano autonomi e indipendenti. Ma in fondo è a questo che si è ridotto il nostro discorso pubblico condiviso: al costante borbottio caotico di una mente angosciata.

8
Come riprenderci la nostra mente

Oggi, soprattutto online, è difficile sfuggire a un senso incombente di minaccia e sventura. L'esaltazione del periodo d'oro della rivista «Wired» negli anni Novanta, l'era del trionfalismo di internet e dei blog ci sembrano ormai sogni febbrili e stucchevoli esempi di ingenuità giovanile.

Quando avevo vent'anni, io e molti miei coetanei credevamo che internet fosse in grado di operare un sovvertimento profondo delle dinamiche di potere che dominavano la politica statunitense. Eravamo arrabbiati, a volte disperati, ma avevamo l'impressione che, almeno a livello tecnologico, il futuro fosse nostro. La vecchia guardia non sarebbe riuscita a tenere il passo. Avevamo il vento in poppa.

Oggi ho cambiato idea. Ogni nuovo progresso tecnologico mi fa venire i crampi allo stomaco. Accolgo qualsiasi innovazione digitale con un senso distopico di minaccia. Sono tentato di pensare che sia solo un sintomo del processo noto come «invecchiamento». Sì, da giovani si accoglie il cambiamento come una forza positiva ed entusiasmante, ma da vecchi ogni novità sembra spaventosa. È la storia più antica del mondo.

Ma non è tutto così semplice. Il mio punto di vista combacia con quello di una vasta percentuale di cittadini e alcune delle mie tesi più pessimiste sono condivise anche dai giovanissimi.[1] Questo senso di minaccia, la percezione che il futuro sarà peggio del presente, si applica sia alla politica e al cambiamento climatico sia al progresso tecnologico.

Nel 2023 l'American Dialect Society (Associazione del dialetto americano) ha scelto il neologismo *enshittification* (immerdamento) come parola dell'anno. Il teorico della tecnologia e blogger della prima ora Cory Doctorow ha coniato questo termine per descrivere la parabola tipica delle piattaforme, che va dal successo iniziale alla morte: «All'inizio trattano bene gli utenti; poi sfruttano gli utenti per favorire i clienti paganti; alla fine, sfruttano i clienti per tentare di riprendersi il valore che hanno svenduto. Poi muoiono. Questo processo io lo chiamo *enshittification*».[2]

È una dinamica onnipresente: internet peggiora di giorno in giorno. A livello di esperienza e fruizione degli utenti, a livello di utilità, in tutti i suoi aspetti. Le ricadute sociali dell'era dell'attenzione sono ben documentate e i dati indicano una direzione univoca. Stiamo assistendo a un drastico aumento di casi di depressione e di suicidio non solo negli adolescenti ma anche nei bambini. Dopo l'avvento degli smartphone, la felicità autoriportata da cittadini statunitensi di tutte le età ha raggiunto i minimi storici nell'arco di un secolo, ma il dato è particolarmente drammatico per quanto riguarda gli adolescenti.[3] Le persone passano sempre meno tempo a interagire dal vivo e sempre più tempo a interagire attraverso i dispositivi e si riscontra una tendenza ad avere sempre meno amici.[4] Inoltre, i telefoni sembrano esercitare un effetto deleterio sugli studenti di tutto il mondo. Dal 2012, nonostante le diversità sociali e di approccio educativo, i risultati dei test standardizzati somministrati a livello globale continuano a peggiorare. Secondo l'associazione che raccoglie questi dati, il Program of International Student Assessment (Programma per la valutazione internazionale degli studenti), la causa del peggioramento è evidente. Come ha scritto «The Atlantic», «in sostanza, gli alunni che passano più ore a fissare il telefono vanno peggio a scuola, distraggono i compagni e sono meno felici».[5]

Che si tratti o meno dell'unica causa di un simile calo di rendimento scolastico, l'era dell'attenzione ci ha resi più ansiosi e depressi, più isolati e meno socievoli. Abbiamo meno amici e li vediamo con minore frequenza. Facciamo fatica a mantenere il livello di attenzione necessario per leggere in maniera profonda e imparare cose nuove. Il contesto politico è sempre più frammentato e polarizzato, l'informazione è sempre più inquinata. Non si può andare avanti così, vero? No. Credo proprio di no. Ci si presentano alcune possibili soluzioni, alcune strade che non necessariamente si precludono l'un l'altra, per riacquisire il controllo collettivo della nostra mente.

Se l'attenzione è la sostanza della vita, allora chiedersi a che cosa prestiamo attenzione significa chiedersi di cosa sono composte le nostre vite. E qui si arriva alla domanda fondamentale, a cui rispondere è molto più difficile di quanto ci piacerebbe credere. A che cosa *vogliamo* prestare attenzione? Se non ci fossero tutte le tecnologie e le aziende che competono per la nostra attenzione, se la nostra attenzione non venisse mercificata ed estratta, a che cosa sceglieremmo consapevolmente di prestare attenzione?

Spesso ci lamentiamo del divario tra ciò a cui desideriamo prestare attenzione e le cose a cui, nell'era dell'attenzione, finiamo per prestare attenzione costantemente. Una donna compie l'azzardo di portarsi tre romanzi in vacanza ma al rientro ha letto solo un terzo di uno dei tre, perché è stata risucchiata dal *feed* di Instagram. La lettura è uno degli argomenti fissi di queste lamentele. Tutti, me compreso, ci lamentiamo di non riuscire più a leggere libri lunghi. Abbiamo l'impressione che i nostri gusti non siano cambiati – leggere mi piace ancora –, ma che sia cambiato solo il nostro comportamento. La causa di questo mutamento è il fatto che qualcuno ci ha sottratto qualcosa. Qualcuno, con insidiosa sottigliezza, ci ha obbligati.

Forse però abbiamo Io diversi che vogliono cose diverse: un nostro Io vuole leggere, un altro Io vuole guardare il *feed*. Si avverte una tensione, come abbiamo detto all'inizio di questo libro, tra diversi aspetti forse inconciliabili della nostra personalità. Ci sono i desideri del Super-Io (andare in vacanza e leggere tre romanzi) e poi c'è l'effettivo comportamento dell'Io autentico (guardare Instagram). Come accade in tanti altri contesti, alla prova dei fatti le nostre preferenze concrete si rivelano differenti da quelle che dichiaravamo tali. Ma chi è che decide quali sono i nostri veri desideri?

Oggi il *self-help* cerca perlopiù di ridurre il divario tra ciò che diciamo di volere e come agiamo. Ed è in questo contesto, nella grana istantanea della nostra interiorità, che possiamo immaginare un progetto analogo, almeno sul piano individuale. La soluzione, sempre che esista, all'alienazione causata dalla distanza tra ciò a cui prestiamo attenzione e ciò a cui vogliamo prestare attenzione deve partire da questa domanda: che cosa vogliamo davvero? Se avessi il controllo assoluto della tua attenzione, una sorta di iperconcentrazione alla X-Men da orientare sempre in qualunque direzione tu voglia, per tutto il tempo che decidi tu, che cosa faresti con questo superpotere?

Secondo me, risponderemmo quasi tutti in maniera molto simile. Ci concentreremmo sulla famiglia, sugli amici, sulle persone a cui vogliamo bene, sui nostri hobby e interessi, sulle cose che ci rendono felici, sui progetti personali – scattare fotografie, fare giardinaggio, costruire da soli una veranda – che ci appagano.

Torniamo all'eroe Ulisse. Deve fare in modo che tutti prestino attenzione alla navigazione, ma sa che la sua attenzione sarà catturata dalle sirene e allora prende un impegno *in anticipo* rispetto al momento in cui sa che l'attenzione gli verrà sottratta.

Questi meccanismi di impegno sono fondamentali per ogni forma di modifica del comportamento personale: smettere di fumare, cominciare a praticare esercizio fisico. Ma tra le molte varianti dei mercati dell'attenzione, ce ne sono alcune molto più efficaci nell'innescare o nello sventare questo tipo di impegno da parte nostra. Lo sviluppo odierno dei mercati dell'era dell'attenzione comporta una sempre maggior rapidità, aggiornando e proponendo nuovi stimoli ogni secondo, al fine di mantenere la nostra attenzione in uno stato di fuggevole interesse e di sviare così nell'utente l'atto decisionale dell'impegno.

Mettiamo a confronto il modo in cui guardiamo qualcosa, su TikTok, su Instagram o persino su Netflix, con le modalità di fruizione dei telespettatori di qualche generazione fa. Corriamo pure il rischio di passare per nostalgici (è quasi impossibile non esserlo se si scrive di tecnologia e di cultura umana) e pensiamo ai videonoleggi. Dalla fine degli anni Ottanta ai primi anni Duemila, negli Usa questi negozi costituivano un giro d'affari importante oltre che una vera e propria istituzione culturale. Quasi tutti i miei lettori sapranno di cosa sto parlando, ma adesso lo spiegherò comunque per i più giovani. Nel tuo quartiere c'era un negozio con una videoteca composta da centinaia di Vhs ordinati sugli scaffali. All'inizio dell'epoca delle videocassette, erano piccoli negozi indipendenti a gestione familiare, ma a un certo punto vennero rimpiazzati dal colosso Blockbuster, che all'apice del successo arrivò ad avere novemila punti vendita in tutto il mondo. Nei negozi del periodo pre-Blockbuster spesso lavorano appassionati cinefili attratti dall'idea di avere costantemente accesso a un'intera cineteca, un privilegio che oggi i miei figli danno assolutamente per scontato.

Per esempio, il sabato sera andavi al videonoleggio insieme alla persona con cui poi avresti visto il film: il tuo fidanzato o la tua fidanzata oppure, se eri piccolo, tua madre o tuo padre. Poteva capitare che una coppia di esploratori venisse mandata in avanscoperta a prendere una videocassetta che poi sarebbe stata guardata da un gruppo più ampio. Grande responsabilità! Dovevi scegliere un film popolare e adatto a tutti.

Nel negozio non potevi scrivere o telefonare a chi era rimasto a casa, l'offerta era limitata e dovevi semplicemente impegnarti a prendere una decisione su ciò a cui poi a casa avresti prestato attenzione per due ore. A volte il film si rivelava deludente. O magari qualcuno in famiglia ne rimaneva disgustato. Non era affatto un metodo a prova di errore. Ma, perlomeno, si trattava della scelta proattiva e intenzionale, operata dalla mente conscia, di orientare l'attenzione su qualcosa. Andavamo al videonoleggio e ci legavamo all'albero maestro. Poi arrivava il momento di guardare il film e, che fosse bello o brutto, un capolavoro o una delusione, lo guardavamo.

Non possiamo tornare indietro nel tempo e so che la mia potrebbe sembrare la fantasticheria velleitaria di un uomo intrappolato nella nostalgia per una vita più semplice, tuttavia sono convinto che in questo ricordo sia sepolta un'intuizione assolutamente strategica. Il videonoleggio non faceva beneficenza: era un'impresa commerciale, che offriva un servizio per un dato prezzo nel contesto di una certa fase dell'economia dell'attenzione e puntava a guadagnare. Il valore di tale fascia di mercato consisteva in un'innovazione tecnologica (le videocassette Vhs e poi i Dvd) e in un insieme di aziende sorte a partire da tale innovazione.

Questo tentativo di resuscitare una tecnologia defunta per salvarci dalla tirannia degli odierni mercati dell'attenzione in cui ci siamo lasciati imprigionare potrà sembrare assolutamente miope, ma io penso che l'emergere di modelli analoghi in altri contesti ci suggerisca che nel prossimo futuro simili soluzioni diventeranno sempre più diffuse e remunerative.

Prendiamo la parabola del vinile. Per decenni, i dischi in vinile furono il mezzo primario della fruizione musicale, poi però l'avvento delle musicassette li spodestò. Presto arrivarono i Cd a dare il benservito alle cassette, poi i download digitali sostituirono i Cd e alla fine giunsero i servizi di streaming a fare piazza pulita di tutti i concorrenti. Ma una quindicina di anni fa uno zoccolo duro di appassionati ricominciò a comprare vinili e diede avvio a un processo su larga scala. I negozi di dischi iniziarono a manifestare un'imprevista tenuta economica e per diciassette anni consecutivi le vendite dei vinili continuarono a crescere, a tratti anche in maniera esplosiva. Nel 2020, le vendite di vinili attestarono una crescita annua del 46,2 per cento e nel 2021 si arrivò addirittura al 51,4 per cento. Poi il boom è rallentato, ma nel 2023, l'ultimo anno di cui ho a disposizione i dati, sono stati venduti 41,3 milioni di vinili, il risultato migliore dal 1991.[6] Certo, un tale giro d'affari ammonta comunque a una frazione degli introiti complessivi dell'industria musicale, dominati dallo streaming, eppure il vinile rimane il formato più utilizzato per l'acquisto di un intero album. Quando quindici anni fa cominciò la rivoluzione dell'iPod, il vinile sembrava destinato a fare la fine della macchina per scrivere e nessuno avrebbe pronosticato la sua rinascita.

Le cause di questa sorprendente resurrezione sono svariate. Dal punto di vista fisico e visivo, il vinile con la sua confezione costituisce un impareggiabile oggetto da collezione. La qualità sonora degli Lp in vinile è anche nettamente superiore a quella dei file audio compressi dei servizi di streaming. Da qualche anno, ascoltare musica con un giradischi ci affranca dall'eccesso di scelta ansiogeno generato dai media digitali, in cui a ogni istante si può cambiare canzone o decidere di non avere voglia di ascoltare ciò che si sta ascoltando. Mettendo un vinile sul giradischi, *impegni* l'attenzione su quell'album. Ti leghi all'albero della nave.[7]

Secondo me, il vinile dell'informazione è il quotidiano cartaceo. Essendo un voracissimo consumatore di notizie online, oltre che una persona iperconnessa e ossessionata dal non accumulare carta in casa, ho passato interi decenni a leggere le notizie esclusivamente su internet. I miei genitori erano abbonati a vari giornali cartacei e al domenicale del «New York Times», ma io leggevo quasi solo quotidiani online. Per scrivere questo libro, ho deciso di farmi recapitare il «New York Times» a casa e sono rimasto sbalordito dalla superiorità complessiva della versione cartacea rispetto al suo equivalente digitale.

I quotidiani sono, in primo luogo e soprattutto, un'ingegnosa tecnologia per dirigere l'attenzione. I redattori decidono dove posizionare gli articoli, la grandezza dei titoli, se inserire o meno delle fotografie o se vari pezzi sullo stesso tema debbano occupare o meno intere pagine di un'edizione. Questi segnali attenzionali riflettono la linea editoriale e sono un tentativo di far sì che il lettore presti attenzione a cose che altrimenti gli sfuggirebbero: che si tratti del servizio in evidenza, corredato da splendide immagini, sulla vita in un paesino italiano alle prese con il drastico calo demografico, o di un lungo articolo economico, che occupa una paginata intera, sul lavoro minorile negli Usa.

Se tutti i giorni leggi un quotidiano cartaceo, la prima cosa che noti è l'enorme differenza rispetto alla versione digitale dello stesso quotidiano in cui ti imbatti sui social. Sul web gli articoli che tendono a ricevere più attenzione sono quelli in grado di generare rabbia trasversale: uno sfogo di pancia nella sezione dedicata agli opinionisti esterni o un articolo sui «giovani di oggi» nei campus universitari. Ma nei giornali cartacei simili articoli hanno una posizione molto più decentrata e, spesso privi di fotografie, vengono relegati nelle ultime pagine. Il «New York Times» pubblica, per esempio, un focus sulle elezioni indonesiane, corredato da stupende fotografie a colori. Apri il giornale e ti viene voglia di leggerlo, ma poi ti accorgi che online non ne parla nessuno. Quando sul sito del «New York Times» vai sulla pagina degli articoli più letti, trovi solo opinioni controverse e polemiche create ad hoc, che diventano virali e vanno bene per aumentare il traffico del sito, ma non ti imbatti quasi mai negli approfondimenti sulle elezioni in Indonesia o sulle miniere d'oro egiziane. Ecco la differenza tra un processo consapevole di orientamento dell'attenzione e i flussi di attenzione innescati dai meccanismi da casinò delle «piattaforme». Ecco qui, leggibile nero su bianco, la differenza tra dirigere l'attenzione come lo si faceva prima dell'era dell'attenzione e la versione odierna di questa stessa dinamica.

Leggere giornali cartacei è un'abitudine di nicchia, non poi tanto diversa dal comprare dischi in vinile. Solo l'8 per cento degli abbonamenti complessivi del «New York Times» riguarda l'edizione cartacea, che però genera un terzo degli introiti prodotti dalle vendite. (Se gli abbonati al cartaceo dovessero sparire, sarebbe quindi un brutto colpo per il giornale.) Immagino che quasi chiunque concorderebbe con la previsione che prima o poi gli abbonati al cartaceo arriveranno a zero. E se invece non dovesse andare così? E se i giornali cartacei imboccassero la strada del vinile?

Queste possono sembrare alternative velleitarie e di nicchia al modello che domina i mercati dell'attenzione, ma io credo (e soprattutto spero) di assistere a una diffusione sempre maggiore di aziende, tecnologie e modelli di consumo che cercano di evadere o di sospendere la realtà crudele e totalizzante dell'infinito processo di mercificazione dell'attenzione in cui viviamo immersi.

Per comprendere in maniera efficace quale potrebbe essere la forma specifica di questo cambiamento, vorrei di nuovo soffermarmi sull'esempio del mercato alimentare e sul modo in cui interagisce con la nostra eredità biologica. A partire dagli anni Settanta, un piccolo gruppo raccogliticcio, composto perlopiù da hippie, fondò un movimento alternativo per affrancarsi ed evitare i canali che dominavano la produzione industriale del cibo. Alcuni acquistarono delle fattorie e, nel contesto di una più ampia rivendicazione del ritorno alla terra, cominciarono a coltivare i campi. Altri aprirono piccoli negozi per vendere alimenti sani e integrali e piccoli lotti di cibo che, non essendo prodotti dai giganteschi conglomerati agricoli, non erano presenti nei supermercati.

I primi alimentari biologici erano piccoli, rari e bizzarri. Lungi dal rappresentare un nuovo modello remunerativo, erano dei minuscoli rifugi di consapevolezza dal modello dominante. Ma nel 1978 due ragazzi poco più che ventenni chiesero un prestito alle loro famiglie e aprirono un negozio di cibo biologico a Austin, nel Texas. Due anni dopo si fusero con un altro esercizio del settore e adottarono il nome di Whole Foods. Oggi negli Usa esistono oltre cinquecento filiali Whole Foods e nel giro di qualche decennio, nel 2017, questo negozietto hippie di cibo biologico venne acquistato da Amazon per 14 miliardi di dollari.

Poco prima della nascita di Whole Foods, due pianificatori urbani newyorkesi ebbero l'idea di creare un mercato ortofrutticolo urbano a Manhattan, in cui le famiglie delle zone agricole limitrofe (Long Island e la piana dell'Hudson) potessero vendere i propri prodotti.[8] Nel 1976 il primo mercato di prodotti locali aprì all'incrocio tra Second Avenue e Fifty-Ninth Street e oggi a New York i mercati di questo tipo sono più di cinquanta. Nel 1994 in tutti gli Usa esistevano circa 1800 mercati contadini e nel 2019 il loro numero era quintuplicato raggiungendo gli 8800.[9]

Il cibo biologico ha seguito una simile traiettoria. Negli anni Settanta, un piccolo gruppo di contadini inventò quella che oggi chiamiamo «agricoltura biologica», i cui prodotti inizialmente venivano venduti in negozi appositi. Nel 2002, il ministero dell'Agricoltura Usa finalizzò la certificazione ufficiale di «biologico», che nel giro di un decennio divenne un giro d'affari da 30 miliardi di dollari. Nel 2022, si erano raggiunti i 60 miliardi.

Oggi la maggioranza degli statunitensi non mangia cibo biologico e non fa la spesa da Whole Foods o nei mercati contadini. Se paragonato ad altri comparti, quello del cibo biologico resta un settore piccolo e persino di nicchia, ma di per sé costituisce un mercato imponente, in crescita e attivo. Simili imprese offrono notevoli opportunità di investimento e di profitto e perciò attraggono capitali immensi. Va poi riconosciuto che il loro successo si fonda in buona parte su un aspetto socioeconomico da tenere in considerazione. In media, le persone che comprano cibo organico, frequentano i mercati contadini e prediligono i prodotti a chilometro zero appartengono alla fascia in assoluto più facoltosa della nostra società.

Secondo me, assisteremo alla crescita di un mercato parallelo di prodotti alternativi per l'attenzione sulla falsariga del cibo organico, dell'agricoltura biologica e dei mercati contadini. Non sono ancora in grado di prevedere nei dettagli un simile mutamento, ma in alcuni contesti si notano già i primi segnali: il rifiuto incrollabile dei lettori nei confronti degli ebook e la persistenza degli abbonati alla versione cartacea del «New York Times». Sono sempre di più i genitori a prendere seri provvedimenti per vietare gli schermi ai figli e anche le scuole iniziano a muoversi in tal senso. Varie aziende hanno cominciato a produrre i *dumb phone*, cellulari dalle funzionalità rudimentali che permettono a chi li utilizza di non avere sempre in tasca l'equivalente di una slot machine.

Quasi certamente assisteremo alla crescita di una serie infinita di mercati contadini dell'attenzione per chi vuole sfuggire alla sua costante mercificazione. All'inizio questa rivoluzione ci sembrerà bizzarra, stramba, minoritaria e carbonara. Magari, mentre leggi, pensi: "Giornali e libri cartacei? Davvero?". Sì, davvero. Non sono in grado di indovinare le forme precise che assumerà un tale cambiamento, ma il senso palpabile di rivolta contro lo strapotere imperante di un'alienazione quasi costante farà sì che sempre più persone se ne affrancheranno e uno degli assiomi del capitalismo statunitense prevede che per ogni necessità manifestata dai consumatori si materializzino delle aziende in grado di soddisfarla.

Possiamo creare dei mercati alternativi dell'attenzione. Ma se avessimo a disposizione anche dei luoghi completamente liberi da qualunque dettame commerciale? La stragrande maggioranza delle nostre attività online si svolge all'interno di piattaforme o di spazi che fanno di tutto per mercificare e commercializzare la nostra attenzione. Non è sempre stato così. La prima versione di internet e quella che poi fiorì tra la fine degli anni Novanta e i primi anni Duemila erano fondate su una serie di strutture interamente non commerciali che permettevano alle persone di interagire, creare comunità, condividere, flirtare, chattare e fare tante altre cose senza essere intralciati da nessun progetto commerciale. Non dimentichiamo che questa forma non commerciale di internet sconfisse una precedente versione interamente monetizzata: i cosiddetti *walled gardens* (giardini recintati) di America Online (Aol), Prodigy e CompuServe, ecosistemi chiusi di contenuti e servizi digitali.

Per la manutenzione di forum e comunità, la versione non commerciale di internet utilizzava protocolli aperti e soprattutto il lavoro di moltissimi volontari. Oggi la piattaforma che si avvicina di più a una simile prospettiva è Reddit, un'azienda in crescita da molti anni ma con un fatturato nettamente inferiore a quello di colossi come Facebook o Google. Chissà se Reddit, che adesso è quotata in borsa e dunque risente della pressione degli azionisti, riuscirà a preservare il suo spirito indipendente.

Reddit resta però un'azienda. Il vero spazio non commerciale di cui disponiamo oggi è la chat di gruppo, che si tratti di parenti che si scambiano foto dei nipotini travestiti per Halloween, o di amici di lunga data dediti a insultare a vicenda le rispettive squadre del cuore, oppure di confidenti che si danno consigli sentimentali. La chat di gruppo – persone che si conoscono e si inviano meme, video, battute – è una fonte di gioia, pettegolezzi, affetto e a volte anche di litigi, ma pur sempre nella loro forma umana riconoscibile. La chat di gruppo non ha algoritmi né pubblicità. Se qualcuno cerca di attrarre la tua attenzione, è qualcuno con cui hai un vero rapporto, non uno sconosciuto che ti provoca. Questo spazio ci riporta all'atmosfera del web non commerciale, allo scambio di e-mail tra amici universitari fuorisede e a una forma di connessione che alla fine degli anni Novanta era nuova, intima e fondamentale.

Nel 2019, la rivista «New York» pubblicò un articolo di Max Read intitolato *Le chat di gruppo hanno reso internet di nuovo divertente*. L'atmosfera stravagante e spensierata che per molti anni aveva reso internet uno spasso era ancora viva e vegeta nelle chat di gruppo. «Il tipico messaggio delle chat di gruppo è quello che mi ha inviato qualche giorno fa il mio amico Sam: "Vuoi vedere una cosa che fa un po' ridere?". Nelle chat di gruppo, la risposta è sempre "Sì".» Read è più o meno mio coetaneo e infatti, nell'ipotizzare una versione alternativa di internet, ha i miei stessi punti di riferimento. La chat di gruppo, secondo lui, è diventata «una vera e propria alternativa alla struttura sociale dominante dell'ultimo decennio: il social network incentrato sulla piattaforma e sul *feed*».[10]

Io mi sono ritrovato a passare sempre più tempo sulle chat di gruppo e a provare un senso di appagamento che ormai i social network non mi provocano quasi mai. Non sono l'unico a pensarla così. Adam Mosseri, che gestisce Instagram per conto di Meta, nel 2023 ha detto che tutta la crescita della sua piattaforma era ormai dovuta alle *stories*, che sono semiprivate, ai Dm (messaggi diretti) e ai Dm di gruppo, in cui gli amici possono condividere privatamente foto e video. «Se si osserva il modo in cui gli adolescenti trascorrono il tempo su Instagram, ci si rende conto che dedicano più tempo ai Dm che alle storie [i post semiprivati visibili solo agli amici] e più tempo alle storie che al *feed* [i post pubblici].» Mosseri ha spiegato che i Dm erano a tal punto cresciuti e diventati cruciali da far sì che ormai lui concentrasse quasi tutta la propria energia proprio su questo aspetto.[11]

Da un certo punto di vista, questa distinzione tra le varie modalità di condivisione – il *feed* pubblico, le storie semiprivate e i Dm privati – potrebbe sembrare irrilevante. Se si ha a che fare, per esempio, con un adolescente ossessionato da Instagram che passa il tempo a fissare il telefono, è distratto e quasi assente, che differenza fa se legge dei Dm di gruppo oppure guarda dei *reel*? Io però trovo significativo che la generazione più esposta e più circondata dall'alienazione del capitalismo attenzionale si dimostri interessata alla creazione di spazi dedicati a una forma semplice, diretta, non algoritmica e privata di condivisione e comunicazione. Le persone cercano le chat di gruppo, che permettono loro di evitare buona parte di quello che rende tanto alienante il capitalismo dell'attenzione.

Se mi chiedessero che cosa amo di più della tecnologia, propenderei per la possibilità di tenermi in contatto a distanza con le persone che conosco. La mia famiglia, come tante altre, ha varie chat di gruppo in cui condividiamo aggiornamenti sulle nostre vite e foto dei figli. Guardando le foto postate su Instagram dai miei amici dell'università – le vacanze in Florida con i bambini, la festa per l'anniversario di matrimonio – mi sento più vicino a loro e addirittura presente nelle loro vite in una maniera palpabile che, per chi non abita nella stessa città, senza internet sarebbe impossibile. E anche se si vive nella stessa città...

È proprio questo il «sogno della connessione» monetizzato e promesso dalle aziende digitali. Per anni, l'offerta complessiva di valore di Facebook consisteva in una versione aggiornata del guardare a piacimento le foto dei nipoti. Per un po' quest'idea ha funzionato, ma poi è stata fagocitata dalle logiche di mercato, dallo spam e dall'*enshittification*. Tuttavia, proprio come possiamo passare del tempo con gli amici in un parco pubblico o su una spiaggia libera invece che in un ristorante o in un centro commerciale, dovremmo avere a disposizione delle opzioni non commerciali anche per questo tipo di legami.

Non è affatto un'utopia irrealizzabile. In questo momento, uno degli strumenti più in crescita e più utilizzati è Signal, un'app di messaggistica crittografata *end-to-end* (i dati sono cifrati in modo che solo mittente e destinatario possano leggerli), sviluppata e distribuita da un'organizzazione non profit. «In quanto ente senza scopo di lucro» si legge sul sito, «non abbiamo investitori né membri del direttivo che, per generare profitto, vengono a bussare nei momenti difficili e ci chiedono di "sacrificare un po' di privacy" per aumentare i guadagni e centrare gli obiettivi economici.» Analogamente, Signal si oppone al *growth hacking* e a qualunque tentativo di manipolare e mercificare l'attenzione degli utenti per «mantenere le persone incollate al *feed* e alle notifiche».[12] Signal è solo un'app in un oceano di competizione feroce, ma non dev'essere un caso isolato. Non molti anni fa avevamo a disposizione analoghi spazi non commerciali, poi purtroppo distrutti dalle grandi piattaforme. È tempo di riportarli in vita.

La versione attuale del capitalismo dell'attenzione non è destinata a durare in eterno né a essere molto longeva. Possiamo creare mercati alternativi dell'attenzione, istituzioni alternative e imprese che generano modelli diversi da quelli oggi dominanti. Possiamo costruire degli spazi non commerciali in cui prestare attenzione alle altre persone, ai nostri hobby, ai nostri interessi e alle nostre comunità senza che tale attenzione venga catturata, comprata e venduta. E poi c'è un'ultima via d'uscita ancora più radicale, che fondamentalmente si affida alla volontà delle persone di creare nuove alternative. Possiamo regolamentare l'attenzione.

In questo libro ho spesso paragonato la cattura dell'attenzione nel ventunesimo secolo con quello che accadde al lavoro nell'Ottocento. In entrambi i casi, qualcosa di interiore, di intimo e di personale è stato trasformato da un insieme di innovazioni tecnologiche, legali ed economiche in una merce che ci viene estratta per un certo prezzo. La mercificazione onnipresente ha modificato uno degli aspetti più granulari e privati della nostra vita e generato un senso diffuso di alienazione.

Per reagire a questo mutamento, associazioni di lavoratori, pensatori, dissidenti, partiti e gruppi politici radicali e riformisti cominciarono a creare un senso di solidarietà e comunità incentrato sulla resistenza alle nuove forme di sfruttamento e poi ad articolare un ruolo che permettesse allo Stato di entrare in gioco e regolamentare gli aspetti fondamentali dello scambio di mercato tra lavoro e salari.

Serve una svolta analoga nel campo dell'attenzione. Proprio come le alternative alle catene di supermercati e fast food nacquero a partire dalla profonda resistenza ideologica ai dettami del turbocapitalismo nella produzione alimentare, così sorgeranno gli orizzonti concettuali e i modelli strutturali del cambiamento che investirà le nostre vite. Abbiamo bisogno di un movimento che – come la rivendicazione del ritorno alla terra e, prima ancora, i luddisti e i sindacalisti che resistettero alla mercificazione e all'alienazione che si trovarono a fronteggiare – si opponga ai saccheggi del capitalismo dell'attenzione. Scorgiamo ovunque i primi segnali verso un simile mutamento, dall'incredibile successo di critica del documentario *The Social Dilemma* e all'entusiasmo riscosso dal libro *La generazione ansiosa* di Jonathan Haidt. Ma c'è anche chi si impegna per costruire dal basso un movimento di resistenza attenzionale. L'associazione Friends of Attention ha fondato la Strother School of Radical Attention e cerca di creare una forma di resistenza popolare all'odierno capitalismo dell'attenzione.[13] Secondo me, si tratta di progetti importanti e, se sei d'accordo con le tesi fondamentali di questo libro, ti consiglio di prendere in considerazione l'idea di ispirarti a questi gruppi.

Se ripensiamo alle battaglie ottocentesche per il lavoro, erano due le forme di regolamentazione, semplici e fondamentali, per cui si lottava: il divieto del lavoro infantile e il limite del monte ore complessivo. All'epoca, nessuna di queste due restrizioni sembrava ovvia e scontata, non almeno ai colossi dell'industria e ai politici che si impegnavano per non farle adottare. Ci volle un immane percorso all'insegna della mobilitazione politica, dell'agitazione e della persuasione per far accettare ai governi la messa al bando del lavoro minorile e l'istituzione di un limite massimo di ore lavorative.

E se considerassimo l'attenzione da una simile prospettiva? Ovviamente non si tratta di un'analogia perfetta, ma le somiglianze non sono poche. Sul piano legale, una delle maggiori sfide consiste nel fatto che l'attenzione è ardua da regolamentare perché, almeno negli Usa, è inestricabilmente legata alla libertà di parola. Il Primo Emendamento della Costituzione statunitense stabilisce, per fortuna, tutele solidissime alla libertà di parola e qualunque tentativo si faccia di regolamentare l'attenzione – per esempio, dicendo alle aziende dei social network come possono o non possono agire – porta inevitabilmente a tirarlo in ballo. Esistono però delle modalità per regolamentare l'attenzione che verosimilmente evitano di scomodare il diritto alla libertà di espressione e si limitano a imporre limitazioni del tutto neutre sul piano di contenuti, applicabili in maniera trasversale.

Tanto nei parlamenti dei singoli Stati, quanto a livello federale, esistono già dei disegni di legge per fissare un'età minima per l'utilizzo dei social network. Si potrà poi discutere sui dettagli, ma nel complesso si tratta di una misura ovvia e sensata. La società e lo Stato possono stabilire che l'attenzione dei bambini non debba essere venduta e mercificata nella modalità aggressiva e alienante messa in atto dalle piattaforme odierne. Si può affermare che, proprio come non possono firmare un contratto lavorativo da dipendenti, dei dodicenni non possano acconsentire all'espropriazione della loro attenzione da parte di Instagram.

E gli adulti? E se decidessimo di applicare all'attenzione la lezione fondamentale delle leggi sul lavoro e di imporre semplicemente dei limiti sulla quantità di attenzione che può essere monetizzata? Ecco alcuni possibili approcci su cui riflettere: fissare un limite assoluto, obbligatorio per legge, di ore di *screen time* per i telefoni, o magari un tetto specifico di ore per ogni app. Non è difficile ipotizzare tanto i relativi problemi logistici – sei in giro a fare commissioni e vuoi rispondere a un'e-mail di lavoro ma non puoi, perché hai finito le ore di *screen time* – quanto le questioni politiche e filosofiche più profonde spalancate da un simile intervento: non sarebbe un intollerabile assalto alla nostra tanto amata libertà? Sei malato o stai recuperando dopo un'operazione e vuoi guardare Netflix ininterrottamente per dieci ore, ma ti ritrovi impossibilitato a farlo a causa di un divieto imposto dal Grande Fratello. Inconcepibile in un Paese libero!

Ne approfitto per segnalare che proprio su questa logica fondamentale – lo Stato non deve interferire in una transazione economica tra adulti consenzienti – era imperniata la sentenza Lochner contro New York, uno dei più controversi e famigerati verdetti nella storia della Corte Suprema. Nel 1899 Joseph Lochner, titolare di una panetteria, venne giudicato colpevole per aver violato una legge statale che fissava per i panettieri un limite massimo di sessanta ore di lavoro settimanale. Lochner portò il suo appello alla Corte Suprema, notoriamente conservatrice, che invalidò la legge dello Stato di New York. La corte sancì che la legislazione newyorkese violava i diritti sostanziali al giusto processo di Lochner, garantiti dal Quattordicesimo Emendamento, in particolare il diritto alla libertà di contratto. «Il diritto generale di stipulare un contratto relativo alla sua impresa rientra nella libertà dell'individuo protetta dal Quattordicesimo Emendamento della Costituzione federale. In base a tale clausola, nessuno Stato dell'Unione può deprivare alcun cittadino della sua vita, della sua libertà o della sua proprietà senza una legittima procedura. Il diritto di acquistare o vendere il lavoro rientra nelle libertà protette da suddetto emendamento a meno che non sussistano circostanze che escludono un tale diritto.»[14]

Questa celebre sentenza diede il nome a una nuova era giurisprudenziale della Corte Suprema, contrassegnata dall'abolizione di tutta una serie di leggi progressiste precedentemente imposte all'industria capitalista. Tale fase durò fino al 1937, quando la Corte Suprema del New Deal pose fine all'era Lochner e aprì la strada a una nuova epoca all'insegna della tutela dei lavoratori, dei consumatori e dell'ambiente.

Sono assolutamente consapevole che una rigida regolamentazione dei mercati dell'attenzione, come per esempio un limite fisso di ore di utilizzo al giorno, innescherebbe un'agguerrita battaglia politica e legale. Forse però, per quanto riguarda l'attenzione, viviamo in una sorta di era Lochner. Si ha la netta impressione che quest'epoca sia ormai agli sgoccioli e che lo strapotere del capitalismo dell'attenzione sia talmente formidabile da costringere lo Stato a individuare dei modi per contenerlo. Nel caso di TikTok, questi timori si sono manifestati in un'ottica di sicurezza nazionale: a un'azienda cinese, legata per molte ragioni al governo cinese, non si può permettere di catturare e raccogliere l'attenzione e i dati di milioni di statunitensi. In alcuni Stati Usa, i conservatori tradizionalisti e i legislatori repubblicani hanno approntato disegni di legge ormai prossimi a entrare in vigore per stabilire un limite minimo di età per iscriversi ai social network e proteggere così i minori dai contenuti inappropriati.

C'è però un altro modo di considerare gli sforzi per regolamentare il marketing della nostra attenzione. Uno dei primi slogan della battaglia per la riduzione della giornata lavorativa a otto ore recitava così: «Otto ore per lavorare, otto ore per dormire, otto ore per fare quello che vogliamo». Ormai si percepisce che una quantità sempre maggiore del nostro tempo, invece di essere impiegata per fare quello che *vogliamo*, ci viene *sottratta*. Siamo stati defraudati della capacità di controllare gli spazi della nostra mente. Stiamo davvero trascorrendo le ore preziose in cui non dormiamo e non lavoriamo a fare «quello che vogliamo»? Oppure la logica di conquista del capitalismo è riuscita a penetrare nei nostri momenti di quiete e di intimità? Non siamo costretti ad accettare questo continuo saccheggio. Possiamo cambiare le cose. Dobbiamo usare ogni strumento e strategia a nostra disposizione per riprenderci la nostra forza di volontà e creare un mondo in cui possiamo orientare la nostra attenzione dove noi, in quanto entità consapevoli e dotate di libero arbitrio, vogliamo dirigerla. Un mondo in cui possiamo vivere ed essere felici come esseri umani integri e spiriti liberi, slegati dall'albero maestro, con le orecchie prive di cera che ascoltano lo sciabordio delle onde, per fare rotta verso casa, dove ci attendono i nostri cari, e mantenerci a debita distanza dal canto delle sirene.

Ringraziamenti

Innanzitutto voglio ringraziare il mio agente Will Lippincott, che a forza di lusinghe e consigli è riuscito a tirarmi fuori questo libro e a farlo uscire nel mondo. È il più antico e il più fidato dei miei partner professionali e senza la sua solida attenzione questo libro non esisterebbe. Scott Moyers si è dimostrato davvero l'editor fenomenale di cui mi parlavano tutti e il suo rigore e il suo entusiasmo sono stati essenziali per far emergere la miglior versione possibile di questo testo. Helen Rouner ha lavorato scrupolosamente sul manoscritto e Gail Brussel ha mosso mari e monti per rendere questo libro un successo.

Ho avuto anche la fortuna di poter contare su due assistenti di ricerca impareggiabili. Liam Bendicksen è *tremendamente* intelligente e tremendamente giovane e mi ha fornito tutto l'aiuto necessario per le ricerche legate a questo lungo libro. Isabel Cristo, una ragazza altrettanto geniale, si è occupata del *fact-checking* ed è forse la miglior *fact-checker* che abbia mai avuto in vent'anni di scrittura, il che non è poco. Ho l'impressione che in futuro sentiremo molto parlare di Isabel e Liam; sono due fuoriclasse.

Ekin Tünçok, dottoranda in Cognizione e percezione alla New York University, si è gentilmente prestata ad affiancare Isabel per evitare che combinassimo guai nella sezione dedicata alla letteratura psicologica sull'attenzione. Ovviamente, se doveste trovare qualche errore, la colpa è solo mia.

Eric Klinenberg è sia un amico sia un mentore intellettuale. Fin dall'inizio mi ha incoraggiato a scrivere questo libro e ha organizzato un seminario all'Institute for Public Knowledge che si è dimostrato un punto di svolta fondamentale per le mie ricerche sull'argomento. Ringrazio Caitlin Petre, Matthew McCreery Wolfe, Caitlin Zaloom, Patrick Le Gales, John Jost, Natasha Dow Schüll, Susan Murray, Paul DiMaggio, Jonathan Metzl, Neil Gross, Rodney Benson, Samuel DeJohn, Isabelle Caraluzzi, Bruce Robbins e il mio amico di vecchia data Jeffrey Lane, che hanno letto i primi capitoli e mi hanno fornito consigli colti e illuminanti. Una delle persone di cui sono amico da più tempo è Zoe Sherman, che peraltro ha passato anni interi a riflettere a fondo e brillantemente sull'attenzione. Ho avuto la fortuna di fare con lei delle lunghe chiacchierate su questi temi durante le nostre passeggiate ispiratrici.

Jonathan Lewinsohn, Andrew Marantz e Rich Yeselson, tutti e tre intelligenti, preparati ed eccezionali a modo loro (sembra una barzelletta: il creatore di un fondo di investimento, un articolista del «New Yorker» e un attivista sindacale entrano in un bar e...) hanno letto le prime stesure e mi hanno dato consigli assolutamente cruciali. Grazie ai loro appunti, questo libro ha fatto enormi passi avanti.

Tutto lo staff del programma *All In* ha tollerato con eleganza il mio impegno su questo libro e la Msnbc, grazie alla gestione di Rashida Jones, continua a essere un ambiente lavorativo perfetto, in cui mi sento a casa.

Quando si hanno tre figli, per scrivere un libro ci vuole un villaggio e questo progetto non sarebbe mai decollato senza Lydia Duquette e Luisa Nera Bustamante, due persone stupende che si sono prese cura con amore dei nostri bambini. Per fortuna mia madre e mio padre, Geri e Roger Hayes, abitano nei paraggi e quindi sono parte integrante delle nostre vite e di quelle dei nostri figli. Insieme ai miei suoceri, Mary e Andy Shaw, ci hanno fornito un enorme aiuto non solo a livello familiare ma anche nella gestione dei nostri spesso assurdi impegni professionali. Ve ne siamo tutti molto grati.

Naturalmente, la persona che rende tutto questo possibile è Kate Shaw, la mia meravigliosa moglie. Riesce sempre a fare dieci cose contemporaneamente in maniera impeccabile e, nei momenti di frustrazione e impazienza, mi ha fornito, come per tutti i miei progetti professionali, tanto un supporto emotivo quanto un ineguagliabile confronto intellettuale. Da quando ho diciannove anni, non ho mai scritto niente di importante senza i suoi consigli e spero che non mi accada mai.

Note

1. Il canto delle sirene

[1] Omero, *Odissea*, libro XII, vv. 39-46, traduzione di Rosa Calzecchi Onesti, Einaudi, Torino 2014.

[2] Ellison, Ralph, *Uomo invisibile*, Fandango, Roma 2021; Shakespeare, William, *La commedia degli errori*, Feltrinelli, Milano 2021.

[3] Joyce, James, *Ulisse*, Feltrinelli, Milano 2021.

[4] Manning, Jonathan, *The Haunting History of the Air-Raid Siren*, in «National Geographic», 17 marzo 2022, accesso del 1° marzo 2024; Beyer, Robert T., *Sounds of Our Times: Two Hundred Years of Acoustics*, Springer, New York 1999, p. 30.

[5] Robison, John, *A System of Mechanical Philosophy*, vol. 4, a cura di David Brewster, Cambridge University Press, Cambridge 2015, pp. 404-405.

[6] Desmond, Kevin, *Gustave Trouve. French Electrical Genius (1839-1902)*, McFarland, Jefferson (NC) 2015, p. 106.

[7] Williams, Evan, *Fire Truck Sirens: A Tale of the Wail*, in «Toronto Star», 8 gennaio 2022, accesso del 3 marzo 2024, www.thestar.com/autos/fire-truck-sirens-a-tale-of-the-wail/article_e8c6878e-edfa-54c9-b31c-8d9664b8acd6.html.

[8] James, William, *The Principles of Psychology*, vol. 1, Dover, New York 1950, p. 402.

[9] Ivi, vol. 2, p. 562.

[10] Platone, *Fedro*, Bompiani, Milano 2000.

[11] *How Using Facebook Could Raise Your Risk of Cancer*, in «Daily Mail», 19 febbraio 2009, accesso del 9 febbraio 2024, www.dailymail.co.uk/health/article-1149207/How-using-Facebook-raise-risk-cancer.html.

[12] Kardaras, Nicholas, *It's «Digital Heroin»: How Screens Turn Kids into Psychotic Junkies*, in «New York Post», 27 agosto 2016, accesso del 19 febbraio 2024, nypost.com/2016/08/27/its-digital-heroin-how-screens-turn-kids-into-psychotic-junkies.

[13] Duncan, Jericka, *Teens on Social Media Go from Dumb to Dangerous*, Cbs News, 28 aprile 2016, accesso del 19 febbraio 2024, www.cbsnews.com/news/teens-on-social-media-from-dumb-to-dangerous.

[14] Twenge, Jean M., *Have Smartphones Destroyed a Generation?*, in «The Atlantic», settembre 2017, accesso del 18 febbraio 2024, www.theatlantic.com/magazine/archive/2017/09/has-the-smartphone-destroyed-a-generation/534198.

[15] Odgers, Candice L., *The Great Rewiring: Is Social Media Really Behind an Epidemic of Teenage Mental Illness?*, in «Nature», 29 marzo 2024, accesso del 9 settembre 2024, www.nature.com/articles/d41586-024-00902-2.

[16] Allen, Mike, *Sean Parker Unloads on Facebook: «God Only Knows What It's Doing to Our Children's Brains»*, in «Axios», 9 novembre 2017, accesso del 19 febbraio 2024, www.axios.com/2017/12/15/sean-parker-unloads-on-facebook-god-only-knows-what-its-doing-to-our-childrens-brains-1513306792.

[17] Bowles, Nellie, *A Dark Consensus About Screens and Kids Begins to Emerge in Silicon Valley*, in «New York Times», 26 ottobre 2018, accesso del 18 febbraio 2024, www.nytimes.com/2018/10/26/style/phones-children-silicon-valley.html.

[18] Cohen, Stanley, *Demoni popolari e panico morale. Media, devianza e sottoculture giovanili*, Mimesis, Milano 2019.

[19] Leeds, Joseph, *Concerning Printed Poison*, autopubblicato, 1885, p. 9.

[20] Ferrari, Robert, *Do Radio Noises Cause Illness?*, in «New York Times», 28 luglio 1929, accesso del 19 febbraio 2024, timesmachine.nytimes.com/timesmachine/1929/07/28/107103487.html?pageNumber=130.

[21] Munroe, Randall, *The Pace of Modern Life*, in «xkcd», accesso del 19 febbraio 2024, xkcd.com/1227.

[22] Robertson, Stewart A., *The Teaching of English in Schools Which Study No Foreign Language*, in «Journal of Education», 38, n. 453 (1907), p. 288.

[23] Thoreau, Henry David, *Walden. Vita nel bosco*, Feltrinelli, Milano 2014.

[24] Hari, Johann, *L'attenzione rubata. Perché facciamo fatica a concentrarci*, La nave di Teseo, Milano 2023.

[25] Re Giacomo I di Inghilterra, *A Counterblaste to Tobacco*, R.B., Londra 1604.

[26] Vedi, per esempio, *Smoking and Health: Report of the Advisory Com-*

mittee to the Surgeon General of the Public Health Service, US Department of Health, Education, and Welfare, 1° gennaio 1964, accesso del 28 febbraio 2024, www.govinfo.gov/content/pkg/GPO-SMOKINGANDHEALTH/pdf/GPO-SMOKINGANDHEALTH.pdf.

[27] La firma del Master Settlement Agreement segnò quasi certamente la svolta decisiva. Vedi, per esempio, Meier, Barry, *Cigarette Makers and States Draft a $206 Billion Deal*, in «New York Times», 14 novembre 1998, accesso del 28 febbraio 2024, www.nytimes.com/1998/11/14/us/cigarette-makers-and-states draft-a-206-billion-deal.html.

[28] Barry, Ellen, *Researchers Say Social Media Warning Is Too Broad*, in «New York Times», 19 giugno 2024, www.nytimes.com/2024/06/19/health/social-media-kids-mental-health.html.

[29] *1961 Assets*, Cnn, accesso del 18 febbraio 2024, money.cnn.com/magazines/fortune/fortune500_archive/assets/1961.

[30] Murphy, Andrea e Schifrin, Matt (a cura di), *The Global 2000 2024*, in «Forbes», 6 giugno 2024, accesso del 9 settembre 2024, www.forbes.com/lists/global2000.

[31] Lessig, Lawrence, *Cultura libera*, Apogeo, Milano 2005.

[32] Klein, Naomi, *No Logo*, Rizzoli, Milano 2010.

[33] *Melamine-Contaminated Pet Food Recall of 2007*, LA County Department of Public Health, accesso del 29 settembre 2024, publichealth.lacounty.gov/vet/petfoodrecall2007.htm.

[34] Lynn, Barry C., *Cornered. The New Monopoly Capitalism and the Economics of Destruction*, Wiley, Hoboken (NJ) 2010, p. 4.

[35] *Ibid.*

[36] Lippmann, Walter, *The Phantom Public*, Macmillan, New York 1927, p. 20.

[37] Ortega y Gasset, José, *La ribellione delle masse*, SE, Milano 2017.

[38] McLuhan, Marshall, *Gli strumenti del comunicare*, il Saggiatore, Milano 2023.

[39] Postman, Neil, *Divertirsi da morire. Il discorso pubblico nell'era dello spettacolo*, Luiss University Press, Roma 2023.

[40] Scambio di e-mail personali con Bill McKibben.

[41] Barr, Jeremy, *Some Conservative Media Hosts Ridiculed Biden's Warnings of a Russian Attack. Now They Say It's His Fault*, in «The Washington Post», 24 febbraio 2022, accesso del 19 febbraio 2024, www.washingtonpost.com/media/2022/02/24/media-fox-biden-blame.

[42] Carlson, Tucker, *Tucker: This Is the Single-Most Damaging Thing Any American President Has Ever Done*, Fox News, 11 marzo 2022, accesso del

1° febbraio 2024, www.foxnews.com/opinion/tucker-damage-president-biden-russia-ukraine-putin.

[43] Marx, Karl, *Manoscritti economico-filosofici del 1844*, Feltrinelli, Milano 2018.

[44] Shakespeare, William, *Giulio Cesare*, Mondadori, Milano 2017.

2. *La slot machine e Zio Sam*

[1] Simon, Herbert, *Il labirinto dell'attenzione. Progettare organizzazioni per un mondo ricco di informazioni*, Luca Sossella Editore, Bologna 2019.

[2] Wolkenberg, Frank, *Out of a Darkness*, in «New York Times Magazine», 11 ottobre 1987, accesso del 19 febbraio 2024, www.nytimes.com/1987/10/11/magazine/out-of-a-darkness.html.

[3] James, *The Principles of Psychology*, cit., vol. 1, p. 403.

[4] Ivi, p. 404.

[5] Bradley, Francis H., *Is There Any Special Activity of Attention?*, in «Mind», 11, n. 43 (1886), pp. 305-323.

[6] Hommel, Bernhard et al., *No One Knows What Attention Is*, in «Attention, Perception, & Psychophysics», 81 (2019), p. 2288.

[7] James, *The Principles of Psychology*, cit., vol. 1, p. 404.

[8] Simons, Daniel e Chabris, Christopher, *Nessuno è stupido. Perché ci lasciamo ingannare e cosa possiamo fare per evitarlo*, Giunti, Firenze 2024.

[9] Vedi, per esempio, Cartwright-Finch, Ula e Lavie, Nilli, *The Role of Perceptual Load in Inattentional Blindness*, in «Cognition», 102, n. 3 (2007), pp. 321-340.

[10] Carpenter, Siri, *Sights Unseen*, in «Monitor on Psychology», 32, n. 4 (aprile 2001), p. 54, www.apa.org/monitor/apr01/blindness.

[11] Cherry, Colin E., *Some Experiments on the Recognition of Speech, with One and with Two Ears*, in «Journal of the Acoustical Society of America», 25, n. 5 (1953), pp. 975-979.

[12] Shapiro, Kimron L., Caldwell, Judy e Sorensen, Robyn E., *Personal Names and the Attentional Blink: A Visual «Cocktail Party» Effect*, in «Journal of Experimental Psychology: Human Perception and Performance», 23, n. 2 (1997), pp. 504-514.

[13] Moray, Neville, *Attention in Dichotic Listening: Affective Cues and the Influence of Instructions*, in «Quarterly Journal of Experimental Psychology», 11, n. 1 (1959), p. 56.

[14] *Ibid.*

[15] Ivi, p. 59.

[16] Ivi, p. 60.

[17] Wood, Noelle e Cowan, Nelson, *The Cocktail Party Phenomenon Revisited: How Frequent Are Attention Shifts to One's Name in an Irrelevant Auditory Channel*, in «Journal of Experimental Psychology», 21, n. 1 (1995), pp. 255-260.

[18] Tacikowski, Pawel et al., *Is It About the Self or the Significance? An fMRI Study of Self-Name Recognition*, in «Social Neuroscience», 6, n. 1 (2011), pp. 98-107.

[19] Yang, Hongsheng et al., *The Cognitive Advantage for One's Own Name Is Not Simply Familiarity: An Eye-Tracking Study*, in «Psychonomic Bulletin & Review», 20 (2013), p. 1178.

[20] Freud, Sigmund, *L'Io e l'Es*, Bollati Boringhieri, Torino 1978.

[21] Phillips, Adam, *Attention Seeking*, Farrar, Straus & Giroux, New York 2022, p. 7 (edizione Kindle).

[22] Harari, Yuval Noah, *Sapiens. Da animali a dèi. Breve storia dell'umanità*, Bompiani, Milano 2024.

[23] *Ibid.*

[24] Haile, Tony, *What You Think You Know About the Web Is Wrong*, in «Time», 9 marzo 2014, accesso del 20 febbraio 2024, time.com/12933/what-you-think-you-know-about-the-web-is-wrong.

[25] Peterson, Bill, *Ex-Hostage Calls Being American «Dangerous»*, in «The Washington Post», 17 dicembre 1984, accesso del 20 febbraio 2024, www.washingtonpost.com/archive/politics/1984/12/18/ex-hostage-calls-being-american-dangerous/29e99318-6fa6-4b67-bac4-c544226fafbc.

[26] O'Brien, Tim, *Quanto pesano i fantasmi*, Mondadori, Milano 2023.

[27] Al-Shawaf, Laith, *The Evolutionary Psychology of Hunger*, in «Appetite», 105 (2016), p. 592.

[28] Sutton, Amy K. e Krashes, Michael J., *Integrating Hunger with Rival Motivations*, in «Trends in Endocrinology and Metabolism», 31, n. 7 (2020), p. 495.

[29] Ralston, Aron, *Between a Rock and a Hard Place*, Atria, New York 2004, p. 212.

[30] De Lissovoy, Peter, *Hunger Strike, Albany, GA, 1963*, Civil Rights Movement Archive, accesso del 20 febbraio 2024, www.crmvet.org/nars/peter5.htm.

[31] Moss, Michael, *Hooked. Food, Free Will, and How the Food Giants Exploit Our Addictions*, Random House, New York 2021, p. 61.

[32] Pollan, Michael, *Il dilemma dell'onnivoro*, Adelphi, Milano 2013.

[33] Esodo 3:8.

[34] Moss, Michael, *Grassi dolci salati. Come l'industria alimentare ci ha ingannato e continua a farlo*, Mondadori, Milano 2014.

[35] Rubruck, William of, *The Journey of William of Rubruck to the Eastern Parts of the World, 1253-1255, as Narrated by Himself, with Two Accounts of the Earlier Journey of John of Pian de Carpine*, Bedford Press, Londra 1942, p. 85.

[36] Kandel, Eric R., *The Molecular Biology of Memory Storage: A Dialogue Between Genes and Synapses*, in «Science», 294 (2001), p. 1031.

[37] McKeever, Vicky, *This Eight-Year-Old Remains YouTube's Highest-Earner, Taking Home $26 Million in 2019*, Cnbc, 20 dicembre 2019, accesso del 20 febbraio 2024, www.cnbc.com/2019/12/20/ryan-kaji-remains-youtubes-highest-earner-making-26-million-in-2019.html.

[38] Ryan's World, *HUGE EGGS Surprise Toys Challenge with Inflatable Water Slide*, YouTube, 13 aprile 2016, www.youtube.com/watch?-v=jjd-BeTX6U0.

[39] Caspian King, Jay, *The Boy King of YouTube*, in «New York Times Magazine», 5 gennaio 2022, accesso del 20 febbraio 2024, www.nytimes.com/2022/01/05/magazine/ryan-kaji-youtube.html.

[40] Poniewozik, James, *The Tick, Tick, Tick of the Times*, in «Time», 24 novembre 2010, accesso del 22 febbraio 2024, content.time.com/time/specials/packages/article/0,28804,2032304_2032745_2032850,00.html.

[41] Dow Schüll, Natasha, *Architetture dell'azzardo. Progettare il gioco e la dipendenza*, Luca Sossella Editore, Bologna 2015.

[42] *Ibid.*

[43] *Ibid.*

[44] *Ibid.*

[45] *Ibid.*

[46] Nel marzo del 2024 sono state intentate sei diverse azioni legali contro alcune importanti case di produzione di videogiochi, accusate di «sfruttare a proprio vantaggio il sistema chimico delle ricompense del cervello degli utenti». Le aziende sostengono che i loro videogame sono una forma di espressione protetta dalla Costituzione. Vedi: Wilde, Tyler, *You Can't Sue Us for Making Games «Too Entertaining», Say Major Game Developers in Response to Addiction Lawsuits*, in «PC Gamer», 27 marzo 2024, www.pcgamer.com/gaming-industry/video-game-addiction-lawsuit-motion-to-dismiss.

[47] habie147, *Why Is Warzone So Addicting*, YouTube, 19 settembre 2020, www.youtube.com/watch?v=3Q76bULxMs8.

[48] Fung, Brian, *Humankind Has Now Spent More Time Playing* Call of Duty *Than It Has Existed on Earth*, in «The Washington Post», 13 ago-

sto 2013, accesso del 22 febbraio 2024, www.washingtonpost.com/news/the-switch/wp/2013/08/13/humankind-has-now-spent-more-time-playing-call-of-duty-than-it-has-existed-on-earth.

[49] Vergun, David, *WWII Posters Aimed to Inspire, Encourage Service*, US Department of Defense, 16 ottobre 2019, accesso del 22 febbraio 2024, www.defense.gov/News/Feature-Stories/story/Article/1990131/wwii-posters-aimed-to-inspire-encourage-service.

[50] García Martínez, Antonio, *Chaos Monkeys: Obscene Fortune and Random Failure in Silicon Valley*, HarperCollins, New York 2018, p. 38.

[51] Harris, Tristan, *How Technology Is Hijacking Your Mind – from a Magician and Google Design Ethicist*, in «Medium», 19 maggio 2016, accesso del 22 febbraio 2024, medium.com/thrive-global/how-technology-hijacks-peoples-minds-from-a-magician-and-google-s-design-ethicist-56d62ef5edf3.

3. La radice del male

[1] Wilson, Timothy D. et al., *Just Think: The Challenges of the Disengaged Mind*, in «Science», 345 (2014), pp. 75-77.

[2] Pascal, Blaise, *Pensieri*, Bompiani, Milano 2000.

[3] *Ibid.*

[4] *Ibid.*

[5] *Ibid.*

[6] Sahlins, Marshall, *L'economia dell'età della pietra*, Elèuthera, Milano 2020.

[7] *Ibid.*

[8] McCarthy, Frederick D. e McArthur, Margaret, *The Food Quest and the Time Factor in Aboriginal Economic Life*, in *Records of the American-Australian Scientific Expedition to Arnhem Land*, vol. 2, *Anthropology and Nutrition*, a cura di Charles P. Mountford, Melbourne University Press, Melbourne 1960, p. 193.

[9] Curr, Edward M., *Recollections of Squatting in Victoria: Then Called the Port Phillip District (from 1841 to 1851)*, George Robertson, Melbourne 1883, p. 240.

[10] Biard, Pierre, *Relation of New France, of Its Lands, Nature of the Country, and of Its Inhabitants, also, of the Voyage of the Jesuit Fathers to Said Country, and of Their Work There up to the Time of Their Capture by the English*, in *The Jesuit Relations and Allied Documents: Travels and Explorations of the Jesuit Missionaries in New France*, 1610-1791, vol. 3, a cura di Reuben Gold Thwaites, Burrows Brothers Company, Cleveland 1897, p. 86.

[11] Cepek, Michael, e-mail all'autore, 29 agosto 2022.

[12] *Ibid.*

[13] Eräsaari, Matti, *«Wasting Time» the Veratan Way*, in «HAU: Journal of Ethnographic Theory», 7, n. 2 (2017), p. 325.

[14] Cepek, Michael e-mail all'autore, 29 agosto 2022.

[15] Musharbash, Yasmine, *Boredom, Time, and Modernity: An Example from Aboriginal Australia*, in «American Anthropologist», 109, n. 2 (2007), p. 310.

[16] Park, William, *What Can Different Cultures Teach About Boredom*, Bbc News, 10 dicembre 2020, accesso del 3 marzo 2024, www.bbc.com/travel/article/20201209-what-can-different-cultures-teach-about-boredom.

[17] Marx, Karl e Engels, Friedrich, *L'ideologia tedesca*, Editori Riuniti, Roma 2018.

[18] Keynes, John M., *Essays in Persuasion*, Classic House, New York 2009, p. 197.

[19] Questa è una lettura assolutamente antifemminista della condizione descritta trent'anni dopo da Betty Friedan in *La mistica della femminilità*. Keynes, *Essays in Persuasion*, cit., pp. 197-198.

[20] Keynes, *Essays in Persuasion*, cit., pp. 198-199.

[21] *Ibid.*

[22] Veblen, Thorstein, *Teoria della classe agiata. Studio economico sulle istituzioni*, Einaudi, Torino 2007.

[23] Hutchinson, Pamela, *A Window on Infinity: Rediscovering the Short Films of the Lumière Brothers*, in «The Guardian», 23 maggio 2016, accesso del 4 marzo 2024, www.theguardian.com/film/2016/may/23/rediscovering-lumiere-brothers-early-cinema-pioneers.

[24] Horowitz, David A., *An Alliance of Convenience: Independent Exhibitors and Purity Crusaders Battle Hollywood, 1920-1940*, in «The Historian», 59, n. 3 (1997), p. 553.

[25] *History of Commercial Radio*, Federal Communications Commission, 17 ottobre 2023, accesso del 1° luglio 2024, www.fcc.gov/media/radio/history-of-commercial-radio.

[26] *CBS Says 25,217,000 Heard Truman Friday*, in «New York Times», 26 maggio 1946, accesso del 4 marzo 2024, timesmachine.nytimes.com/timesmachine/1946/05/26/121024140.html?pageNumber=24.

[27] *MTP at 70: Martha Rountree Blazes a Trail*, Nbc News, 6 novembre 2017, accesso del 4 marzo 2024, www.nbcnews.com/storyline/meet-the-press-70-years/mtp-70-martha-rountree-blazes-trail-n817941.

[28] *1960 Census of Housing, Advanced Report: Housing Equipment*, US

Census Bureau, maggio 1962, accesso del 4 marzo 2024, www.census.gov/history/pdf/1960tv-homeequip.pdf. (I dati del 1950 sono consultabili qui: www.census.gov/history/pdf/1950tvsinkfridge.pdf.)

[29] Postman, *Divertirsi da morire*, cit.

[30] Foster Wallace, David, *Infinite Jest*, Einaudi, Torino 2016.

[31] Hari, *L'attenzione rubata*, cit.

[32] *Ibid.*

[33] Keynes, *Essays in Persuasion*, cit.

[34] Cepek, Michael, e-mail all'autore, 29 agosto 2022.

[35] Geirland, John, *Go with the Flow*, in «Wired», 1° settembre 1996, accesso del 28 febbraio 2024, www.wired.com/1996/09/czik.

[36] Kierkegaard, Søren, *Aut-Aut*, Mondadori, Milano 2025.

[37] *Ibid.*

[38] *Ibid.*

[39] *Ibid.*

[40] *Ibid.*

[41] Wright, Robert, *Perché il buddhismo fa bene. La scienza e la filosofia alla base di meditazione e illuminazione*, Vallardi, Milano 2018.

[42] Kierkegaard, *Aut-Aut*, cit.

[43] *Ibid.*

[44] James, *The Principles of Psychology*, cit., vol. 1, p. 404.

[45] Hari, *L'attenzione rubata*, cit.

[46] Odell, Jenny, *Come non fare niente. Resistere all'economia dell'attenzione*, Hoepli, Milano 2021.

[47] Sartre, Jean-Paul, *Le mosche/Porta chiusa*, Bompiani, Milano 2013.

4. *Attenzione sociale*

[1] *Child Maltreatment, 2022*, US Department of Health and Human Services, 29 gennaio 2024, accesso del 4 marzo 2024, www.acf.hhs.gov/sites/default/files/documents/cb/cm2022.pdf.

[2] *Neglect*, Harvard University Center on the Developing Child, accesso del 24 febbraio 2024, developingchild.harvard.edu/science/deep-dives/neglect.

[3] Pascal, *Pensieri*, cit.

[4] Vaux, Richard, *The Pennsylvania Prison System*, in «Proceedings of the American Philosophical Society», 21, n. 116 (1884), pp. 651-664.

[5] Crawford, William, *Report of William Crawford, Esq., on the Penitentiaries of the United States, Addressed to His Majesty's Principal Secretary of State for the Home Department*, Londra 1834, p. 9.

[6] Tocqueville, Alexis de, *La democrazia in America*, Utet-DeA Planeta, Milano 2014.

[7] *Ibid.*

[8] Dickens, Charles, *America*, Feltrinelli, Milano 2022.

[9] Blake, William, *Una sentenza peggiore della morte*, in *L'inferno è un posto molto piccolo. Voci dall'isolamento carcerario*, a cura di Jean Casella, James Ridgeway e Sarah Shourd, Aracne editrice, Canterano (RM) 2019.

[10] Mandela, Nelson, *Lungo cammino verso la libertà. Autobiografia*, Feltrinelli, Milano 2022.

[11] *Ibid.*

[12] *Ibid.*

[13] Cacioppo, John T. e Patrick, William, *Solitudine. L'essere umano e il bisogno dell'altro*, il Saggiatore, Milano 2013.

[14] *Ibid.*

[15] Worsley, Amelia, *Ophelia's Loneliness*, in «ELH», 82, n. 2 (2015), p. 546.

[16] Shakespeare, William, *Amleto*, Mondadori, Milano 2017.

[17] Snell, Keith D.M., *The Rise of Living Alone and Loneliness in History*, in «Social History», 42, n. 1 (2017), p. 5.

[18] Klinenberg, Eric, *Going Solo. The Extraordinary Rise and Surprising Appeal of Living Alone*, Penguin Press, New York 2012, p. 6.

[19] Ortiz-Ospina, Esteban, *Loneliness and Social Connections*, Our World in Data, 10 dicembre 2019, accesso del 24 settembre 2024, ourworldindata.org/social-connections-and-loneliness.

[20] *Ibid.*

[21] Snell, *The Rise of Living Alone*, cit., p. 8.

[22] McGregor, Jena, *This Former Surgeon General Says There's a «Loneliness Epidemic» and Work Is Partly to Blame*, in «The Washington Post», 4 ottobre 2017, accesso del 26 febbraio 2024, www.washingtonpost.com/news/on-leadership/wp/2017/10/04/this-former-surgeon-general-says-theres-a-loneliness-epidemic-and-work-is-partly-to-blame.

[23] *Our Epidemic of Loneliness and Isolation*, US Surgeon General, 3 maggio 2023, accesso del 26 febbraio 2024, www.hhs.gov/sites/default/files/surgeon-general-social-connection-advisory.pdf.

[24] Cacioppo e Patrick, *Solitudine*, cit.

[25] Vedi Kanwisher, Nancy e Yovel, Galit, *The Fusiform Face Area: A Cortical Region Specialized for the Perception of Faces*, in «Philosophical Transactions of the Royal Society», 361, n. 1476 (2006), pp. 2109-2128.

[26] Vedi Iacoboni, Marco et al., *Grasping the Intentions of Others with One's Own Mirror Neuron System*, in «PLoS Biology», 3, n. 3 (2005): e79.

[27] Schweitzer, Kate, *Tina Fey Perfectly Explains How «Having a Teenage Daughter Is Like Having an Office Crush»*, in «PopSugar», 24 maggio 2021, accesso del 26 febbraio 2024, www.popsugar.com/family/tina-fey-compares-having-teenage-daughter-to-office-crush-48337557.

[28] Dunbar, Robin I.M., *Gossip in Evolutionary Perspective*, in «Review of General Psychology», 8, n. 2 (2004), p. 100.

[29] Ivi, p. 102.

[30] *Ibid.*

[31] *Ibid.*

[32] Braudy, Leo, *The Frenzy of Renown. Fame and Its History*, Vintage, New York 1997, p. 3.

[33] Ivi, p. 32.

[34] Goldberg, Rob, *Kevin Durant Responds to Multiple Trash-Talking Fans on Twitter*, Bleacher Report, 18 giugno 2017, accesso del 26 febbraio 2024, bleacherreport.com/articles/2716427-kevin-durant-responds-to-multiple-trash-talking-fans-on-twitter.

[35] Gariano, Francesca, *The 10 Most Shocking Speeches from Golden Globes History*, Today.com, 27 febbraio 2021, accesso del 26 febbraio 2024, www.today.com/popculture/10-most-shocking-speeches-golden-globes-history-t210224.

[36] *I Simpson*, stagione 3, episodio 4: *Bart the Murderer*, Disney+ video, 23:45, trasmesso per la prima volta da Fox il 10 ottobre 1991.

[37] Sartre, Jean-Paul, *L'essere e il nulla*, il Saggiatore, Milano 2023.

[38] Madrigal, Alexis C., *Before It Conquered the World, Facebook Conquered Harvard*, in «The Atlantic», 4 febbraio 2019, accesso del 26 febbraio 2024, www.theatlantic.com/technology/archive/2019/02/and-then-there-was-thefacebookcom/582004.

[39] Peter Thiel, l'investitore più importante di Facebook, ha studiato con il pensatore francese René Girard e ha ribadito in più occasioni il debito nei suoi confronti. L'idea fondamentale di Girard è che «l'uomo è una creatura che non sa cosa desiderare e per decidere si affida agli altri. Desideriamo ciò che desiderano gli altri perché imitiamo il loro desiderio». In fondo Facebook è costruito proprio su questa premessa.

[40] Miller, Arthur, *Morte di un commesso viaggiatore*, Einaudi, Torino 1997.

[41] *Ibid.*

[42] Lahr, John, *Arthur Miller and the Making of Willy Loman*, in «The New Yorker», 17 gennaio 1999, accesso del 26 febbraio 2024, www.newyorker.com/magazine/1999/01/25/making-willy-loman.

[43] Jennings, Rebecca, *Everyone's a Sellout Now*, in «Vox», 1° febbraio 2024,

accesso del 26 febbraio 2024, www.vox.com/culture/2024/2/1/24056883/tiktok-self-promotion-artist-career-how-to-build-following.

[44] Epitteto, *Tutte le opere*, Bompiani, Milano 2009.

[45] Epitteto, *Manuale*, Einaudi, Torino 2006.

[46] Epitteto, *Tutte le opere*, cit.

[47] Kojève, Alexandre, *Introduzione alla lettura di Hegel*, Adelphi, Milano 1996.

[48] *Ibid.*

[49] *Ibid.*

[50] *Ibid.*

[51] Patel, Raj, *I padroni del cibo*, Feltrinelli, Milano 2015.

[52] Elon Musk (@ElonMusk), «I livelli di attenzione nei miei confronti sono diventati stellari ed è veramente orrendo. Purtroppo, anche gli articoli più scadenti su di me generano molti clic :(Ce la metterò tutta per concentrarmi sulle cose importanti per la nostra civiltà.» X, 25 luglio 2022, accesso del 26 febbraio 2024, twitter.com/elonmusk/status/1551698120328749056.

[53] Weil, Jonathan, *Elon Musk Sold Tesla Shares Before Company Acknowledged Weakness*, in «The Wall Street Journal», 20 gennaio 2023, accesso del 26 febbraio 2024, www.wsj.com/articles/elon-musk-sold-tesla-shares-before-company-acknowledged-weakness-11674177642.

5. Alienazione

[1] Samim, Sabawoon, *New Lives in the City: How Taleban Have Experienced Life in Kabul*, Afghanistan Analysts Network, 2 febbraio 2023, accesso del 28 gennaio 2024, www.afghanistan-analysts.org/en/reports/context-culture/new-lives-in-the-city-how-taleban-have-experienced-life-in-kabul.

[2] *Ibid.*

[3] Marx, Karl ed Engels, Friedrich, *Manifesto del partito comunista*, Feltrinelli, Milano 2017.

[4] Marx, Karl, *Salario, prezzo e profitto*, Bompiani, Milano 2010.

[5] Marx, *Manoscritti economico-filosofici del 1844*, cit.

[6] Moulier-Boutang, Yann, *Cognitive Capitalism*, Polity Press, Cambridge (UK) 2011; Bueno, Claudio, *The Attention Economy. Labour, Time and Power in Cognitive Capitalism*, Rowman & Littlefield, Lanham (MD) 2016.

[7] Wu, Tim, *The Attention Merchants. The Epic Scramble to Get Inside Our Heads*, Knopf Doubleday, New York 2017, p. 12 (edizione Kindle).

[8] Ivi, p. 13.

[9] Carpenter, Christine H., *The Spectre of Ingleton; or the Forest Mystery*,

in «The Sun», 21 novembre 1859, accesso del 7 febbraio 2024, chroniclingamerica.loc.gov/lccn/sn83030272/1859-11-21/ed-1/seq-1.

[10] Questo modello dominava anche il panorama giornalistico del Regno Unito. Williams, Kevin, *Read All About It! A History of the British Newspaper*, Routledge, New York 2009.

[11] Oggi, l'opposizione dei Ceo al telelavoro deriva dal timore ossessivo che, se si permettesse ai dipendenti di lavorare lontano dallo sguardo attento dei capi, tutti questi accorgimenti risulterebbero impraticabili.

[12] Kirst, Seamus, *What Are Nielsen Ratings and How Are They Calculated?*, in «Forbes», 18 dicembre 2015, accesso del 7 febbraio 2024, www.forbes.com/sites/seamuskirst/2015/12/18/what-are-nielsen-ratings-and-how-are-they-calculated/?sh=10ed8c8456e0.

[13] Magilo, Tony, *How Nielsen Has Built a TV Ratings Monopoly Nearly as Old as TV*, in «TheWrap», 26 aprile 2016, accesso del 7 febbraio 2024, www.thewrap.com/nielsen-tv-ratings-new-threats-history.

[14] *Ibid.*

[15] Abarinova, Masha, *Nielsen Regains Media Rating Council Accreditation for National TV Ratings*, in «StreamTV Insider», 17 aprile 2023, accesso del 7 febbraio 2024, www.streamtvinsider.com/video/nielsen-regains-media-rating-council-accreditation-national-tv-ratings.

[16] Clarendon, Dan, *Why Have TV Networks Turned Against Nielsen Ratings?*, in «TV Insider», 28 luglio 2021, accesso del 7 febbraio 2024, www.tvinsider.com/1006916/tv-network-nielsen-ratings-vab-mrc-accreditation.

[17] Harris, Raquel, *Byron Allen's Media Group Files Lawsuit Against Nielsen for Fraud in Ratings; Seeks Billions in Damages*, in «Forbes», 23 marzo 2022, accesso del 7 febbraio 2024, www.forbes.com/sites/forbestheculture/2022/03/23/byron-allens-media-group-files-lawsuit-against-nielsen-for-fraud-in-ratings-seeks-billions-in-damages/?sh=31b1b891728f.

[18] Hwang, Tim, *Subprime Attention Crisis*, Farrar, Straus & Giroux, New York 2020, pp. 42-43 (edizione Kindle).

[19] Vranica, Suzanne e Marshall, Jack, *Facebook Overestimated Key Video Metric for Two Years*, in «The Wall Street Journal», 22 settembre 2016, accesso del 7 febbraio 2024, www.wsj.com/articles/facebook-overestimated-key-video-metric-for-two-years-1474586951.

[20] Bruell, Alexandra, *Fraudulent Web Traffic Continues to Plague Advertisers, Other Businesses*, «The Wall Street Journal», 28 marzo 2018, accesso del 7 febbraio 2024, www.wsj.com/articles/fraudulent-web-traffic-continues-to-plague-advertisers-other-businesses-1522234801.

[21] Hwang, *Subprime Attention Crisis*, cit.

[22] Polanyi, Karl, *La grande trasformazione*, Einaudi, Torino 2010; Sherman, Zoe, *Modern Advertising and the Market for Audience Attention. The US Advertising Industry's Turn-of-the-Twentieth-Century Transition*, Routledge, Abingdon 2020.

[23] Polanyi, *La grande trasformazione*, cit.

[24] Per approfondire le possibili applicazioni delle teorie di Polanyi al contesto digitale, vedi: Curran, Dean, *Polanyi's Discovery of Society and the Digital Phase of the Industrial Revolution*, in «European Journal of Social Theory», 27, n. 1 (2024), pp. 78-96.

[25] American Academy of Sleep Medicine, *Are You TikTok Tired? 93% of Gen Z Admit to Staying Up Past Their Bedtime Due to Social Media*, 7 settembre 2022, accesso del 28 maggio 2024, aasm.org/are-you-tiktok-tired-93-of-gen-z-admit-to-staying-up-past-their-bedtime-due-to-social-media.

[26] *Mobile Fact Sheet*, Pew Research Center, 21 gennaio 2024, accesso del 7 febbraio 2024, www.pewresearch.org/internet/fact-sheet/mobile.

[27] Tolentino, Jia, *How CoComelon Captures Our Children's Attention*, in «The New Yorker», 10 giugno 2024, www.newyorker.com/magazine/2024/06/17/cocomelon-children-television-youtube-netflix.

[28] Ceci, Laura, *Number of YouTube Kids Mobile App Downloads Worldwide from 2016 to 2023*, Statista, 4 marzo 2024, accesso del 28 maggio 2024, www.statista.com/statistics/1251942/global-youtube-kids-app-downloads.

[29] Wu, *The Attention Merchants*, cit.

[30] Maguire, Frank, *New Research: Understanding Consumer Behaviors During TV Commercial Breaks*, Sharethrough, 10 febbraio 2022, accesso del 3 luglio 2024, www.sharethrough.com/blog/new-research-understanding-consumer-behaviors-during-tv-commercial-breaks.

[31] Flood, Brian, *Fox News Celebrates 25 Years Since Rupert Murdoch's Vision Debuted on Air*, Fox News, 4 ottobre 2021, accesso del 7 febbraio 2024, www.foxnews.com/media/rupert-murdoch-fox-news.

[32] Confessore, Nicholas, *How Tucker Carlson Reshaped Fox News – and Became Trump's Heir*, in «New York Times», 30 aprile 2022, accesso del 7 luglio 2024, www.nytimes.com/2022/04/30/us/tucker-carlson-fox-news.html.

[33] Stelter, Brian, *Inganno. Donald Trump, Fox News e la pericolosa distorsione della realtà*, NR Edizioni, Pescara 2020.

[34] Ellison, Sarah, Farhi, Paul e Barr, Jeremy, *Fox News Feared Losing Viewers by Airing Truth About Election, Documents Show*, in «The Washington Post», 17 febbraio 2023, accesso del 7 febbraio 2024, www.washingtonpost.com/media/2023/02/17/fox-news-dominion-ratings-fear.

[35] Terkel, Amanda e Timm, Jane C., *See What Fox News Tried to Redact in the Dominion Defamation Case*, Nbc News, 14 aprile 2023, accesso del 7 febbraio 2024, www.nbcnews.com/media/see-fox-news-tried-redact-dominion-defamation-case-rcna77481.

[36] Young, Kevin, *Moon Shot: Race, a Hoax, and the Birth of Fake News*, in «The New Yorker», 21 ottobre 2017, accesso del 7 febbraio 2024, www.newyorker.com/books/page-turner/moon-shot-race-a-hoax-and-the-birth-of-fake-news.

[37] Smith, Ryan, *Bo Burnham Goes Viral over Social Media Rant Amid Elon Musk Twitter Buyout*, in «Newsweek», 3 novembre 2022, accesso del 7 febbraio 2024, www.newsweek.com/bo-burnham-social-media-rant-video-elon-musk-twitter-1756570.

[38] Durkheim, Émile, *Le forme elementari della vita religiosa*, Mimesis, Milano 2013.

[39] Caplan, Lincoln, *The Walkman*, in «The New Yorker», 13 settembre 1981, www.newyorker.com/magazine/1981/09/21/the-walkman.

[40] Zito, Tom, *Stepping to the Stereo Strut*, in «The Washington Post», 12 maggio 1981, accesso del 28 gennaio 2024, www.washingtonpost.com/archive/lifestyle/1981/05/12/stepping-to-the-stereo-strut/c810a6d9-c054-4b2b-b150-db330cdd08a6.

[41] *Ibid.*

[42] Tuhus-Dubrow, Rebecca, *The Gadget That Broke Humanity*, in «Boston Globe», 1° settembre 2017, accesso del 28 gennaio 2024, www.bostonglobe.com/ideas/2017/09/01/the-gadget-that-broke-humanity/NS9wsBmtIMHQmrEvRRmtZL/story.html.

[43] Patton, Phil, *Humming Off Key for Two Decades*, in «New York Times», 29 luglio 1999, archive.nytimes.com/www.nytimes.com/library/tech/99/07/circuits/articles/29walk.html.

[44] *Ibid.*

[45] Barnouw, Erik, *Tube of Plenty. The Evolution of American Television*, Oxford University, Oxford 1990, p. 114.

[46] Ferrante, Elena, *L'amica geniale*, E/O, Roma 2011, cap. 34.

[47] *History and the Census: Philo Farnsworth and the Invention of Television*, US Census Bureau, accesso del 28 gennaio 2024, www.census.gov/about/history/stories/monthly/2023/september-2023.html.

[48] Clarke, Arthur C., *Profiles of the Future. An Inquiry into the Limits of the Possible*, Harper & Row, New York 1973.

6. *L'alba dell'era dell'attenzione*

[1] Toffler, Alvin, *La terza ondata. Il tramonto dell'era industriale e la nascita di una nuova civiltà*, Mondadori, Milano 1987.

[2] *Ibid.*

[3] L'espressione «era dell'informazione» comparve per la prima volta nel 1960, in una piccola pubblicazione tecnica di un esperto che, oltre a fondare un'azienda di sorveglianza, gestì poi i sistemi di intelligence e di ricognizione del Pentagono. A proposito dell'aumento di potenza dei computer e dell'importanza in campo militare e civile di una tale innovazione, l'autore osservò che «i successi attuali e futuri dell'informatica saranno talmente straordinari da farci parlare di una nuova "era dell'informazione", anche se forse le troveremo un nome più suggestivo». Invece l'espressione «era dell'informazione» ha fatto breccia.

[4] Blum, Andrew, *Tubi. Viaggio al centro di internet*, minimum fax, Roma 2021.

[5] Rühl, Christof ed Erker, Titus, *Oil Intensity: The Curiously Steady Decline of Oil in GDP*, Center on Global Energy Policy, 9 settembre 2021, www.energypolicy.columbia.edu/wp-content/uploads/2021/09/LongTermOilIntensity_CGEP_Report_111122.pdf.

[6] Recentemente l'esplosione delle criptovalute e l'impiego di modelli linguistici di grandi dimensioni di IA – entrambi questi sistemi richiedono enormi quantitativi di energia – rischiano di invertire la tendenza.

[7] *Job Polarization*, Federal Reserve Bank of St. Louis, 28 aprile 2016, accesso del 4 settembre 2024, fredblog.stlouisfed.org/2016/04/job-polarization.

[8] Carr, David, *The Coolest Magazine on the Planet*, in «New York Times», 27 luglio 2003, accesso del 28 maggio 2024, www.nytimes.com/2003/07/27/books/the-coolest-magazine-on-the-planet.html.

[9] Zsidó, Andras N., Stecina, Diana T., Cseh, Rebecca e Hout, Michael C., *The Effects of Task-Irrelevant Threatening Stimuli on Orienting-and Executive Attentional Processes Under Cognitive Load*, in «British Journal of Psychology», 113, n. 2 (2022), pp. 412-433, doi.org/10.1111/bjop.12540.

[10] Toffler, Alvin, *Lo choc del futuro*, Rizzoli, Milano 1971.

[11] *Ibid.*

[12] Simon, *Il labirinto dell'attenzione*, cit.

[13] *Ibid.*

[14] *Ibid.*

[15] *Ibid.*

[16] Whipple, Chris, *The Gatekeepers. How the White House Chiefs of Staff Define Every Presidency*, Crown, New York 2017.

[17] Simon, *Il labirinto dell'attenzione*, cit.

[18] Yarow, Jay, *Jony Ive: This Is the Most Important Thing I Learned from Steve Jobs*, in «Business Insider», 10 ottobre 2014, accesso dell'8 gennaio 2024, www.businessinsider.com/jony-ive-this-is-the-most-important-thing-i-learned-from-steve-jobs-2014-10.

[19] Simon, *Il labirinto dell'attenzione*, cit.

[20] Solow, Robert M., *We'd Better Watch Out*, in «New York Times Book Review», 12 luglio 1987, p. 36.

[21] Gordon, Robert J., *The Rise and Fall of American Growth*, Princeton University Press, Princeton (NJ) 2016, p. 575 (edizione Kindle).

[22] Secondo lo storico dell'economia Robert Gordon, il rapido avvento dell'industrializzazione di massa verificatosi al termine della Guerra civile generò negli Stati Uniti un secolo di «grandi trasformazioni», contrassegnato dall'affrancamento «della vita domestica dalla fatica quotidiana del lavoro manuale, dal trantran, dal buio, dall'isolamento e dalla mortalità prematura. [...] Dopo il 1970 la crescita economica si è dimostrata tanto strabiliante quanto deludente. Una volta realizzato che quasi tutti i progressi dal 1970 in poi hanno riguardato un ristretto campo dell'attività umana, e cioè il settore dell'intrattenimento, quest'apparente mistero si risolve». Ivi, p. 2.

[23] *Link Best Practices for Google*, Google, aggiornato il 20 dicembre 2023, accesso del 3 febbraio 2024, developers.google.com/search/docs/crawling-indexing/links-crawlable.

[24] *About Google*, Google, accesso del 28 gennaio 2024, about.google.

[25] *Google Introduces New Pricing for Popular Self-Service Online Advertising Program*, Google, 20 febbraio 2022, accesso dell'8 maggio 2024, googlepress.blogspot.com/2002/02/google-introduces-new-pricing-for.html; *Google Launches Self-Service Advertising Program*, Google, 23 ottobre 2000, accesso del 28 maggio 2024, googlepress.blogspot.com/2000/10/google-launches-self-service.html.

[26] Google AdWords Keyword Planner (qui si può scaricare il tool online gratuito: ads.google.com/home/tools/keyword-planner/) ci mostra che «l'inserzione di un avvocato per il mesotelioma» costerebbe tra i 55 e i 233 dollari per clic. Vedi Bialik, Carl, *Lawyers Bid Up Value of Web-Search Ads*, in «The Wall Street Journal», 8 aprile 2004, accesso del 4 luglio 2024, www.wsj.com/articles/SB108137355250477123.

[27] United States Securities and Exchange Commission, Form 10-K,

Google Inc., *Item 6. Selected Financial Data*, www.sec.gov/Archives/edgar/data/1288776/000119312505065298/d10k.htm#toc10062_9.

[28] Zuboff, Shoshana, *Il capitalismo della sorveglianza. Il futuro dell'umanità nell'era dei nuovi poteri*, Luiss University Press, Roma 2023.

[29] Page, Larry e Brin, Sergey, *Letter from the Founders*, in «New York Times», 29 aprile 2004, accesso del 28 gennaio 2024, www.nytimes.com/2004/04/29/business/letter-from-the-founders.html.

[30] Google Inc., Form S-1 (pubblicata il 29 aprile 2004), US Securities and Exchange Commission, www.sec.gov/Archives/edgar/data/1288776/000119312504073639/ds1.htm, accesso del 3 febbraio 2024.

[31] Lingeman, Jake, *Here's Every Three-Row EV You Can Buy, Now and Soon*, in «Newsweek», 11 novembre 2022, accesso del 28 gennaio 2024, www.newsweek.com/heres-every-three-row-ev-you-can-buy-now-soon-1758289.

[32] Brunton, Finn, *Spam. A Shadow History of the Internet*, Mit Press, Cambridge (MA) 2013, p. 565 (edizione Kindle).

[33] *Monty Python's Flying Circus*, stagione 2, episodio 12: *Spam*, con John Cleese, Graham Chapman e Terry Jones, trasmesso il 15 dicembre 1970, per concessione di Bbc, 27:00.

[34] Brunton, *Spam*, cit., p. 35.

[35] Ivi, p. 36.

[36] Brunton, Finn, *Spam*, in *The Sage Handbook of Web History*, a cura di Niels Brügger e Ian Milligan, Sage, Thousand Oaks (CA) 2019, p. 565.

[37] Feist, Sharael, *The Father of Modern Spam Speaks*, Cnet, 16 marzo 2002, accesso del 28 gennaio 2024, www.cnet.com/tech/tech-industry/the-father-of-modern-spam-speaks.

[38] Canter, Laurence A. e Siegel, Martha S., *How to Make a Fortune on the Information Superhighway. Everyone's Guerrilla Guide to Marketing on the Internet and Other On-Line Services*, HarperCollins, New York 1995.

[39] Rao, Justin M. e Reiley, David H., *The Economics of Spam*, in «Journal of Economic Perspectives», 26, n. 3 (2012), p. 87.

[40] Curry, Tom, *How Dean Uses the Power of the Web*, Nbc News, 23 ottobre 2003, accesso del 29 maggio 2024, www.nbcnews.com/id/wbna3340001.

[41] Madrigal, Alexis C., *Hey, I Need to Talk to You About This Brilliant Obama Email Scheme*, in «The Atlantic», 29 novembre 2012, accesso del 29 maggio 2024, www.theatlantic.com/technology/archive/2012/11/hey-i-need-to-talk-to-you-about-this-brilliant-obama-email-scheme/265725.

[42] *Perché Slack è meglio dell'e-mail?*, Slack, accesso del 28 gennaio 2024, slack.com/why/slack-vs-email.

[43] Liu, Alicia, *Death by a Thousand Pings: The Hidden Side of Using Slack*, in «Medium», 20 marzo 2018, accesso del 28 gennaio 2024, medium.com/counter-intuition/the-hidden-side-of-using-slack-2443d9b66f8a.

[44] Wu, *The Attention Merchants*, cit., p. 22.

[45] Ivi, pp. 22-23.

[46] Gordon, Aaron, *How We Ended Up with All This Junk Mail*, in «Vice», 15 ottobre 2020, accesso del 29 maggio 2024, www.vice.com/en/article/889wyv/how-we-ended-up-with-all-this-junk-mail, che a sua volta rimanda a Leonard, Devin, *Neither Snow Nor Rain: A History of the United States Postal Service*, Grove Press, New York 2016.

[47] Brunton, *Spam*, cit., p. 566.

[48] Mehdi, Yusef, *Announcing the Next Wave of AI Innovation with Microsoft Bing and Edge*, Microsoft, 4 maggio 2023, accesso del 29 maggio 2024, blogs.microsoft.com/blog/2023/05/04/announcing-the-next-wave-of-ai-innovation-with-microsoft-bing-and-edge.

[49] Klein, Ezra, *Beyond the «Matrix» Theory of the Mind*, in «New York Times», 28 maggio 2023, www.nytimes.com/2023/05/28/opinion/artificial-intelligence-thinking-minds-concentration.html.

[50] Meadows, Donella H., Meadows, Dennis L., Randers, Jorgen e Behrens III, William W., *I limiti dello sviluppo*, Mondadori, Milano 1972.

[51] *The Amazon in Crisis: Forest Loss Threatens the Region and the Planet*, World Wildlife Fund, 8 novembre 2022, accesso del 28 gennaio 2024, www.worldwildlife.org/stories/the-amazon-in-crisis-forest-loss-threatens-the-region-and-the-planet.

[52] Meadows, *I limiti dello sviluppo*, cit.

[53] *Your Mind Is Being Fracked*, in *The Ezra Klein Show*, 31 maggio 2024, www.nytimes.com/2024/05/31/opinion/ezra-klein-podcast-d-graham-burnett.html.

[54] *New Perspectives on Human Multitasking*, in «Psychological Research», 82 (2018), pp. 1-3, link.springer.com/article/10.1007/s00426-018-0970-2; Watson, Jason M. e Strayer, David L., *Supertaskers: Profiles in Extraordinary Multitasking Ability*, in «Psychonomic Bulletin & Review», 17 (2010), pp. 479-485, doi.org/10.3758/PBR.17.4.479.

[55] Goldhaber, Michael, *The Attention Economy and the Net*, in «First Monday», 2, n. 4 (1997), accesso del 4 febbraio 2024, doi.org/10.5210/fm.v2i4.519.

[56] *Ibid.*

[57] *Ibid.*

[58] *Ibid.*

[59] Wright Mills, Charles, *La élite del potere*, Oaks Editrice, Sesto San Giovanni (MI) 2025.

[60] Conger, Kate e Hirsch, Lauren, *Elon Musk Completes $44 Billion Deal to Own Twitter*, in «New York Times», 27 ottobre 2022, accesso del 4 febbraio 2024, www.nytimes.com/2022/10/27/technology/elon-musk-twitter-deal-complete.html.

[61] Vipers, Gareth, *Twitter Is Now Worth a Third of What Musk Paid for It, Fidelity Says*, in «The Wall Street Journal», 31 maggio 2023, accesso del 2 febbraio 2024, www.wsj.com/tech/twitter-is-now-worth-a-third-of-what-musk-paid-for-it-fidelity-says-e66f61db.

[62] Murray, Tom, *Mandy Patinkin Has Perfect Response to Elon Musk Using The Princess Bride quote*, in «Independent», 18 maggio 2023, accesso del 2 febbraio 2024, www.independent.co.uk/arts-entertainment/films/news/mandy-patinkin-princess-bride-elon-musk-b2341121.html.

[63] Schiffer, Zoë, *Elon Musk Attacked My Article Accusing Him of Gaming Twitter's Algorithm for More Attention. In Some Ways, It Gave Him Exactly What He Wanted*, in «Business Insider», 15 febbraio 2024, www.businessinsider.com/musk-changed-twitter-algorithm-tweets-didnt-get-attention-book-2024-2; Schiffer, Zoë, *Extremely Hardcore. Inside Elon Musk's Twitter*, Portfolio, New York 2024.

7. Attenzione pubblica

[1] Guelzo, Allen C., *Houses Divided: Lincoln, Douglas, and the Political Landscape of 1858*, in «Journal of American History», 94, n. 2 (2007), pp. 391-417.

[2] Guelzo, Allen C., *Lincoln and Douglas. The Debates that Defined America*, Simon & Schuster, New York 2008, p. xii.

[3] *Ibid.*

[4] Postman, *Divertirsi da morire*, cit.

[5] *Lincoln-Douglas Debates of 1858*, Northern Illinois University Digital Library.

[6] *The Freeport Doctrine*, US National Park Service, www.nps.gov/liho/learn/historyculture/freeport-doctrine.htm.

[7] Ciò è in parte dovuto al fatto che i giornalisti riscrivevano i dibattiti sulla base dei propri appunti; non esistono trascrizioni originali dei due oratori.

[8] *The Lincoln-Douglas Debates*, a cura di Rodney O. Davis e Douglas L. Wilson, University of Illinois Press, Champaign (IL) 2008, p. 134.

[9] Robert, Henry, *Robert's Rules of Order Newly Revised*, 12ª edizione, Public Affairs, New York 2020.

[10] Petroski, Henry, *Henry Martyn Robert*, in «American Scientist», 84, n. 2 (1996), p. 106.

[11] Peck, Graham A., *New Records of the Lincoln-Douglas Debate at the 1854 Illinois State Fair: The Missouri Republican and the Missouri Democrat Report from Springfield*, in «Journal of the Abraham Lincoln Association», 30, n. 2 (2009), pp. 25-80.

[12] Lind, Loren, *Speed and Journalism*, in «Queen's Quarterly», 108, n. 3 (2001), pp. 346-355.

[13] *Ibid.*

[14] Ciò non significa che oggi le loro posizioni sarebbero condivisibili. Naturalmente, l'apologia della schiavitù di Douglas ci disgusta a livello morale. Ma a un certo punto Lincoln comincia una lunga tirata per rassicurare l'uditorio bianco di non avere alcun interesse a stabilire una vera uguaglianza tra cittadini statunitensi bianchi e neri e fa varie battute su quanto sarebbe ridicolo per lui sposare una donna nera.

[15] Baldwin, James, *Notes of a Native Son*, Beacon, Boston 1984, pp. 13-14.

[16] Postman, *Divertirsi da morire*, cit.

[17] *Ibid.*

[18] Orwell, George, *1984*, Feltrinelli, Milano 2021.

[19] Huxley, Aldous, *Il mondo nuovo. Ritorno al mondo nuovo*, Mondadori, Milano 2021.

[20] Postman, *Divertirsi da morire*, cit.

[21] Quando due anni dopo il regime comunista sovietico crollò, tale critica si diffuse ulteriormente. Si potrebbe sostenere che il Partito comunista cinese sia riuscito a fondere questi due modelli in una versione di diabolica efficacia. Con il Grande Firewall, il Pcc attua severe restrizioni su un certo tipo di informazioni e al contempo permette ai cittadini cinesi di accedere a una pletora di forme di intrattenimento e di contenuti insignificanti tipici del web odierno: *panem et circenses*.

[22] Saunders, George, *Il megafono spento. Cronache da un mondo troppo rumoroso*, minimum fax, Roma 2009.

[23] *Ibid.*

[24] Rothman, Lily, *The Scathing Speech That Made Television History*, in «Time», 9 maggio 2016, accesso del 2 febbraio 2024, time.com/4315217/newton-minow-vast-wasteland-1961-speech.

[25] In realtà, questa citazione sarebbe da attribuire a Tim Sullivan di Tam-

many Hall. Safire, William, *Safire's Political Dictionary*, Oxford University Press, New York 2008, p. 583.

[26] Va aggiunto che, tra le sue tante attività, Barnum ricoprì anche delle cariche pubbliche elettive e svolse quattro mandati nella legislatura statale del Connecticut. Quindi il successo politico degli uomini di spettacolo non è *solo* una conseguenza dell'era dell'attenzione.

[27] Tim Miller, e-mail all'autore, 1° ottobre 2023.

[28] Norman, Jim, *Solid Majority Still Opposes New Construction on Border Wall*, Gallup, 4 febbraio 2019, accesso del 2 febbraio 2024, news.gallup.com/poll/246455/solid-majority-opposes-new-construction-border-wall.aspx.

[29] Marquez, Alexandra, *Poll: Republicans Have Advantages on Immigration, Crime and the Economy*, Nbc News, 26 settembre 2023, accesso del 2 febbraio 2024, www.nbcnews.com/meet-the-press/first-read/poll-republicans-advantages-immigration-crime-economy rcna117054.

[30] Kendall, Brent, *Trump Says Judge's Mexican Heritage Presents «Absolute Conflict»*, in «The Wall Street Journal», 3 giugno 2016, accesso del 2 febbraio 2024, www.wsj.com/articles/donald-trump-keeps-up-attacks-on-judge-gonzalo-curiel-1464911442.

[31] Shepard, Steven, *Poll: Majority of Voters Back Trump Travel Ban*, in «Politico», 5 luglio 2017, accesso del 2 febbraio 2024, www.politico.com/story/2017/07/05/trump-travel-ban-poll-voters-240215.

[32] Newport, Frank et al., *«Email» Dominates What Americans Have Heard About Clinton*, Gallup, 19 settembre 2016, accesso del 2 febbraio 2024, news.gallup.com/poll/195596/email-dominates-americans-heard-clinton.aspx.

[33] Saad, Lydia, *Biden and Trump Evenly Matched in U.S. Favorable Ratings*, Gallup, 9 gennaio 2024, accesso del 2 febbraio 2024, news.gallup.com/poll/548138/american-presidential-candidates-2024-election-favorable-ratings.aspx.

[34] Jones, Jeffrey M., *Last Trump Job Approval 34%, Average is Record-Low 41%*, Gallup, 18 gennaio 2021, accesso del 6 luglio 2024, news.gallup.com/poll/328637/last-trump-job-approval-average-record-low.aspx.

[35] Prokop, Andrew, *The GOP Had Terrible Senate Candidates and It Really Did Sink Them*, in «Vox», 16 novembre 2022, accesso del 2 febbraio 2024, www.vox.com/policy-and-politics/2022/11/16/23458896/republicans-senate-candidate-quality-trump.

[36] Schmeler, Isabelle, *Katie Hobbs Sticks with No-Debate Stance, Says Kari Lake Wants a «Spectacle»*, Nbc News, 21 ottobre 2022, accesso del

2 febbraio 2024, www.nbcnews.com/meet-the-press/meetthepressblog/katie-hobbs-sticks-no-debate-stance-says-kari-lake-wants-spectacle-rcna53511.

[37] Weisman, Jonathan, *Vivek Ramaswamy, Wealthy Political Novice Who Aligned with Trump, Quits Campaign*, in «New York Times», 15 gennaio 2024, accesso del 2 febbraio 2024, www.nytimes.com/2024/01/15/us/politics/vivek-ramaswamy-drops-out.html.

[38] Hamby, Peter, *Death of a Salesman*, in «Puck», 16 ottobre 2023, accesso del 4 febbraio 2024, puck.news/death-of-a-salesman.

[39] *Ibid.*

[40] Hobbes, Thomas, *Leviatano*, Rizzoli, Milano 2011, cap. 19.

[41] Fu proprio l'Oversight Board a decidere (o ad avviare il processo decisionale che portò al provvedimento in questione) la rimozione di Trump dalla piattaforma dopo i fatti del 6 gennaio 2021. Vedi, per esempio, Warzel, Charlie, *Trump and Facebook's Mutual Decay*, in «The Atlantic», 25 gennaio 2023, accesso del 2 febbraio 2024, www.theatlantic.com/technology/archive/2023/01/meta-reinstates-trump-facebook-instagram-accounts-ban/672845.

[42] *Monetary Policy: What Are Its Goals? How Does It Work*, US Federal Reserve, accesso del 2 febbraio 2024, www.federalreserve.gov/monetarypolicy/monetary-policy-what-are-its-goals-how-does-it-work.htm.

[43] Joseph, Yonette e Schmitt, Eric, *What to Know About the Titan Submersible*, in «New York Times», 20 giugno 2023, accesso del 2 febbraio 2024, www.nytimes.com/2023/06/20/us/missing-submarine-titanic-search.html.

[44] Waxman, Olivia B., *Baby Jessica's Rescue from a Well Capped Off a Terrifying Week in U.S. History*, in «Time», 16 ottobre 2017, accesso del 2 febbraio 2024, time.com/4980689/baby-jessica-30th-anniversary; Corrigan, Maureen, *The Incredible Story of Chilean Miners Rescued from the «Deep Down Dark»*, Npr News, 29 ottobre 2014, accesso del 2 febbraio 2024, www.npr.org/2014/10/29/359839104/the-incredible-story-of-chilean-miners-rescued-from-the-deep-down-dark; Davies, Dave, *Documentary Follows the Divers Who Risked It All in the Thailand Cave Rescue*, Npr News, 11 ottobre 2021, accesso del 2 febbraio 2024, www.npr.org/2021/10/11/1043363760/thailand-cave-rescue-documentary-film.

[45] Stevis-Gridneff, Matina e Shoumali, Karam, *Everyone Knew the Migrant Ship Was Doomed. No One Helped*, in «New York Times», 1° luglio 2023, accesso del 2 febbraio 2024, www.nytimes.com/2023/07/01/world/europe/greece-migrant-ship.html.

[46] Shephard, Alex, *The Media Cares More About the Titanic Sub Than Drowned Migrants*, in «The New Republic», 20 giugno 2023, accesso

del 2 febbraio 2024, newrepublic.com/article/173808/media-cares-titanic-sub-drowned-migrants.

[47] Ogas, Ogi e Gaddam, Sai, *A Billion Wicked Thoughts. What the Internet Tells Us About Sex and Relationships*, Penguin, New York 2012.

[48] Lippmann, Walter, *Men of Destiny*, Macmillan, New York 1927, p. 236.

[49] *NASA Announces Summer 2023 Hottest on Record*, US National Aeronautics and Space Administration, 14 settembre 2023, accesso del 3 febbraio 2024, www.nasa.gov/news-release/nasa-announces-summer-2023-hottest-on record.

[50] Bisset, Victoria, *Maui Police Identify the 100th, Last Known, Victim of the Lahaina Fires*, in «The Washington Post», 27 gennaio 2024, accesso del 3 febbraio 2024, www.washingtonpost.com/nation/2024/01/27/wildfire-maui-lahaina-victims-lydia-coloma; *Hurricane Hilary in Death Valley National Park*, US National Park Service, accesso del 3 febbraio 2024, www.nps.gov/deva/learn/nature/hilary.htm.

[51] *Don't Look Up*, diretto da Adam McKay, Netflix 2021.

[52] *US Open Semi-final Interrupted as Climate Protester Glues Feet to Floor in Stands*, in «The Guardian», 7 settembre 2023, accesso del 3 febbraio 2024, www.theguardian.com/sport/2023/sep/08/us-open-2023-semi-final-climate-protester-glues-feet.

[53] Guy, Jack e Kappeler, Inke, *Renowned Conductor Allows Climate Activists to Address Crowd at Swiss Music Festival*, Cnn, 11 settembre 2023, accesso del 3 febbraio 2024, www.cnn.com/style/article/vladimir-jurowski-protesters-climate-scli-intl/index.html.

[54] *First Debate: Ottawa, Illinois*, US National Park Service, accesso del 3 febbraio 2024, www.nps.gov/liho/learn/historyculture/debate1.htm.

[55] *Ibid.*

[56] *Member's Podcasts*, House GOP, accesso del 3 febbraio 2024, www.gop.gov/member-podcast.

[57] Vaillancourt, William, *Matt Gaetz Shows Up on Newsmax – as a Guest Host*, in «Daily Beast», 26 maggio 2023, accesso del 3 febbraio 2024, www.thedailybeast.com/matt-gaetz-shows-up-on-newsmax-as-a-guest-host.

[58] Beavers, Olivia e Zanona, Melanie, *MTG's Eye-Popping Fundraising Haul*, in «Politico», 7 aprile 2021, accesso del 3 febbraio 2024, www.politico.com/newsletters/huddle/2021/04/07/mtgs-eye-popping-fundraising-haul-492390.

[59] Tarinelli, Ryan, *House Republican Infighting Turns Raw During McCarthy Floor Debate*, in «Roll Call», 3 ottobre 2023, accesso del 3 febbraio

2024, rollcall.com/2023/10/03/house-republican-infighting-turns-raw-during-mccarthy-floor-debate.

[60] *Ibid.*

[61] Terkel, Amanda e Haake, Garrett, *House Judiciary Republicans Delete «Kanye. Elon. Trump.» Tweet as Rapper Praises Hitler*, Nbc News, 1° dicembre 2022, accesso del 3 febbraio 2024, www.nbcnews.com/politics/congress/house-judiciary-republicans-delete-kanye-elon-trump-tweet-rapper-prais-rcna59654.

[62] Consiglio un libro eccellente che analizza in maniera approfondita queste dinamiche: Marantz, Andrew, *Anti-Social: Online Extremists, Techno-Utopians, and the Hijacking of the American Conversation*, Penguin, New York 2019.

[63] Ripley, Amanda, *High Conflict. Why We Get Trapped and How We Get Out*, Simon & Schuster, New York 2021.

[64] Sì, tenendo conto che inizialmente il *trolling* era una forma di pesca in cui si dava da mangiare al pesce, qui è sostanzialmente il contrario. Con il passare degli anni, dal *trolling* in sé l'attenzione si è spostata sugli individui che lo praticano e cioè sui *troll* che – come i mostri che nelle fiabe vivono sotto i ponti – si «nutrono» di energia negativa.

[65] Solon, Olivia e Zadrozny, Brandy, *Trolls Turned 911 into a Weapon. Now Cops Are Fighting Back*, Nbc News, 22 dicembre 2019, accesso del 7 luglio 2024, www.nbcnews.com/news/all/trolls-turned-911-weapon-now-cops-are-fighting-back-n1105991.

[66] Nagle, Angela, *Contro la vostra realtà. Come l'estremismo del web è diventato mainstream*, Luiss University Press, Roma 2018.

[67] Bowell, Tracy, *Whataboutisms: The Good, the Bad and the Ugly*, in «Informal Logic», 43, n. 1 (2023), pp. 102-103.

[68] McGarry, Patsy, *In a Word... Whataboutism*, in «Irish Times», 8 luglio 2017, accesso del 3 febbraio 2024, www.irishtimes.com/culture/in-a-word-whataboutism-1.3129364.

[69] Lucas, Edward, *Whataboutism*, in «The Economist», 31 gennaio 2008, accesso del 3 febbraio 2024, www.economist.com/europe/2008/01/31/whataboutism.

[70] *Ibid.*

[71] *Tucker Carlson Tonight*, Fox News, 31 gennaio 2023, accesso del 7 luglio 2024, grabien.com/file?id=1794829.

[72] *Fatal Force*, in «The Washington Post», un archivio delle sparatorie della polizia statunitense, accesso del 7 luglio 2024, www.washingtonpost.com/graphics/investigations/police-shootings-database.

[73] Columbia School of Journalism, *Resilience in Journalism and Free Speech in the Age of Social Media*, YouTube, 20 maggio 2023, accesso del 29 maggio 2024, www.youtube.com/watch?v=JIfp2KcAKFc.

[74] Klein, Naomi, *Doppio. Il mio viaggio nel Mondo Specchio*, La nave di Teseo, Milano 2023.

[75] Janel Comeau (@VeryBadLlama), X, 26 settembre 2023, accesso del 3 febbraio 2024, twitter.com/VeryBadLlama/status/1706859631098630633.

8. Come riprenderci la nostra mente

[1] *World Happiness Report 2024*, University of Oxford: Wellbeing Research Centre, 20 marzo 2024, accesso del 4 settembre 2024, doi.org/10.18724/whr-f1p2-qj33.

[2] Doctorow, Cory, *The «Enshittification» of TikTok*, in «Wired», 23 gennaio 2023, accesso del 23 settembre 2024, www.wired.com/story/tiktok-platforms-cory-doctorow.

[3] Twenge, Jean M., *The Sad State of Happiness in the United States and the Role of Digital Media*, in *World Happiness Report*, 20 marzo 2019, accesso del 29 maggio 2024, worldhappiness.report/ed/2019/the-sad-state-of-happiness-in-the-united-states-and-the-role-of-digital-media.

[4] Cox, Daniel A., *The State of American Friendship: Change, Challenges, and Loss*, Survey Center on American Life, 8 luglio 2021, accesso del 7 luglio 2024, www.americansurveycenter.org/research/the-state-of-american-friendship-change-challenges-and-loss.

[5] Thompson, Derek, *It Sure Looks Like Phones Are Making Students Dumber*, in «The Atlantic», 19 dicembre 2023, accesso del 29 maggio 2024, www.theatlantic.com/ideas/archive/2023/12/cell-phones-student-test-scores-dropping/676889.

[6] *One of Every 15 Vinyl Albums Sold in the U.S. in 2023 Was by Taylor Swift*, in «Billboard», 16 gennaio 2024, accesso del 29 settembre 2024, www.billboard.com/pro/taylor-swift-vinyl-albums-sold-2023-total.

[7] Richter, Felix, *Despite Comeback, Vinyl Is Still Far from Its Glory Days*, Statista, 19 aprile 2024, accesso del 29 maggio 2024, www.statista.com/chart/7699/lp-sales-in-the-united-states; Caulfield, Keith, *U.S. Vinyl Album Sales Rise for 17th Straight Year – but Growth Is Slowing*, in «Billboard», 11 gennaio 2023, accesso del 29 maggio 2024, www.billboard.com/pro/vinyl-album-sales-rise-growth-slowing; Richter, Felix, *From Tape to Tidal: 4 Decades of U.S. Music Sales*, Statista, 24 giugno 2022, accesso del 29 maggio 2024, www.statista.com/chart/17244/us-music-revenue-by-format.

[8] Amateau, Albert, *Seeds of Today's Greenmarket Were Planted in '76*, in «amNY», 23 ottobre 2014, accesso del 6 luglio 2024, www.amny.com/news/seeds-of-todays-greenmarket-were-planted-in-76.

[9] Sauer, Christine, Hevesh, Alissa e Murphy, Erin, *Growth in the Number of U.S. Farmers Markets Slows in Recent Years*, Economic Research Service, US Department of Agriculture, 10 agosto 2022, accesso del 29 maggio 2024, www.ers.usda.gov/data-products/chart-gallery/gallery/chart-detail/?chartId=104402.

[10] Read, Max, *Group Chats Are Making the Internet Fun Again*, in "New York", 14 maggio 2019, nymag.com/intelligencer/2019/05/group-chats-are-making-the-internet-fun-again.html.

[11] *Instagram CEO: Why You Don't See Your Friends' Posts Anymore*, TikTok, 28 luglio 2023, accesso del 29 maggio 2024, www.tiktok.com/@20vc_tok/video/7260934323824610565?lang=en.

[12] Whittaker, Meredith e Lund, Joshua, *Privacy Is Priceless, but Signal Is Expensive*, Signal, 16 novembre 2023, signal.org/blog/signal-is-expensive.

[13] Per saperne di più sui Friends of Attention e sulla Strother School of Radical Attention, consulta www.friendsofattention.net e www.schoolofattention.org.

[14] Lochner v. New York, 198 U.S. 45 (1905), National Constitution Center, constitutioncenter.org/the-constitution/supreme-court-case-library/lochner-v-new-york.

Bibliografia selezionata

Braudy, Leo, *The Frenzy of Renown. Fame and Its History*, Vintage, New York 2017.

Brunton, Finn, *Spam. A Shadow History of the Internet*, Cambridge University Press, Cambridge (MA) 2015.

Burnett, D. Graham e Knauss, Stevie (a cura di), *12 Theses on Attention*, Princeton University Press, Princeton (NJ) 2022.

Burnett, D. Graham e Smith, Justin E.H. (a cura di), *Scenes of Attention. Essays on Mind, Time, and the Senses*, Columbia University Press, New York 2023.

Csíkszentmihályi, Mihály, *Flow. Psicologia dell'esperienza ottimale*, Roi Edizioni, Milano 2021.

Davenport, Thomas H. e Beck, John C., *The Attention Economy. Understanding the New Currency of Business*, Harvard Business School Press, Boston 2002.

Dow Schüll, Natasha, *Architetture dell'azzardo. Progettare il gioco e la dipendenza*, Luca Sossella Editore, Bologna 2015.

Eyal, Nir, *Creare prodotti e servizi per catturare i clienti (Hooked)*, Edizioni Slwr, Milano 2015.

Frenkel, Sheera e Kang, Cecilia, *An Ugly Truth. Inside Facebook's Battle for Domination*, Harper, New York 2021.

Goldhaber, Michael, *The Attention Economy and the Net*, in «First Monday», 2, n. 4 (1997), doi.org/10.5210/fm.v2i4.519.

Haidt, Jonathan, *La generazione ansiosa. Come i social hanno rovinato i nostri figli*, Rizzoli, Milano 2024.

Harari, Yuval Noah, *Sapiens. Da animali a dèi. Breve storia dell'umanità*, Bompiani, Milano 2024 (edizione aggiornata).

Hari, Johann, *L'attenzione rubata. Perché facciamo fatica a concentrarci*, La nave di Teseo, Milano 2023.
Huxley, Aldous, *Il mondo nuovo. Ritorno al mondo nuovo*, Mondadori, Milano 2021.
Hwang, Tim, *Subprime Attention Crisis*, Farrar, Straus & Giroux, New York 2020 (edizione Kindle).
James, William, *The Principles of Psychology*, 2 voll., Dover, New York 1950.
Keynes, John Maynard, *Essays in Persuasion*, Classic House, New York 2009.
Kierkegaard, Søren, *Aut-Aut*, Mondadori, Milano 2025.
Klein, Naomi, *Doppio. Il mio viaggio nel Mondo Specchio*, La nave di Teseo, Milano 2023.
Klein, Naomi, *No Logo*, Rizzoli, Milano 2010.
Kojève, Alexandre, *Introduzione alla lettura di Hegel*, Adelphi, Milano 1997.
Lippmann, Walter, *The Phantom Public*, Macmillan, New York 1927.
Mandela, Nelson, *Lungo cammino verso la libertà. Autobiografia*, Feltrinelli, Milano 2022.
Marantz, Andrew, *Antisocial. Online Extremists, Techno-Utopians, and the Hijacking of the American Conversation*, Penguin, New York 2020.
Marx, Karl, *Il capitale*, libro 1, Einaudi, Torino 2024.
Marx, Karl, *Manoscritti economico-filosofici del 1844*, Feltrinelli, Milano 2018.
Marx, Karl e Engels, Friedrich, *L'ideologia tedesca*, Editori Riuniti, Roma 2018.
Miller, Arthur, *Morte di un commesso viaggiatore*, Einaudi, Torino 1997.
Moss, Michael, *Hooked. Food, Free Will, and How the Food Giants Exploit Our Addictions*, Random House, New York 2022.
Odell, Jenny, *Come non fare niente. Resistere all'economia dell'attenzione*, Hoepli, Milano 2021.
Pascal, Blaise, *Pensieri*, Bompiani, Milano 2000.
Petre, Caitlin, *All the News That's Fit to Click: How Metrics Are Transforming the Work of Journalists*, Princeton University Press, Princeton (NJ) 2021.
Phillips, Adam, *Attention Seeking*, Farrar, Straus & Giroux, New York 2022 (edizione Kindle).
Postman, Neil, *Divertirsi da morire. Il discorso pubblico nell'era dello spettacolo*, Luiss University Press, Roma 2023.
Sartre, Jean-Paul, *L'essere e il nulla*, il Saggiatore, Milano 2023.
Saunders, George, *Il megafono spento. Cronache da un mondo troppo rumoroso*, minimum fax, Roma 2009.
Schwartz, Casey, *Attention: A Love Story*, Pantheon, New York 2020.

Sherman, Zoe, *Modern Advertising and the Market for Audience Attention*, Routledge, New York 2020.

Simon, Herbert A., *Il labirinto dell'attenzione. Progettare organizzazioni per un mondo ricco di informazioni*, Luca Sossella Editore, Bologna 2019.

Smith, Ben, *Traffic. La corsa al clic e la trasformazione del giornalismo contemporaneo*, Altrecose, Milano 2024.

Toffler, Alvin, *Lo choc del futuro*, Rizzoli, Milano 1971.

Toffler, Alvin, *La terza ondata. Il tramonto dell'era industriale e la nascita di una nuova civiltà*, Mondadori, Milano 1987.

Tolentino, Jia, *Trick Mirror. Le illusioni in cui crediamo e quelle che ci raccontiamo*, NR Edizioni, Pescara 2020.

Webster, James, *The Marketplace of Attention. How Audiences Take Shape in a Digital Age*, Mit Press, Cambridge (MA) 2016.

Williams, James, *Stand Out of Our Light. Freedom and Resistance in the Attention Economy*, Cambridge University Press, Cambridge (MA) 2018.

Wu, Tim, *The Attention Merchants. The Epic Scramble to Get Inside Our Heads*, Knopf Doubleday, New York 2017 (edizione Kindle).

Zuboff, Shoshana, *Il capitalismo della sorveglianza. Il futuro dell'umanità nell'era dei nuovi poteri*, Luiss University Press, Roma 2023.

Indice analitico

Indice

Finito di stampare nel mese di giugno 2025
per conto di RCS MediaGroup S.p.A.
Rotolito S.p.A., Via Sondrio, 3, Pioltello (Milano)

Printed in Italy